投资有规律

肖志刚 著

从商业模式出发

机械工业出版社
CHINA MACHINE PRESS

《投资有规律》基本围绕着如何科学看待股票投资而展开，关键词是商业模式。第一章，先从股票投资自身的盈利模式入手，提出了时间套利，回答了股票市场有哪些钱可以赚、各方参与者都是怎么赚钱的、钱被谁赚走了等问题。第二章，主要围绕A股历史上的牛市与熊市，尤其是股灾，分析其成因。第三章，关于预测未来，需要解决投资的方向、幅度、时点三个问题。第四章，围绕A股绕不开的周期，从商业模式入手，分析了周期的根源与周期波动的特点与规律。第五章，研究对象是估值，说明了投资者的行为特征是如何影响估值的。第六章，从需求与供给端分析企业的商业模式与价值，以及从商业模式的角度来分析企业的过去与未来。第七章，从风险的角度提示了股票投资的风险所在，以及从方法论的角度如何正确、科学地看待股票投资本身。

图书在版编目(CIP)数据

投资有规律：从商业模式出发/肖志刚著. —北京：机械工业出版社，2020.7（2021.3重印）
ISBN 978-7-111-66188-7

Ⅰ. ①投⋯　Ⅱ. ①肖⋯　Ⅲ. ①股票投资–基本知识　Ⅳ. ①F830.91

中国版本图书馆CIP数据核字（2020）第134205号

机械工业出版社（北京市百万庄大街22号　邮政编码100037）
策划编辑：李　浩　责任编辑：李　浩　廖　岩
责任校对：李　伟　责任印制：孙　炜
北京联兴盛业印刷股份有限公司印刷
2021年3月第1版第2次印刷
145mm×210mm·10.75印张·3插页·237千字
标准书号：ISBN 978-7-111-66188-7
定价：88.00元

电话服务　　　　　　　网络服务
客服电话：010-88361066　机　工　官　网：www.cmpbook.com
　　　　　010-88379833　机　工　官　博：weibo.com/cmp1952
　　　　　010-68326294　金　书　网：www.golden-book.com
封底无防伪标均为盗版　机工教育服务网：www.cmpedu.com

推 荐 序

志刚的投资"宝典"即将付梓,我作为他曾经的导师感到由衷高兴。志刚是工科出身,早期参与过飞机设计工作,后来转行攻读金融学,研究生毕业后开启基金从业经历。在基金公司期间,他曾是一名优秀的基金经理,业绩屡攀业界新高,在业内小有名气,后又投身互联网行业,探索文化电商,其商业模式颇有新意。在我所指导的学生当中,志刚思维活跃、勇于实践,骨子里透着创业勇气和实干精神,这也比较符合我的培养偏好。《投资有规律》反映了作者"实干出真知"的艰苦历程,也与我所提倡的以业绩检验人才的培养方向相契合,即有实践、有业绩,才有发言权、著述权。

客观地讲,"投资有规律"是一个很有挑战性的话题。人类对自然界和社会界的探索是一个不断实践与认识的过程。以色列历史学家尤瓦尔·赫拉利曾在其名著《人类简史》中谈道:在智人演化的早期阶段,人类区别其他生灵的显著特征是富有想象力,可以用语言描述故事、演绎规律、设计规则。在"讲故事"当中,自然科学偏向实验性,规律容易验证,比如物理学、化学、生物学等，其集大成者是数学；社会科学则偏向描述性，求证相对困难，比如历史学、法学、经济学等，其集大成者是哲学。经济学是其中一个较难证伪的学科，每当发生经济危机，经济理论都会暴露一些漏洞和偏差。因此，较之于物理学等自然科学，经济学等社会科学领域争论较多、分歧普遍。股票、债券、基金是人类在经济活动中的伟大发明，也是主要的金融工具。对企业来说是融资工具，对市场来说是定价工具，对个人来说是投资工具。股票等投资是一件很专业的事情，涉及政府、市场、企业、个人等主体，运用了大量的假设和参数，而科学地验证假设和矫正参数却是极为困难的事情，如果要试图描述投资规律更是一件难上加难的事情。正因如此，人们对股票既爱又恨，爱其能带来财富增长，恨其难以把握莫测变化。当今时代，产业大升级、信息大爆炸、工具大开发、模式大颠覆，在这种快速演进的背景下，成功的实践展现比严谨的理论阐述更直接、更有效，源自自身实战的案例分析可信度更高、可读性更强。目前，市场上研究股票投资的书籍多如牛毛，但源自于成功案例和经得起历史检验的著述凤毛麟角。《投资有规律》一书中的大量实践总结，或许会给广大投资者带来投资方法论的启发。

拿起这本书，让我想起志刚的母校——中国人民银行研究生部（下简称五道口）曾经发生过的与当代中国金融市场建设有关的两个标志性的事件。记得1986年，我还在央行研究生部读书,一个初冬的下午,时任纽约证券交易所董事长的约翰·凡尔霖先生到访,当时我们这群在读学生,在五道口年久失修的校舍里,用他所熟悉的语言,与其谈论纽约当时"金融大爆炸"的形势,令其大吃一惊。随后,在邓小平接见凡尔霖时,凡尔霖特别提到中国的青年学生很厉害,能够把华尔街最新动态分析得头头是道。正是在那次历史性的会见中,邓小平把刚刚上市的新中国第一只公开发行的股票"飞乐音响"作为礼物赠予凡尔霖,这成为中国证券史上的一段佳话。此后两年,深圳发展银行普通股在深圳证券公司挂牌上市,开创了中国重启股市之先河。作为一名老金融工作者,我也是这段历史的见证者和亲历者,由此对中国金融市场沧桑巨变感触良多,资本市场的跌宕起伏,浪花淘尽多少"英雄豪杰",起落沉浮无数"能人志士"。时至今日,无论是政府、市场,还是企业、个人,对中国金融市场的改革开放的探索仍在持续。早在1984年,中国第二届金融年会在合肥召开,一个重要的议题就是讨论中国金融改革战略问题。会议期间,来自五道口的十几名研究生挤在会场外的农舍里,正为争取参会讨论而不懈努力,最终会议给了学生们一个机会,其中三名代表有幸进入会场,登台宣读了《中国金融改革战略探讨》蓝皮书,面对满场金融界的前辈和泰斗,"蓝皮书"鲜明提出要建立中国金融市场,由此吹响了中国金融市场建设的号角,也让五道口央行研究生部名声大噪。时至今日,当年慷慨激昂的学生们已经年迈，但他们对中国金融改革开放所做的贡献令人难忘。

　　近年来因工作原因，我很难静下心来通读一本书籍，对所读之书的选择更是挑剔苛刻。也许是出于老师对学生的偏爱，或是对投资实战经验的兴趣，我还是抽时间通读了书稿。总的感觉是视角新颖、实用性较强，有以下几个特点：一是进行了多维度分析，尝试从行业产业、科学技术、市场供求、商业模式等维度解释证券市场投资的市场波动和业绩差异；二是描述了多场景案例，用通俗易懂的语言，讲述了许多自己操盘的鲜活事例，而且不局限于具体表象，着眼于对规律的总结；三是引入了多学科方法，充分运用了矛盾论、博弈论等分析方法，对投资活动的方法论和认识论也有所提炼，并运用了行为学、心理学等研究工具。当然，书中也有未竟之处，虽然包括了对中美市场差异的分析，但对中国特色的投资环境和政策因素的机理梳理尚不十分清晰。

　　阅读常常是仁者见仁、智者见智，关键还在于读者自身的职业体验。"理论永远是灰色的，而实践之树常青。"在数字化时代，互联网、物联网、大数据、云计算、区块链、人工智能等信息技术席卷而来，前沿信息技术带给金融行业的影响广泛而深刻。信息越来越透明，数据越来越清晰，估值越来越真实，大大降低了投资的盲目性、随机性和投机性。投资者对企业价值的把握、对股票价格的判断、对投资技术的理解将会越来越科学、有效，交易环节的隔膜也在大幅减弱。市场投资更趋理性，研判重心将更多地转向经济政策、产业升级、技术进步、市场细分和商业模式等非金融、非技能层面，这也是决定投资活动成败的广阔背景和深刻原因。

志刚著述的本意应该是想与投资者交流和共享投资实用"宝典"，同时开展对投资规律的深入探讨。希望他的经验积累和理性思考，能为广大读者提供一个视角和方法，帮助投资者更好地理解和把握投资活动的规律。

罗熹

2020 年仲夏

北　京

前　言

2013年9月18日开始正式管理基金的时候，我在OneNote软件上建了一个新的文件夹，取名"投资周记"，计划每周定期总结反思。但周记写了不到十篇，就不了了之。人们常说，不想当将军的士兵不是好士兵，对于大多数研究员来说，都想当基金经理，除了职业发展与收入等原因外，其实另一个非常非常重要的原因是，基金经理不必每天熬夜写报告了。

虽然周报没有坚持写下去，但所管理基金的定期年报和季报，我都会认真撰写。再到后来在雪球专栏写一些投资心得与思路，慢慢坚持下来，受益良多，只有自己最清楚。同行经常问我，是为了粉丝吗？其实，写是为了给自己看的，是一个思路梳理的过程，而写出来供大家批评指正，主要是有了外部监督才能坚持。

一边实践的同时，一边进行理论总结，然后用新的理论来指导实践，这样一个理论联系实践的过程，也是知行合一的过程。我现在集中把投资思路再整理成书，是对过去十几年研究与实践工作的一个总结，也算是一篇准毕业论文吧。

我的硕士研究生论文写的是人民币升值机理分析，当时指导论文写作的罗熹老师，就一直强调论文的重点应该在于机理分析。这为我后来的研究型工作培养了一个非常好的习惯，会自然而然地透过观察到的现象，去追寻其背后的运行机理，比如产业运行机理、宏观经济运行机理、股市运行机理、金融市场运行机理等。围绕着这些机理进行抽丝剥茧，将找到的一个个规律进行分门别类，这相当于是一个理论总结的过程。在投资实践中，再用这些规律组成的运行机理，来剖析一个个观察到的现象，这就是理论联系实践的过程。

《投资有规律》共七章，82个小节，基本围绕着如何科学看待股票投资而展开，关键词是商业模式。

第一章，先从股票投资自身的盈利模式入手，提出了时间套利，回答了股票市场有哪些钱可以赚、各方参与者都是怎么赚钱的、钱被谁赚走了等问题。

第二章，主要围绕A股历史上的牛市与熊市，尤其是股灾，分析其成因。毕竟投资者还留在股市最大的念想就是牛市，但前提是少经历点股灾。

第三章，关于预测未来，需要解决方向、幅度、时点三个问题，即涨还是跌、涨多少、什么时候涨。面对这三个问题时，投资者该如何分别对待，正确解决。

第四章，围绕A股绕不开的周期，从商业模式入手，分析了周期的根源与周期波动的特点与规律，希望对投资者理解经济与市场波动能有帮助。

第五章，研究对象是估值，说明了投资者的行为特征是如何影响估值的。

第六章，从需求与供给端分析企业的商业模式与价值，以及如何从商业模式的角度来分析企业的过去与未来。

第七章，从风险的角度提示了股票投资的风险所在，以及从方法论的角度，如何正确、科学看待股票投资本身。

正所谓读万卷书不如行万里路，行万里路不如阅人无数，阅人无数不如高人指路，高人指路不如自己领悟。在过去十多年的工作实践中，我得到了诸多行业前辈与领导的悉心指导，正是他们的耳提面命与言传身教，让我在这个铁血市场中获得了成长。

在此真诚感谢富国基金、天弘基金的领导与同事，这是很多人梦寐以求的宝贵成长经历；感谢中国汽车工业协会上市公司委员会的长期支持；感谢曾经拜访、交流过的所有证券、基金公司同仁，以及监管机构、上市公司领导！

罗老师对我写作的鼓励与肯定，对我学习的监督，对我工作的赞许，一直是我前进的动力！我除了在治学方面受罗老师教诲，在毕业之后的多年交往中，在做人做事上，更是处处以老师为榜样。希望自己能成为像罗老师这样正直、尽己所能为社会做出贡献的人，以不负老师的期望。

这个愿望使我一直不敢独善其身，无论是在基金投资还是在创业过程中，都希望能够真真切切帮助到更多的人。借此机会，再次衷心感谢罗老师，您不仅是我学习道路上的明灯，更是我人生道路上的精神导师与楷模！

目　录

推荐序
前　言

|第一章|股票投资的盈利模式|

第一节　广义投资：与实业的区别　003
第二节　金融与投资的区别　007
第三节　时间的价值：价值股与成长股　010
第四节　挖井打水　014
第五节　狭义投资：科学与艺术　016
第六节　价值投资在 A 股　019
第七节　公司型基金与契约型基金　027
第八节　从容数看股市扩容　034
第九节　比特币与股票　041

|第二章|牛市与熊市|

第一节　互联网与大牛市　046
第二节　中美股市的差异　057
第三节　现金守恒　061
第四节　股灾与活期贷款　077

第三章 研究过去，预测未来

第一节　方向最重要　086

第二节　股市的黄金周　095

第三节　股市的假期效应　097

第四节　投资的进阶之路　101

第五节　主动基金跑赢指数的时段　109

第六节　驱动股价的九个独立因子　112

第七节　因子组合　116

第八节　从研究偏好看投资风格　119

第四章 周期

第一节　宏观周期的起源　124

第二节　M1 在周期中的枢纽作用　127

第三节　产品寿命长的行业有周期性　133

第四节　寿命越长，周期越强　137

第五节　所有寿命长的商品都有周期吗？　142

第六节　价格波动型周期的根源　144

第七节　固定资产出租行业　147

第八节　刚性的引致需求　150

第九节　周期的早与晚：开工率　152

第十节　下游越分散，时间越晚　155

第十一节　生产资料与生活资料　157

第十二节　有机一体的行业分类　161

第五章 估值

第一节　资产价格的四种形成模式　167
第二节　从供给端看估值的横向差异　171
第三节　银行股的估值　173
第四节　估值与群众基础　178
第五节　军工股为什么估值最高　182
第六节　伪非周期股的估值　184
第七节　大小盘股的估值差异　187
第八节　估值的辈分　189
第九节　股市的羡慕嫉妒恨　191
第十节　三类投资者　195
第十一节　风险偏好　196
第十二节　景区牛市　198
第十三节　牛市的三阶段　207
第十四节　哪些股票能等来泡沫　211
第十五节　贫贱夫妻百事哀　214
第十六节　非理性之外的被动状态　216
第十七节　A股估值锚的缺失　217

第六章 从商业模式看企业价值

第一节　供需决定企业价值　222
第二节　企业家与商人　225
第三节　单链条与多链条　229

第四节　坐商与行商　232

第五节　单链条模式从投入看产出　235

第六节　多链条模式的竞争格局　237

第七节　地利的重要性　241

第八节　基金行业的变迁　245

第九节　销售费用与管理费用　249

第十节　小地方出大企业　252

第十一节　十种收入模式中最优的是白酒　253

第十二节　双寡头格局的必然性　256

第十三节　破坏性创新　258

第十四节　需求背后的人性　261

第十五节　薪酬压力下的增收不增利　263

第十六节　从商业模式看职业　271

第十七节　互联网的平台模式　274

第十八节　生态圈　282

第七章　投资风险与方法论

第一节　致命的自负　289

第二节　研究风险与交易风险　291

第三节　研究风险　292

第四节　学术研究与证券研究　295

第五节　群众史观与英雄史观　297

第六节　交易风险　298

第七节　科技对投资的改变　301

第八节　跟风需求与投机需求　304

第九节　研究的四个层次　308

第十节　如何提高认知　311

第十一节　投资的三套系统　313

第十二节　研究的科学因子　315

第十三节　新股民从生活看股市，老股民从股市看生活　318

第十四节　知行合一　319

后　记

第一章 股票投资的盈利模式

虽然二级市场的股票投资与一级市场投资有很多不同之处，但有一个共同点，就是大家都喜欢研究盈利模式，从盈利模式入手是分析企业的第一步。

但二级市场的股票投资本身，算是一种什么样的盈利模式呢？反倒有种"不识庐山真面目，只缘身在此山中"的感觉。很多投资者并没有深究这个问题，而是跳过这一步，直奔上市公司而去。结果往往是将上市公司本身研究清楚了，却仍赚不到钱，只好把责任推到其他人身上，一会儿指责特朗普，一会儿又怪妖精、害人精。实际上，2015年之后，很多上市公司的实际控制人也都被市场教育，不得不"重新做人"，问题不在于他们不了解上市公司，而在于不了解股市运行机制下属于他们的盈利模式，不清楚什么钱是可以赚的，什么钱是不可以赚的。

投资者如何看待市场，就决定了投资者会采取什么手段从市场中赚钱。这里借用日本战国时代三位著名的历史人物，对于同一个问题的不同回答来理解。

面对同一个问题：杜鹃不鸣，当如何？这三位的答案截然不同，三种答案代表了A股的三种盈利模式，也是A股发展历程的缩影。

第一位，织田信长回答：令其鸣！

这是股市中典型的操纵股价。现在还留在K线图上的活历史是金宇车城。2002年市场进入熊市，金宇车城的操纵者不断吸纳，几乎买光了流通筹码，导致2005年频繁出现全天成交1手的情形，最极端的是2003年9月29日，出现了全天0成交量，K线图少一天，据说是那一天忘了。

第二位，丰臣秀吉回答：诱其鸣！

这就是股市的忽悠模式。通过公告、研究报告、股评、画K线图，引导市场价格，让价格形成趋势。有些上市公司也会通过这种形式，自己不亲自出场，通过发布利好消息来引诱别人买入。

第三位，德川家康回答：待其鸣！

站在独立的角度，冷静观察这个世界的变化，如果发现可以做多或做空的机会，找点钱来进行套利，这就是时间套利的精髓。套利的过程是投资，找钱的过程是金融。

三种境界，三种命运，恰恰说明了历史选择的正确性。

第一节 广义投资：与实业的区别

人们在讨论某件事物的时候，为了表达得更为清晰，往往需要做的一件事情，是界定出该事物的内涵与外延。比如体制内与体制外、军品与民品、校园与社会、金融与实业，通过这种简单的一分为二，就可以突出"我"，把"我"与"非我"的界限用最简洁的方式刻画出来。

我们的祖先为了突出"我"，将四周称为南蛮、北狄、东夷、西戎，这样就衬托出了中华。

金融投资领域的从业者，就习惯称呼"非我"为实业，以刻画出自己的边界，不管对方是工人还是军人，都能凸显"我"与"非我"的区别。

前面举例的那些二分法，用了一个标准来简单清晰厘清边界。那么，如何厘清投资与实业的边界呢？**这里沿着德川家康的答案，从盈利模式的本质出发，提出时间套利与空间套利两种盈**

利模式来解释。

时间套利指的是，利用某种资产在不同时间点的价格差异，进行的套利行为。比如今天 10 元买入中国石油，下周 11 元卖出，就是基于中国石油的股价在本周与下周之间存在差异，自然形成的套利机会，这样就很容易理解。房子、艺术品的买卖也是属于时间套利，所以也被纳入投资的范畴。房地产正是因为在物理空间上无法移动，被迫在时间维度上接受价格波动，使得房地产成了一个金融投资品种。

空间套利指的是，利用某种商品在不同空间位置的价格差异，进行的套利行为。比如 5 角钱出厂价的矿泉水在超市卖 1 元，超市里 5 元一桶的方便面在山顶卖 20 元，这都是最简单直接的空间套利。略微复杂一点的是制造业，比如把玻璃、座椅、轮胎、发动机……买来组装一下，一般采购成本 8 万元的车，零售指导价差不多 16 万元，虽然这个过程需要一定的技术含量，但本质上可以算是空间套利。

用时间、空间套利的角度来看，我们一般讲的投资，就是指时间套利，包括了股票投资、债券投资、期货投资、外汇投资、房地产投资、艺术品投资、比特币投资等，这些都可以归属于广义的投资范畴。**这种套利模式的最终利润，取决于本金规模与时间价差。**在本金既定的前提下，利润最大化的目标就简化成了对价格的时间差异进行预测，也就是时间套利的出发点与落脚点都是价格，而且是未来的价格。比如股票投资需要去解决的就是预测股价，会不会涨？涨多少？什么时候涨？房地产等其他广义投资也是一样。

股票研究时需要遵循的一个原则是，从股价出发，到股价

落脚。

与之对应，我们一般讲的实业，就是指空间套利，包括了农业、工业、商贸流通业在内的大多数市场，但不包括服务业，如教育培训、旅游等，所以后面另一个观点是认为旅游属于虚拟经济。这种空间套利模式的利润取决于销量与空间的价差，由于横向竞争的原因，以及来自上游供应商、下游客户的谈判压力，很难通过不断提高售价或压低成本来实现利润最大化的目标。就算猪肉是中国人最刚性的需求，养殖户也不能祈祷猪肉价格不断涨到天上去，来实现自己的目标，而必须依靠存栏的不断增加。

实业的出发点与落脚点都是销量，这与股票的出发点与落脚点都是价格存在区别。比如养越来越多的猪，卖越来越多的手机，找越来越多的客户。

无论是"To B"商业的扩大供货份额，还是"To C"商业的寻找更多客户，**空间套利模式的经营者，需要解决的都是如何与人打交道的问题，不管是个人客户还是企业客户。空间套利者明白了消费者心理学的理论知识，是远远不够的，还得花费几乎全部的时间、精力，去投入繁杂的经营实践中。而时间套利模式的投资者，需要解决的核心问题是寻找最可观的价格差机会，想明白哪只股票会涨，涨多少，什么时候涨，就够了，后面的执行相对简单多了。**比如股票投资，就是打开电脑或手机下个单的事情，房地产投资则可以交给中介去跑，艺术品投资可以找拍卖行。

如果说时间套利重在决策，那空间套利就是重在执行。

时间套利者的全部心思都花在了"十万个为什么"上面，为什么涨的是海康威视而不是大华股份，为什么是涨不是跌，为什么会涨那么多，为什么今年涨而不是去年涨。空间套利者的心思则更多花在了怎么做的方面，围绕的中心是"怎么做"，而时间套利者则是围绕着"为什么"而存在。索罗斯有一本书的中文书名是《超越金融：索罗斯的哲学》，超越之后到达的是哲学层面，无论是索罗斯师从卡尔·波普尔的学习经历，还是他对开放社会的思考与实践，都体现了他的哲学思考。

理解了时间、空间套利的简化模型，就可以再组合出一些交叉套利模式。如表1-1所示，交叉套利模式有两种：一种是在投资市场进行空间套利，如VC、PE；另一种是在实业进行时间套利，如房地产、有色金属。交叉套利模式最大的特点是同时进行了时间套利与空间套利，也算是一种组合套利。

表1-1 时间与空间的交叉套利

	投　　资	实　　业
时间套利	股票市场	房地产、有色金属
空间套利	VC、PE	实业

对于VC和PE们来说，他们确实是围绕着股票市场来赚钱的，利润来源也是股票市场的投资者。他们一方面赚取时间维度上企业成长、股价波动的价差；另一方面，他们赚取一级和二级市场的估值价差，或者美股退市、A股上市这种跨市场的估值价差，在时间套利的市场进行了空间套利，属于交叉套利。

对于房地产开发商来说，把5000元成本的房子按8000元卖给客户，就可以赚到可观的利润。这3000元的价差可以算作空间套利的利润，虽然房子没有发生空间移动，但那5000元成本中的钢筋、水泥是发生了空间移动的。但开发商在建设房子的一两年时间里,房价发生了时间维度上的波动,如果是上涨,那开发商就同时赚到了空间套利与时间套利的双份利润,这种行为就是在空间套利的市场进行了时间套利,也属于交叉套利。

两种交叉套利模式的共同特点是利润来源相对独立。比如PE,可以只赚时间套利的钱,投资滴滴公司的VC将股权卖给软银,直接在一级市场退出,就是只赚取了滴滴成长的钱,没有赚一级市场与二级市场的估值价差。也可以只赚空间套利的钱,比如那些参与中概股退市、回归A股的投资行为,因为投资周期短,企业成长带来的盈利不是重点。开发商也是如此,可以只赚个盖房子的辛苦钱,这算是空间套利,也有那种囤地十年后直接卖地的,这就是纯粹的时间套利了。但多数的交叉套利者,是两种钱都赚的,所以这些商业模式的经营者,往往给人以利润可观甚至暴利的印象,事实也多是如此。毕竟组合的最大好处,是降低了不确定性,股票组合也是如此。

提出并界定时间套利就是广义投资的概念,目的是为了厘清广义投资的本质,无论是股票市场还是比特币市场,都是完全基于未来的商业模式。出发点与落脚点,是预测未来,简单说就两个字:**预测**。

第二节　金融与投资的区别

从事时间套利的投资,其盈利多少,一方面取决于收益率,另一方面更取决于本金规模的多少。

$$利润 = 本金 \times 时间价差$$

除了专注于时间价差以实现利润最大化的途径外,还有一个

途径是通过做大本金规模，来实现盈利的最大化。这就是最传统也是最主流的金融，包括银行、信托、租赁、保险、公募、私募等行业，都是利用客户资金扩大自己的本金规模，拿别人的资金当作自己的本金，来实现利润最大化。

这与互联网行业有相通之处，如果说互联网公司是围绕着流量转的话，那金融企业就是围绕着资金转。

在互联网公司有两个体系的人，一批人是圈用户造流量的，另一批人是通过运营把用户卖出去变现的。微信、抖音这种是自己圈来了海量用户，简单卖广告即可，属于典型的圈用户造流量，这种公司重点在造流量，有了流量怎么卖钱都行，通过游戏、电商、广告等，形式不限。而淘宝、拼多多、携程、前程无忧这种则是采购流量过来，然后高价卖给店主或广告主，这种公司重点在变现环节，流量主要靠买，从哪里买来的流量无所谓，可以从微信、抖音、百度、自媒体、社区、论坛，甚至线下购买，形式不限。

在流量的世界里，造流量的公司普遍拥有体验非常棒的产品，对产品经理要求高，比如微信的张小龙、苹果的乔布斯、抖音的张一鸣、特斯拉的马斯克，他们首先是顶级的产品经理，其次才是管理者。而那些变现流量的公司，不管是支付宝、钉钉还是京东、拼多多，产品体验层面可以说是惨不忍睹，因为它们不靠产品自身创造流量，而是花钱买流量。

金融行业与之类似，内部有两批人，一批是圈资金规模的，可以通过开设网点的零售形式，也可以通过金融市场的批发形式，或者找有网点的银行代销，也有保险这种直销形式。另一批是将前者圈来的资金拿来作为本金，拿到金融市场投资，尽量提高收益率。严格来说，第二批人从事的才可能是投资工作，第一批人需要懂点投资基础，但工作内容和重心还是圈规模，类似于互联网公司的圈用户造流量。可以说，经营金融企业，从事的是如何加大资金杠杆的生意，这是金融企业员工的工作重心。而投资本身，是基于时间维度进行价格预测的行为。严格来说，金融企业大多数员工与投资关系不大，只有金融企业内部投资部门的员工，才是从事投资工作的。

简而言之，从工作内容与属性来看，金融是负责规模的，投资是负责收益的。在这个世界里，圈规模的人，其实不用太懂投资，就像淘宝和京东不需要把 App 做得多么好用，能用就行。而真正投资的人，需要像产品经理一样，精心打磨才能成就一款好的产品。事实上，产品经理与基金经理两者也是相通的，都是需要深刻洞察社会、洞察人性，才能获得好的成绩。

这样也可以放在一个框架里，来理解索罗斯与巴菲特的区别。巴菲特搭建的模式首先是做大本金，用的是保险公司的浮存金（保户交来的保费沉淀部分）来投资股票，赚了归自己。而索罗斯在投资实践上，可以在股票、外汇、期货等市场上纵横捭阖，无不体现了他是真正的时间套利者。两人的差异，完全不是用投机与投资这么简单的词汇可以概括的。套用前面的公式来解释，就是巴菲特的一部分重点放在了本金上，而索罗斯则放在了时间价差上。

当然，索罗斯成立的量子基金，本身也是通过客户资金增加了资金规模。但需要注意的一点是，计算收益率的时候，巴菲特的收益率分子包含了浮存金带来的收益，而分母则不包含浮存金。而索罗斯这种基金在计算收益率的时候，分子、分母都包含了客户资金,这样的口径更能反映真实投资能力。

第三节　时间的价值:价值股与成长股

有一阵子,南方洪灾严重,有人提示当地一家水电公司的水位持续上升,全年发电量应该会不错。我则始终觉得,如果告诉我这家公司的装机容量增长了50%,那我相信企业价值是上升的,现在这企业无非是因为环境因素,收成好点,企业价值就上升了?本来我是不认同的,可后来仔细琢磨了下,其价值确实是上升了。而且,即使水位没上升,企业价值还是上升的,如何理解呢?

按照前面对时间套利、空间套利的解释,对于股票、房产等具有金融属性的资产,其价值、价格在时间维度上都是存在差异的。我们平时看到的是股价的变化,看不到的是企业价值的变化。**如果股价上涨是跟随企业价值上升而上涨,这种股价上涨是可持续的;如果企业价值没上升,那股价的上涨就不可持续。**

现在我们要讨论的是企业的时间价值,是如何变化的呢?

假设我开了一家油条铺,每年能赚20万元净利润,现在转让的话,公允价值是100万元。不转让的话,5年过后,我的手上应该有100万元存款,油条铺依然值100万元,那么我的总资产就是200万元。

另一种情况是将每年的利润再投资新的油条铺,这样的话手上存款一直为0,而油条铺数量在增加,5年过后每个油条铺依然价值100万元,如果那时有3个油条铺,那总资产就是300万元。

后者就是常见的成长型企业，前者就是常见的价值型企业。

成长型企业的价值，随着时间的流逝，是在上升的，上升的速度与成长速度一致。价值型企业的价值，随着时间的流逝，也是上升的，上升的速度与净资产增长速度保持一致，与 ROE（净资产收益率）相当。

我们追求的收益率，是在具体某一段时间内的收益率，可以通过持有成长股来获得，也可以通过持有价值股来获得，两者并不冲突。从 2011 年开始，银行股持续战胜市场，靠的并不是其成长性，而是其企业总价值的上升。

需要注意的是，并不是净资产增加的公司，企业价值就是上升的，因为很多企业的净资产上升，是靠融资来实现的，而不是从消费者那里赚来的。比如有一家汽车零部件公司，账面 130 多亿元的净资产，其中有 100 亿元是定增融资来的。也就是说，这家公司从它的客户那里只赚了 30 亿元，从投资者那里赚了 100 亿元。实际上，历史累计融资金额超过最新净资产的上市公司，有好几十家。

从财务角度看 A 股公司，可以用 ROIC（资本回报率）和 WACC（加权平均资本成本）比较，2700 家有历史数据的公司中，有 2100 多家是毁灭价值的，说直白点就是圈钱的，真正创造价值的公司占比也还不到 20%（见表 1-2）。

因此，我们只能在创造价值的 20% 公司里，对应到全部 A 股 3900 多家上市公司，也就是在 700 多家公司里面挑价值股和成长股，另外 80% 的公司，其实不理它们就可以了。用 20% 分位数来看整个 A 股上市公司，大概 ROE 高于 14% 的公司才创造价值，这是圈钱公司与好公司的分界线。而成长股与价值股，也只能在这20%的公司里,也就是ROE高于14%的好公司里面来寻找。

表1-2 统计A股公司ROIC-WACC的区间分布

区间	公司数量	占比
<0	2183	80.8%
0~5%	316	11.7%
5%~10%	115	4.3%
10%~15%	48	1.8%
15%~20%	16	0.6%
20%~25%	7	0.26%
25%~30%	4	0.15%
>30%	11	0.41%
总计	2700	100%

数据来源:天弘基金、Wind。
统计结果存在四舍五入的误差。

如果要在好公司中,再给成长股与价值股划一个界限,简单的话可以是,**利润增速高于ROE的是成长股,利润增速低于ROE的是价值股**(见表1-3)。

表1-3 A股公司分类

类型	标准
价值股	ROE>14%,且ROE>利润增速
成长股	ROE>14%,且ROE<利润增速
其他股票	ROE<14%

比如银行股的 ROE 普遍有 15%～20%，而利润增速一般在 0～10% 之间，这就是典型的价值股，它的企业价值或净资产的增长节奏跟着 ROE 走的。比如 5 元净资产的银行股，每年 EPS 有 1 元，那么未来的净资产增长就是按照 6 元、7 元、8 元的速度。如果利润增速是高于 ROE 的，像恒瑞医药、爱尔眼科，公司的利润增速在 30% 上下，ROE 在 20% 上下，价值增速就是跟着利润增速走的。

就像前文开油条铺的例子，一个油条铺一年挣 20 万元，这个油条铺值 100 万元，资产就是 100 万元。挣 20 万元时不拿去开新店，5 年之后的总资产 100 万元变 200 万元，财富确实增加，这就是一个简单再生产的油条铺带来的价值和财富的曲线，一年一般以 20 万元的速度上升。如果拿 20 万元去开新的油条铺，5 年之后有 3 个油条铺，没有现金了，但总资产是 300 万元，这就是扩大再生产的价值曲线上升的节奏，孰高？如果 ROE 高就跟着 ROE，如果利润增速高就跟着利润增速。

这 20% 的公司内在价值持续上升，决定了股价长期能够战胜另外 80% 的公司。事实上，成长股和价值股在历史上都长期跑赢指数，而且两类股票呈现出交相辉映的趋势。虽然两者长期都不错，但并不是同步的，而呈现出彼此相互较劲的意思。

比如 2018 年年底，价值股处于典型泡沫的阶段，而同期成长股处于被严重压抑的阶段，出现了不少十几倍 PE，几十亿元市值的小盘成长股，比如三棵树、春风动力。这个时候的成长股处于被过度苛刻对待的状态，无论业绩有多高的增长，股价就是跌。而价值股处于被过度宽容的状态，无论业绩增长多么平庸，股价就是涨，比如长江电力等。

2015年股指5000点的时候，则是价值股处于被过度苛刻对待、备受冷落，成长股处于被过度宽容的状态，这也为后面几年价值股的牛市埋下了伏笔。

再往前的2012年年底，情况与2018年年底非常相似，也是价值股备受宠爱，以创业板为代表的成长股则跌到了585点的低位，这为后面两年多的成长股牛市奠定了基础。

时间再往前回到2010年创业板刚面世的时候，以创业板为代表的成长股处于被过度宽容的状态，而价值股则处于被过度苛刻对待、冷落的状态。

因为两者一直处于这样的对立状态，以成长股为主线来看，2010年年中宽容，2012年年底苛刻，2015年年中宽容，2018年年底苛刻。大体就是两三年的时间，切换一次，一个完整的周期将近五六年，这是一个值得重视的现象。首先我们接受这样一个简单的结论，就是ROE高于14%的股票，长期持有五六年时间，肯定是赚钱的。但是并不是每一年都涨，有可能是其中两三年大涨，然后休息两三年，符合"三年不开张，开张吃三年"的说法。

其背后的原因，可以从投资者如何挖掘机会来看。

第四节　挖井打水

投资者作为整体，一开始并不知道哪些股票有机会，于是会不停地试错，去寻找那些有潜在机会的板块。也许个别投资者有先见之明，可以提前发现牛股，但投资者整体，是不具备这种能力的，通过试错是一个现实的方法。

2019年的市场，投资者们面临的问题是价值股的水基本被挖掘充分了，下一步就要换个阵地继续挖，而上亿投资者作为整体，是没有领先性的，对于下一阶段的行情主线，不是预测出来的，而是试错试出来的。这就跟挖井打水似的，是块平地就先挖两锹，没挖出水就换地方，挖到水的话，那就把小伙伴们都叫过来，赶紧过来一起挖。

经过2017—2019年的价值股行情后，价值股性价比下降，板块水位下降。投资者开始在价值股以外的地方试错了，无论如何先买点，炒一下，再仔细看看是否有基本面配合，如果没有，就当没水一样，再换个地方挖。如果股票涨着涨着，发现基本面确实有很大的改观，之前只是被暂时遗忘了而已，再仔细一看，未来还有很多利好，那就呼唤更多投资者入场，资金继续涌入，行情也就具有持续性了。

自2007年后，每次行情往周期股切换的时候，刚开始大家会从不同的周期信号感觉到周期股可能会有机会，于是钢铁、煤炭、有色金属、地产、工程机械、基建都会异动一遍。航运股也都要脉冲一下，然后就没然后了，因为实在没水，基本面太差，每次都是试两锹后离开。而那些有基本面配合的周期股，比如2017年的煤炭、钢铁，则踩着航运的肩膀持续上涨。

所以，市场大风格的切换不是一蹴而就的，这个过程中，这类风格的股票都会表现一下，但能有持续行情的，还是那些有基本面支撑的股票。

这样来看，2019年价值股处于被过度宽容状态，性价比变差之后，价值股会重新进入蓄水阶段。这个时候成长股经过几年的蓄水，性价比逐步显现，开始逐步被投资者挖掘。事实上，这个切换过程在 2019 年基本完成，之后成长股的行情将会持续两三年，直到被过度宽容的状态。这个过程的顺序，显然是投资者先挖掘出成长性 100%、80% 的股票，然后再挖掘成长性 60%、40% 的，最后就是 20%、10% 甚至更低的。为什么这么低的增长也可以被挖掘出来炒呢？因为未来有成长性！这个时候就是泡沫，是成长股被过度宽容的状态，这个时候价值股大概率又处于被过度苛刻对待的状态，新的一轮切换在那个时候又会悄悄来临。

这里比较特殊的是券商股，每次反弹都会异动一下，而券商的水，其实是投资者自己水壶里的水，拿出来忽悠其他人说发现水了，等大家过来就可能会失望。

第五节　狭义投资：科学与艺术

几乎所有的基金经理都是由研究员培养而来，因此研究与投资的区别，成了大家绕不开的一个话题，尤其是对于新任的基金经理，更是面临从研究到投资的角色和思维的转换。

每次面对一只新的股票，第一步都是去试图预测会不会涨、涨多少、什么时候涨。回答完了这三个问题，研究员工作就算结束了，下一步就是基金经理的事情了。

比如研究员通过研究，预测到某只股票未来三年会翻倍，从 10 元涨到 20 元。接着，有的基金经理可能会 10 元买入 12 元就卖出了，有的 12 元买入 18 元卖出，有的 18 元买入 15 元卖出。说不定还有人 10 元买入 15 元卖出，再 12 元买入 20 元卖出。或者有的经理只买了 1% 仓位，有的经理买了 10% 仓位，那收益率差别更是巨大。总之，研究员看来，预测是很成功的，算收益率的话是100%，但基金经理的收益率就千差万别了，有赚120%的，有赚20%的，还有亏钱的。

同样的研究成果，最后不同的经理实现的收益率差异巨大，背后的原因就在于研究与投资其实存在比较大的差异。

投资收益率可以分解为潜在收益率与兑现率，在追求投资收益率的道路上，前提当然是要有较强的研究预测能力，同时也要有较高的兑现能力。前者可以说是完全取决于研究能力，后者才是狭义的投资能力，也可以说是交易能力，也有人说是配置能力，但从中文词汇角度看，交易更为接近吧。

在这里有句谚语可以借用下，"只有小孩才在乎对错，大人只关心利益"，套用在投资上，就是只有研究员才在乎预测的对错，基金经理只关心赚了多少。于是，就很容易理解为什么卖方研究员的开场白必须是"正如我们所预期的……"，买方研究员则只能私下抱怨基金经理通通都是"猪队友"，一顿研究猛如虎，却被经理亏成狗。

不管个人还是基金，股票账户都可以视为一个组合，组合的收益其实就是组合内所有个股盈利的加总。

具体来说，优秀的交易，可以将一个潜在的赚钱机会尽可能赚到，甚至超越潜在收益率，这时就相当于将价格曲线拉直了。**这需要在正确的时间，配置正确的股票，持有正确的时间。**比如该重仓时重仓，该轻仓时轻仓，该左侧时左侧，该右侧时右侧，该偏离时偏离，该分散时分散，该长期时长期，该短线时短线。**在估值单边上升的阶段，右侧交易就比左侧好，也就是追涨杀跌比高抛低吸更优，反之亦然。**理论总是很正确，现实操作，却处处透着反人性，根据长期观察，喜欢重仓的经理很难接受轻仓，喜欢左侧的经理很难接受右侧，更没法做到时而左侧时而右侧。

如果观察赛马游戏的话，最终的成绩取决于选马水平，也取决于骑手水平。同一匹马，不同的骑手来骑的成绩会不一样；同一位骑手，骑不同的马，成绩也会不一样。骑手与马，对最终成绩的影响，既是合作的，又是独立的。

投资也可以分解为研究与交易两件事情，最终收益率既取决于研究水平，也取决于交易水平。同样的研究预测，不同的基金经理收益率是不一样的，可能是心态、胆识、魄力不一样。同一个经理，买不同的股票的收益率就更是不一样了。

投资者的交易能力，与预测能力无关，与性格、心态、胆识、魄力等个人特质有关，这就是所谓的投资反人性所在，相比而言，研究预测就不存在反人性一说。无论是宏观研究、策略研究还是行业研究，无论是研究需求还是供给，无论是研究销量还是价格，都不存在反人性的说法。大家经常会讨论到投资到底是科学还是艺术，其实这个问题也比较好回答了，研究是科学，交易是艺术，界限清晰。因为研究预测本身就是基于规律展开的，如果没有科学规律，研究就无从谈起。

在对一个基金经理进行风格分类的时候，很多人是看买了什么股票来判断的，比如买的TMT比较多的就归为成长型风格，买消费股偏多的就归为价值型风格。对此我是不太认可的，因为这还是在研究预测层面的分类，只是说明这个经理更擅长研究这些领域，顶多算是研究风格。就像平时说起喜欢的美食，如果说喜欢素或喜欢荤，也没明显说错，但如果说是喜欢川菜、粤菜，显然更准确。

更准确的风格分类，应该是看怎么买，而不是看买什么。比如左侧买与右侧买就是两种风格，而且左侧更接近于传统意义上的价值风格，重仓就比轻仓更接近价值风格，长线比短线更接近价值风格，分散比偏离更接近价值风格，那么，最接近价值风格的其实是同时长线、左侧、重仓、分散的这种风格，而不是买茅台股就是价值风格，就算那些游资买了银行股，也改不了他们游资的风格。

还是举美食的例子，同样是鸡，可以有辣子鸡丁、小鸡炖蘑菇、白切鸡、文昌鸡等做法，这才是美食的精髓。

第六节　价值投资在 A 股

按照商业模式来分解，首先可以把二级市场的股票投资定位为时间套利，与空间套利对应。股票投资这种天然采用时间维度的商业模式，进行的是现在和未来的套利，所以预测未来成了必然的要求。从流程上来说，我们是通过研究过去的规律和现在的信息，来预测未来，然后再经过交易，实现利润，这就是投资的全部流程。

我们可以将投资分解为研究与交易两部分，研究的目的是预测未来的机会所在，交易的目的是将研究成果最大限度地转化为利润。当然，还要结合前面说的本金规模，才能实现最终利润的最大化。

因此，可以从研究、交易、规模三个层面，更为详尽地分析常见的投资风格的具体含义，尤其是"价值投资"这四个字在中文语境下的含义。

一、 交易层面的价值投资

这里先解释一下交易,如前面例子所说,研究员预测到某只股票能从 10 元涨到 20 元,潜在的收益率是 100%。现在告诉多位基金经理,各位基金经理最终在这只股票上的收益,则会差异巨大。有赚 100% 的,有赚 20% 的,也有亏钱的。导致差异的原因,当然就不在研究预测层面了,而在交易层面,这是因为不同经理有不同的交易风格。有的人喜欢追,有的人喜欢等,有的人喜欢下重手,有的人喜欢蜻蜓点水。

所谓风格,正是因为会因人而异,才叫风格。

大体上,可以从四个公开的维度去观察一个基金经理的交易风格(见图 1-1),分别是:**持股期限(长或短)、买卖时点(左侧或右侧)、个股仓位(重或轻)、集中度(均衡或偏离)**。这四个维度是相互独立的,对于不同的基金经理,则可组合出 16 种交易风格,如表 1-4 所示。

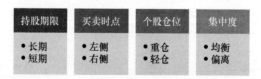

图 1-1 狭义投资的四个维度

按大众普遍认可的观点,持股期限偏长的风格,才能算价值投资,那些持股期限短的就不能算价值投资了。交易上左侧风格,即高抛低吸的才算价值投资,老是右侧追涨杀跌的,当然也不算价值投资。如果一个组合里有上百只股票,对每只股票的仓位都是蜻蜓点水，抱着随时想跑的心态，这也不能算价值投资。一般是那些看好公司就敢重仓的，才被称为价值投资。最后，那些组合里动不动就全是某个板块，比如全是白酒或军工的，只能说这是赌赛道的，价值投资一般是均衡配置，不把鸡蛋放在一个篮子里。

表1-4 从四个维度看16种交易风格

序号	风格	持股期限	买卖时点	个股仓位	集中度
1	价值投资	长期	左侧	重仓	均衡
2	赌赛道	长期	左侧	重仓	偏离
3	人工增强	长期	左侧	轻仓	均衡
4	个股趋势	长期	右侧	重仓	均衡
5	抄底	短期	左侧	重仓	均衡
6	配置等待	长期	左侧	轻仓	偏离
7	宏观趋势	长期	右侧	重仓	偏离
8	等解套	长期	右侧	轻仓	均衡
9	宏观策略	短期	左侧	轻仓	均衡
10	猎人	短期	左侧	重仓	偏离
11	炒消息	短期	右侧	重仓	均衡
12	偷懒	长期	右侧	轻仓	偏离
13	行业轮动	短期	左侧	轻仓	偏离
14	炒主题	短期	右侧	重仓	偏离
15	量化基金	短期	右侧	轻仓	均衡
16	板块轮动	短期	右侧	轻仓	偏离

这样一分析才知道，其实在中国、在A股，价值投资这个词在大众心理的含义，可能更接近于是一个正面的词汇，代表的是积极的、好的、正能量的、安全的投资。与之地位类似的词汇是

素质教育，反正是好的，就算素质教育，不好的就是应试教育或其他。

所以，在 A 股，最正确的交易风格，其实就是第一种，即长期持股，左侧提前买入，个股上重仓，配置上均衡。这是最正确的、最积极的、最好听的、最正能量的、最安全的、最让人放心的一种投资风格。如果这都不算价值投资，还有什么好争辩的呢？

接下来说第二种风格，即长期持股，左侧提前买卖，个股上也重仓，只是配置上比较偏离，比如组合中净是白酒。有的人会认为太偏离的，不能算价值投资，可支持的人会认为，这也是长期持股啊，也是左侧买卖啊，也是重仓啊，怎么就不能称为价值投资呢？就算不承认这是价值投资，那这种风格也是积极的、好的，也是正能量的。好吧，这也算有一定成分的价值投资。

这下好了，16 种交易风格中，除了第 16 种风格，即短线持股，追涨杀跌，每只股票买一点点，又全买一个板块，这种热点轮动炒作的风格，最不好意思称自己是价值投资外，其他 15 种交易风格，都可以或多或少自称是价值投资，至少是有部分价值投资成分。

现实结果就是，大多数的机构投资者，普遍自称是价值投资者，反正没人去刨根问底，也不知道怎么刨。到了宣传的时候就更甚了，赚了钱，只要不是靠第 16 种风格赚来的，就都是靠价值投资赚的，没毛病啊。

按照之前说的，好的交易风格是能放大研究成果的，差的交易风格则会损毁研究成果。那么，按照 4 个维度列举出来的 16 种交易风格，在每个阶段的行情中，都有 8 种交易风格是放大收益的，市场对其是友好的，而对立的另外 8 种风格是市场抛弃的。同时，每个阶段都有最占优的一种风格，也有最吃亏的一种风格。

比如 2019 年的基金业绩冠军，其风格就算长期、左侧、重仓、偏离的风格，接近于赌赛道，这种风格如果赌对了，也就是研究上正确，交易上则能够将收益放大到极致，想业绩不好都不行。而 2016 年的市场风格，则对短线、左侧、轻仓、均衡的风格特别友好，当年大量的量化基金排名靠前，靠的就是这种交易风格的放大，而不是这些基金在研究上有多优秀，因为量化基金多数不预测 EPS。

既然是不同阶段市场会对不同的风格偏友好，那么是否可以根据这个分析，基金经理切换到友好风格呢？

实际上，几乎没有人能在 4 个维度、16 种交易风格中进行自由的切换，能在 1 个维度上切换就不错了。比如在估值上行的行情中，追涨杀跌是个优势的交易风格，而估值下行的行情中，追涨杀跌就很惨，这个时候应该高抛低吸，但有几个人能做到一会追涨杀跌，一会高抛低吸呢？

有的基金持仓上百只股票，每只股票仓位多的也就 1%，加到 2% 就必须见董事长、财务总监等，就算见再多次董事长，也就买两个点顶天了，让这种人买十个点？他就算天天蹲在上市公司，都不敢。

这就是所谓的反人性所在，也正是这种原因，基金经理没有常胜将军，反而有冠军魔咒，其实根源不是基金经理水平差了，或者风格变了，恰恰是因为基金经理的交易风格不变，而市场在变，结果市场每年力捧的风格就占便宜了，仅此而已。不管是基金经理还是普通投资者，都需要明白这一点，知道业绩好是好在哪里，才能知道业绩的持续性。如果按照这个框架分析的结果，业绩好是因为交易风格，那显然就没有持续性，因为市场永远在变。

总结到这，也进一步厘清另一个问题了，就是投资到底是科学还是艺术。如果将投资分解为研究与交易，那么，研究是科学的，交易是艺术的。如果投资是反人性的，也主要是体现在交易层面。

二、研究层面的价值投资

回来再说说研究的部分，也就是预测。

按照最简单的分解，可以把股价的波动分解为 EPS（每股盈余）和 PE（市盈率）两者共同驱动，预测 EPS 需要研究的是所谓的基本面，也就是那些会影响企业利润的因素，包括行业供需、企业竞争、技术趋势、政策动向、管理层能力等。而预测 PE，需要研究的是那些会影响参与股票交易的资金，包括全社会的资金总量，参与股市的资金总量，参与某个板块的资金量，参与某只个股的资金量，总体上可总结为资金的动向。

通常说的投资包括选股和选时两件事。有的人是先选好股票，然后再围绕这只股票进行选时，所谓自下而上，波段操作。有的人是先判断大势与方向，再优中选优找股票，此所谓自上而下。其实无所谓哪个顺序，回避不了的是，选股、选时这两个问题必须都解决。

经常有人问我，为什么买这只股票？买那只股票？如果有针对性地回答一些看好那些公司的理由，我觉得这样的回答说服力不够强。

令人信服的回答应该是，纵观 A 股 3900 只股票，我认为这只股票最好。实际上，我没有做到，也做不到，即使一天看一家公司的报表，也得十年。

现实中，大家的办法是进行不同维度的分类，最终将 3900 家公司，根据业务分出水电、火电、风电、核电、光伏等，按这样的口径，还可以分出成百上千的细分行业，但还是不够细，投资者可能精力难以覆盖，于是有了更粗线条的划分。最粗线条的就是分为成长股、价值股、周期股、消费股、科技股等，这就像将人分为南方、北方、工科、文科，看似有道理，实际上没有什么现实指导作用，但大家都乐此不疲地谈论着。

无论什么方法，好的还是不好的，总之，大家最后都自有办法找到自己的投资对象，每个投资者都能找到自己心目中的好股票。无论投资者是根据大数据，还是勤奋调研，算准了 EPS，然而还可能经常亏钱。因为 PE 下降了，而且下降的幅度可能比 EPS 上升幅度还大。有些时候，EPS 并没有增长多少，但股价大幅上升，大家会归因为是资金偏好，是市场风格，其实这也是 PE 的大幅上升导致的，不少投资者对这种机会很是垂涎欲滴。而 PE 波动的背后是资金的驱动，资金的背后是投资者驱动，所以很多人将估值的波动归结为偏艺术层面的，是反人性的，而 EPS 是偏科学层面的，这是不准确的。如果接受前面的说法，交易是艺术，研究是科学，那估值属于研究层面的，当然就不是艺术了。

那估值的波动是什么呢？**如果说研究 EPS 是外在美，那 PE**

就是内在美。一些光看外在美找对象的人,有时会发现内在美不行,这就像在选股上,明明业绩增长确定,结果 PE 从 50 倍跌到 15 倍。把估值比作内在美,是想说明,这也是有规律可循的,是社会科学的一部分,属于科学范畴,而不是艺术范畴。如果内在美不是艺术,那什么是艺术呢?如何追,这是艺术。

分出了外在美与内在美,也就可以将研究风格分为两种了,一种是研究 EPS 的风格,一种是研究 PE 的风格。

市场上常见的专注于基本面研究的投资者,其实就是研究层面最接近于价值投资的风格,他们回避了研究 PE 的波动,美其名曰只赚业绩的钱,放弃市场先生的研究。

这种研究层面的价值投资,其实就是"颜控",只看外在美而忽略内在美。

三、 规模层面的价值投资

为什么在中国到处听得到价值投资的声音呢?可能很多的价值投资的存在是为了规模,毕竟光有收益率不行,还得有足够的规模。

根据前面提及金融与投资的区别,金融企业实际上分为两批人,一批人是圈资金规模的,另一批人是将资金规模变现为收益率的。

如果仅仅局限在专业从事后半部分工作,即变现收益率的话,那么大家都是专业的一线投资人员,其实不用纠结是不是价值投资,口舌之争意义不大,赚不赚钱才最重要。但圈规模的那一批人,是需要一杆旗帜的,是叫价值投资也好,快乐投资也行，对规模有帮助就好。

在国内，"价值投资"这四个字，更像是一个被人滥用的工具，与其类似的是"素质教育"这四个字，体现的是一种立场正确。分清楚谁在谈价值投资，在什么场合谈价值投资，也是很重要的。

投资者破除这个迷信，对于找到真正有效的、适合自己的研究风格、交易风格，都是有帮助的，这样就不需要削足适履，刻意向价值投资靠拢。

第七节 公司型基金与契约型基金

既然讲到价值投资，就不得不提价值投资的大师巴菲特了。前面介绍时间套利的时候，稍微提到了一下巴菲特投资模式的特点，这里再仔细展开介绍一下国内哪些人的模式接近巴菲特。

国内的大学金融教科书，在介绍基金的时候，经常会科普一下基金分为契约型基金与公司型基金两种。最常见的公募基金、私募基金，其实都是契约型基金，即投资者与管理人之间是以契约形式达成委托协议的，基金资产与管理人自有资产是分离的。并且出资人之间是平等的，享有相同的权利。

从盈利模式的角度看，公募基金可以简单理解成是拿别人的钱来投资，赚多赚少归别人。私募基金是拿别人的钱来投资，赚了钱之后，大头归别人，小头归自己。

还有一种模式是，拿别人的钱来投资，赚了亏了，赚多赚少，都是自己的，跟那个"别人"没关系。保险公司就是这样子的，巴菲特的伯克希尔也是如此。保险公司的资金是由保户缴纳的保费沉淀而来，最终保户拿回去多少钱，取决于所投保的风险是否发生，比如是否发生火灾了，而与保险公司的投资收益率没关系，完全脱钩。与收益挂钩的投连险其实是理财产品为主，算不上是纯粹的保险产品。

保险公司的模式中，存在两类参与者，一类是出钱但不参与收益分配的保户，另一类是不出资但全额享受收益分配的股东。在这个角色组合中，隐现着的是一个典型的公司型基金的模式，即在一家公司中存在角色不同的参与者，对出资与收益的分配权责不对等，通俗来说就是同股不同权，这里甚至连股都不同。在这类公司型基金中，比如保险公司，股东是合法占有了本来保户也有机会参与分配的收益。不过保险公司的详细操作模式不是这里讨论的重点，这里只是想借用这个例子来说明公司型基金的收益来源。

一、 如何学巴菲特

这里值得一提的是巴菲特的收益率，如果作为股票投资者来研究巴菲特，自然是想学习他的投资能力和收益率。这个时候，我们应该采用伯克希尔公司全部管理资金作为分母计算出来的收益率来衡量，即 ROA（资产收益率）才是准确的收益率，而非 ROE。但公众在谈论巴菲特收益率的时候，其实用的是伯克希尔公司的净值或净资产来计算的，这个收益率其实是 ROE，分子包含了股东对保户利益的占有部分，但分母没有包含。这样计算出来的收益率，由于默认自带杠杆而夸大了其真实的投资能力。

我们要学习巴菲特，到底是学习他的投资能力，还是学习他的商业模式？如果学习他的商业模式，可以留到后面再讲。如果我们要学习他的投资能力，就需要打开盒子看ROA代表的投资能力，因为这代表过程。比如说他的自有资本是500亿美元，再加上300亿美元的保户浮存金，总盘子变成800亿美元了。在计算收益率的时候，分母应该用800亿美元而不是500亿美元。就像很多理财产品有优先劣后之分，ROA相当于是产品总收益，而ROE相当于是劣后的收益，所以当然应该把优先加进来，才能衡量他的投资能力。

从1988年伯克希尔上市之后，其ROA口径的收益率如果复合还原的话，是虚线的17倍累计收益，同期标普500指数是10倍。而实线的46倍就算ROE口径的收益率，也就是分母剔除浮存金之后计算的劣后收益率。每年的收益率与指数对比之后的超额收益，可以看图中的柱子。从1988年开始，其超额收益是不明显的，有几年有超额收益，有几年没有超额收益。也就是说，从1988年开始一直抄作业，收益率略比标普500指数多一点，远不如直接买伯克希尔的股票（见图1-2）。

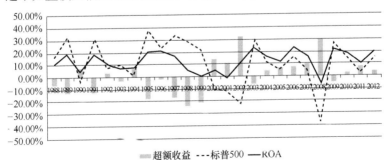

数据来源：伯克希尔公司年报、Wind。

图1-2 伯克希尔历史的管理收益率与标普500对比

这样就比较清晰了，如果要学巴菲特，应该学他的商业模式，而不是投资能力。

那我们现在来看，巴菲特的商业模式是什么？买一家保险公司。保险公司的商业模式是，拿别人的钱来投资，注意这个别人是指保户，买了一个意外险、买了一个生命险，没偿付给保户之前，这笔钱是一直沉淀在账上的。保险公司于是拿保户的钱来做投资，赚多赚少都和保户没有关系，保户该拿多少钱回去只取决于坐的飞机掉没掉，不取决于所投股票是否翻倍。这在专业上叫作浮存金，巴菲特在年报中会提到浮存金的规模与成本，资金成本一直在0甚至负的水平，非常低。而浮存金的规模，这两年一直维持在1200多亿美元。浮存金占伯克希尔投资总规模比例，多的时候能够达到70%，考虑到浮存金带来的杠杆，一直在1.2~2之间，平均1.5左右。如果负债端有这么低成本的资金来源，当然就不需要去做高风险的投资了，买点分红高的股票就行了。

前些年有一本热门的书叫《货币战争》，其中提出了一个美联储如何赚钱的解释，简单说是印钱出来，通过买国债的形式借给财政部，稳赚利息。虽然美联储并不像书里写的那样，但这种印钱或免费借钱来放高利贷的商业模式，正是多少老百姓梦寐以求的，关键在于是否有机会践行，现实中的一条可行路径就是先买一家保险公司。

国内大多数人在学习巴菲特的时候，是在学习他的投资模式。只有少部分人是在践行他的商业模式，知名的有复星、安邦、宝能等，也都是通过保险平台，低成本放大杠杆。比如，宝能举牌万科的钱，一大部分是保险平台的融资，其自有资本投入并不多,虽然万科股价涨幅没那么大,但如果计算宝能的自有资本回报率,那还是相当可观的。

二、公司型基金

理解了伯克希尔模式为代表的准公司型基金后,就会发现,国内不光也有公司型基金,而且大量真实存在。那么,哪些公司属于公司型基金的模式呢?就是那些常年以融资为主业的上市公司。

关于 A 股,先看一组数据(见表 1-5),自创业板诞生以来,所有创业板上市公司从 IPO 之日起到 2018 年止,实现的利润总额是 6096 亿元,而这些公司从二级市场的融资总额是 9272 亿元,是利润的 1.52 倍。意味着二级市场的投资者为了追逐他们 1 元钱的收益,先被上市公司圈走了 1.52 元本金。相同口径的中小板数据是 19014 亿元利润,融资额是 21436 亿元,倍数是 1.13 倍。

表1-5 上市公司 IPO 之后的累计利润与累计融资额

(单位:亿元)

	累计融资	累计净利润	累计融资/累计利润
创业板	9272	6096	152%
中小板	21436	19014	113%
前50	19428	195763	10%
全体 A 股	119116	300911	40%
去除前50名	99688	105148	95%

数据来源:Wind。

将数据放大到自 1991 年 A 股成立以来到 2018 年年底，所有上市公司利润总额是 30 万亿元，融资额为 11.9 万亿元，看起来比利润要少，但考虑到利润前 50 名的企业，比如茅台、银行股等利润额远大于融资额，那么剩下的 3000 多家 A 股公司的利润总额是 10.5 万亿元，而融资总额是 9.96 万亿元，为利润的 95%，融资与利润相当，远高于分红了，整个 A 股在 2018 年年报显示给流通股东的分红金额为 2970 亿元。

对于上市公司来说，尤其是中小市值的民营公司，它们 IPO 之后慢慢发现，从消费者那里赚钱，无论从规模还是难易程度来说，都远不如从投资者身上赚钱来得快、来得爽。

比如，有一家汽车零部件公司，当年花十来个亿买了个壳，这几年保持每两年融资一次的节奏，三次累积融资了近 100 亿元，而借壳以来这四年的累计利润不到 15 亿元，融资额是年平均利润的 20 多倍。在这种融资大环境下，从投资者身上融资来得这么快、这么轻松，公司凭什么要兢兢业业造好产品服务消费者？

慢慢地，很多上市公司开始学坏了、乱来了，变着法子从投资者身上揩油，只要融资一次，很可能比认真经营一二十年的利润还多，这种情况下，大家就都变成了融资高手。每一次融资成功，只要发行价高于净资产，就是新股东在增厚老股东的净资产，也是老股东合法占有了新股东的权益。与之对比的是，整个公募行业的主动型权益基金规模一直维持在 1 万亿元出头，管理费不到 200 亿元，扣掉给渠道市场的费用大概 100 亿元出头，上百家基金公司，上千个基金经理，近万个研究员的饭碗就这么大，还不如有的人写个 PPT 融资的钱多。

从这个角度来说，拿到 IPO 通行证成为上市公司那一刻，就成功搭建了一个公司型基金的商业模式，老股东可以合法赚新股东的钱，因此很多人再也不必踏踏实实、勤勤恳恳地全心全意为消费者服务，也能实现人生理想，而且是更大的理想。

曾经这样的公司型基金模式，在新三板出现了大量的践行者。像天星资本、中科招商等传统的契约型基金，都利用新三板努力转型为公司型基金。如果按照契约型私募基金的模式，从投资者那里募集来 100 亿元资金，假设通过专业投资，实现了 60 亿元的利润，按照契约型基金的行规，管理人可以分到 60 亿元收益中的 20%（即 12 亿元），投资者则拿回 148 亿元，包括 100 亿元本金和 48 亿元利润。这些管理人利用新三板平台，将管理公司自身估值到 300 亿元，然后向投资者出让 25% 的股权增发募集 100 亿元，假设管理人同样实现了 60 亿元利润，那本金加上收益合计为 160 亿元，按照股权比例，管理人占有其中的 120 亿元，投资者占有其中的 40 亿元。

管理人的收益从契约型模式的 12 亿元变为公司型模式的 120 亿元，出现了 10 倍的差别，而投资者账面资产从 148 亿元变成了 40 亿元，这里的区别就是契约型与公司型基金的差别。所以 2015 年前后的新三板，出现了大量私募基金公司进行天量融资的案例，引得监管层实在看不下去，才全面叫停了。

但是，在 A 股，这样的上市公司还大量存在。比如国海证券，历史累计融资 146 亿元，2019 年三季度的净资产还剩 140 亿元，也就是说公司老股东的净资产增厚，全是靠融资来的，而不是靠提供更好的服务给投资者而来，券商牌照远远不如上市公司这个壳值钱。

截至 2019 年三季报的数据显示，A 股 3800 家有统计的公司中，有 2066 家公司的融资总额超过了净资产的 50%，这意味着超过一半的上市公司，从投资者那里赚的钱，超过了它们从消费者那里赚的钱，这就是公司型基金的神奇之处。

第八节　从容数看股市扩容

对于 A 股投资者来说，可能经常会疑惑的一个问题是，中国经历了这么多年的 GDP 高增长，2000 年的时候中国 GDP 刚刚突破 10 万亿元，2019 年已经 99 万亿元了，上市公司利润也节节高；而上证综指在 2000 年就已经到 2000 点了，2020 年了，依然还在为守住 3000 点而奋斗。10 倍的 GDP 与 50% 的股市涨幅，反差如此之大，这些年的经济成果为什么就没在股市得到应有的反映呢？这应该是 A 股的一大悬案吧。

其实，从上证综指的总市值来看，已经反映了经济总量的增长（见图 1-3）。2000 年的时候上证总市值大概是 3 万亿元左右，2019 年年底达到了 35 万亿元左右，同期 GDP 从 10 万亿元到 99 万亿元，两者都是 10 倍左右的增长，幅度相当。也就是说，随着经济总量的增长，企业利润也实现了增长，毕竟我们进入世界 500 强的企业也越来越多了，A 股也成长出了万科、格力、茅台等一大批高市值企业。

总市值的增加，除了企业长大以外，还有一个原因是越来越多的企业上市，也带来了总市值的额外增加，这种逻辑有点类似于企业靠收购兼并带来的外延式成长。然而疑问还是没有解决，为什么总市值增加了，指数却不涨？或者说在指数不涨的情况下，总市值是如何增加的？

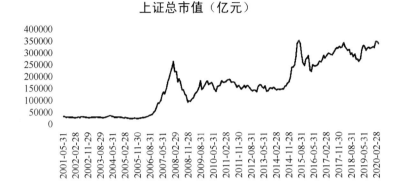

数据来源：Wind。

图 1-3 上证 A 股总市值历史变化

这就需要从指数与总市值的关系来剖析了，由于不同指数的计算方法不一样，有的是流通市值加权，有的是总市值加权。就拿最熟悉的上证综指来看，用的是总市值加权，其计算公式为：

上证综指 = 上证总市值/容数

这里的容数，是在编制上证综指的时候，初始化设置为 100 点时，被动设定的一个常数。1990 年 12 月 18 日设定上证起点为 100 点，假如那一天的总市值是 800 亿元，那容数倒算出来就是 8 亿元/点，即上证综指的每一个点，容纳的总市值是 8 亿元，以后总市值每增加 8 个亿，上证指数涨 1 点。

初始化之后，每天的大盘涨跌，尤其是盘中的上下涨跌，是根据所有上交所 A 股的实时股价计算出总市值，再除以这个固定不变的容数，得出实时的指数。这个时候的容数，可以视为一个常数，这样才有可能精确算出每天的涨跌幅。

如果指数的成分股不变的话，这个容数就不变，这样指数的涨跌就能完全反映成分股价格的涨跌。但是有的时候容数是会变化的，主要是有新股上市的时候，或者有上市公司进行了增发、配股等融资导致股本增加时，也会使得容数被动增加，即扩大指数每个点的市值容量，这就是扩容。

比如，2007年11月17日中国石油需要纳入指数统计了，而11月16日上证收盘是5316点，如果17日早盘所有股票都平开，包括中国石油，那么指数也应该平开，即开盘涨幅为0，但上证的总市值又因为纳入中国石油而增加了6.6万亿元。按照公式：指数=总市值/容数，指数必须保持5316点不变，而总市值又增加了6.6万亿元，那就只能相应增加容数了。

这就是容数会因为新股上市、老股增发等而上升的原因（见图1-4）。

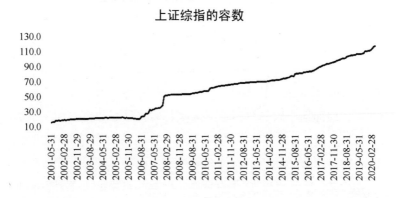

数据来源：Wind。

图1-4　近20年上证指数的容数历史变化

根据上证综指的历史数值,以及上交所 A 股总市值的历史数据,可以倒算出上证容数的历史变化。

上证综指的容数从 2001 年 5 月份的 14.1 亿元/点开始,持续上升到了 2020 年 2 月份的 120.8 亿元/点,8.56 倍的增幅,对应年化增速正好 12%,其实这个增速要高于同期 9.04% 的实际 GDP 平均增速了。也就是说,过去 20 年时间,中国 GDP 的高速增长,在股市中体现的不是指数的上涨,而体现在了扩容上面,也就是体现在新发或增发股本融资上了,容数的上升速度就代表了扩容的速度,从 2009 年至今,容数平均增速为 7.2% 左右。GDP 的增长没有体现在指数的上升,而体现在了容数的增长,这就像是一个人营养好,吃得多,并没有长高,而是长胖了。如果容数的增速长期保持与 GDP 相当,那下一次回到 6124 点时,可能每一点的容数是 200 亿元了,对应的上证总市值就得是 122 万亿元,而不是上一次 6124 点时的 22 万亿元(见图 1-5)。

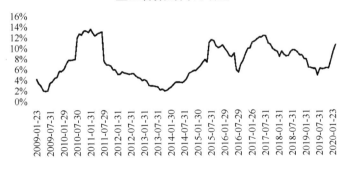

数据来源:Wind。

图 1-5　上证指数的扩容速度

只看2009年之后的扩容速度，是因为上证综指的容数上升最陡峭阶段发生在2007年11月，因为中国石油上市纳入指数，导致容数异常上升了一次。当时上证综指从2007年10月底的5954点下跌到了11月底的4871点，跌幅达18.2%。10月底的上证总市值是22.5万亿元，18.2%的跌幅对应的市值缩水应该是4万亿元。结果到了11月底，上证总市值增加到了24.3万亿元，反倒比10月底增加了将近2万亿元，里外6万亿元的差值就是因为中国石油纳入了指数统计。中国石油当时总市值一直是6万多亿元，单此一项，就将上证容数从37.8拉升到了49.8。现在中国石油总市值不足1万亿元，纳入指数以来市值缩水了5万亿元左右，严重拖累了上证指数点位。

对于如何计算中国石油对指数的拖累，一种算法是，计算2007年11月16日开始纳入指数时，中国石油在当天5316点上证指数中，大概占了1325点，权重达到了24.9%。到了2020年2月底，中国石油总市值只有9200亿元，按照120.8亿元/点的最新容数，中国石油的市值只贡献了上证2880点中的77点，权重仅剩下了2.7%。

虽然中国石油只从股市融过一次资，即IPO时的668亿元，但对过去这些年指数的影响是明显的，造成了容数的快速上升，也造成了指数的失真。

指数失真在2007年之前是一件市场比较关切的问题，因为2002年之后市场进入熊市，指数跌幅较大。于是一个妙招被想出来了，改动指数的计算方法，主要改的是新股到底哪一天开始纳入指数统计。最开始，1990年上交所采取的是新股于上市1个月后纳入股票指数计算，1991年11月8日，上交所提出新股于上市交易后第二日纳入股票指数计算。2002年9月23日，上交所又修改为新股于上市首日即纳入股票指数计算，这样每次有新股上市，都能提振一次指数（见表1-6）。直到2007年市场已经明显呈现牛市，才放弃这种简单的救市手段。最终上交所于2007年1月6日开始，新股于上市第11个交易日开始计入指数。

2020年7月上交所宣布，将新股纳入指数统计的日期改为上市满1年后，这个规则会让容数在2020年7月至2021年7月之间的1年时间里，暂时冻结不变，可能会因此释放100～200点的指数空间。

表1-6 新股对上证指数的提振作用显著

日期	代码	上市新股	上证开盘	深证开盘
2002/10/9	600050.SH	中国联通	0.49%	-0.11%
2003/1/6	600030.SH	中信证券	-0.01%	-0.11%
2003/7/25	600029.SH	南方航空	0.08%	-0.12%
2003/9/12	600015.SH	华夏银行	0.17%	0.00%
2003/11/18	600900.SH	长江电力	0.49%	-0.02%
2006/7/5	601988.SH	中国银行	4.38%	0.01%
2006/8/1	601006.SH	大秦铁路	0.43%	-0.14%
2006/10/27	601398.SH	工商银行	1.41%	-0.05%

数据来源：Wind。

最明显的是在2006年7月5日中国银行上市，中国银行一开盘股价涨了30%多，导致上证综指直接高开了4.38%，而深证指数平开，拉抬效果显著。正是在那四年多的时间里，每一次新股上市就提振一次指数，使得那一轮熊市中，上证综指从最高点 2245 跌到最低 998 点，如果没有新股首日的拉抬，最低点应该在 700 点左右，也就是大概跌了 2/3，这与当时个股实际跌幅更为接近。

容数是一个可以简单直接分析指数的工具，比如可以快速计算具体个股、板块对应的点数。这个容数平时稳定不变，只有在新股上市、老股增发时才会随之扩容。扩容的速度虽然在过去 20 年时间里年化上升 12%，比 GDP 增速还高了 3%。但在中石油之后的十来年时间里，扩容速度其实跟目前的 GDP 增速相当，按照 2020 年 2 月 120.8 的水平，投资者可以在这个基础上自行估算。还有更简单了解最新容数的办法是，访问上交所网站 www.sse.com.cn，每天收盘后会在首页右下角公布当天的总市值，拿这个总市值除以当天上证综指收盘点位，即可得出最新的容数。

创业板指数是根据 100 只成分股的流通市值加权计算的，而且成分股会定期更换，因此创业板指数的容数，会因为每次更换成分股而发生变动，其变化反映的就不是 IPO、定增等融资扩容行为了，因此对创业板容数的研究意义不大。与之类似的还有深证成指，也就是说成分指数的容数因为受成分股调整的影响，都不适合研究扩容行为，最适合的就是综合指数。

最后再看一个另类的综合指数，即上证 B 股对应的容数，因为 B 股很多年都没有新增股票了，反倒有些公司退市或被回购，使得 B 股的股本一直在缩水，体现出来的就是上证 B 指的容数在持续下降，这也是少有的容数下降的案例（见图 1-6）。

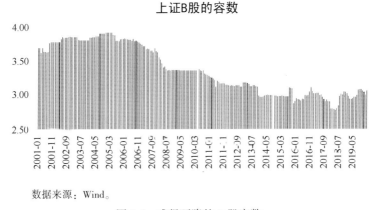

数据来源:Wind。

图1-6 难得下降的B股容数

第九节 比特币与股票

比特币是这些年出现的新事物,自从走入公众视野之后,争议与质疑一直伴随左右。这里提比特币,主要是从投资的角度,看看比特币与股票的相通之处。

比特币给大众的印象是炒作,是投机,从这点来说,股票也是一样的。准确来说,是其背后存在一个共同的机制,即先来后到的激励机制,所有的投机都是先来的获得奖励,后到的为奖励付费买单。

这里先说一下在互联网上的先来后到现象。对于微博、微信公众号等以粉丝链为纽带的社区,就存在着一个明显的先来后到规则,先来的用户依靠平台新增用户,可以坐等收获大量粉丝。等到平台新增用户数下降的时候,再来开公众号的话,就收获不了多少粉丝了。因为每一个新来平台的用户,都会先关注一堆公众号，这对于公众号来说就是平台红利。就像是每个新入群的用户都会发红包，当然是早入群的人收到的红包多，越晚入群，可收到的红包越少，最后一个就没红包了。这种采用的就是通过后到的去激励先来的机制，所以这种粉丝链的平台到了后期，用户红利下降，用户涌入就越来越少，同时先来的大号会慢慢离开，寻找新的平台红利，比如大量的自媒体从公众号平台转移到今日头条、抖音等。

  先来后到机制的优点是效率高，缺点是不公平。效率高主要体现在早期的平台上升阶段，能够让先来的用户帮助平台迅速做大，微博、微信公众号的崛起都有赖于这个机制。同时，先来后到机制的缺点也比较明显，就是不公平导致的利益格局僵化，体现出贫富差距拉大。到了晚期的平台稳定阶段，由于潜在新增用户越来越少，使得晚来的用户得不到激励，早期用户则坐拥海量粉丝。这种贫富分化的结果，就是大家会迁移到新的平台，寻找新的乐土，重新再来一轮红利的瓜分。

  头条号的推送，则是利用算法机制来决定内容分发，跳出了传统的粉丝链，在一定程度上摆脱了先来后到的游戏规则。虽然头条、抖音平台早晚也要面临着平台新增用户的减少，但这种红利的分配是根据内容而不是根据用户，也就是先来的用户即使坐拥大量粉丝，也不是天然就获得等量的流量，至少做到了缓解贫富差距。

  对于大多数 A 股投资者来说，赚取差价是主要的盈利模式，那就避免不了先来后到的机制，从这个角度看，比特币当然也是先来后到的机制。

  债券二级市场的交易，也是为了赚取价差，这里也存在先来后到。只是债券的先来后到游戏到了最后,有发债企业出来全盘兜底了。目前来看,股票和比特币靠的是自身最终的价值在支撑。

从货币职能来看,货币静止时具有价值储藏职能,货币移动时具有支付结算的流通职能,两者互斥。比如活期存款具有支付结算职能,但没有价值储藏职能。定期存款具有价值储藏职能,但没有支付结算职能。同理,股票具有价值储藏职能,但没有支付结算职能,而比特币具有支付结算职能,缺乏价值储藏职能。活期存款、定期存款、股票、债券、比特币在货币职能的无差异曲线图上,都能找到自己对应的位置,其货币职能要么体现在价值储藏职能上,要么体现在支付结算职能上(见图1-7)。

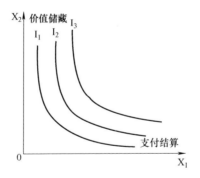

图1-7 货币的两个基础职能

铜因为最终可以用来制造电缆,所以买铜期货的投资者知道最终会有买家兜底,于是铜的期货会有交易者参与先来后到的游戏。交易者是在期货市场买入铜,然后不断转手,直到转给最终的电缆厂商。也有人干脆去挖铜矿来卖给投机交易者。比特币也是类似,因为存在最终的用户兜底,因此有投机者在市场上不断倒手买入卖出，也有在源头挖矿卖给投机者的。

在股票市场，因为有最终的投资者会因为股息而兜底，比如保险公司，于是有投机者在股市不断倒手买入卖出，也有在源头"挖矿"卖给投资者的。股票的挖矿者，就是那些参与上市公司低价定增的投资者，以及通过参与员工股权激励拿到股票的员工，员工通过为公司干活，挖到股票，然后在二级市场套现。而上市公司的大股东，则是发行虚拟货币的，每一次 IPO 就相当于是一次发币，为市场投机者创设了一个新的交易品种，所以虚拟货币的发行也类比称作 ICO。区别在于，虚拟货币是只有支付结算职能的交易品种，而股票是具有价值储藏职能的交易品种。

随着挖到的币定期减半，比特币的挖矿成本也越来越高。与之类似的是，员工通过干活拿到的股权激励，也是随着入职时间越晚，分到的股权越少，靠员工股权实现财务自由的，都是那些公司规模还小的时候加入的早期员工，等公司上市了再加入的后来者，即使有股权激励，往往也是聊胜于无。

第二章

牛市与熊市

研究 A 股的规律，就绕不开研究的目的之一是寻找未来的牛市，避免熊市，尤其是股灾，这就必须先把过去的牛市、熊市规律研究清楚。因此，本章开始陆续讨论 A 股的牛熊轮回机理。

颜控型的价值投资者总是强调，紧紧抓住公司基本面的牛鼻子，就能做到穿越牛熊，实现财务自由。按照顶点来算，2000 年一个 2245 的高点，2007 年一个 6124 的高点，2015 年一个 5178 的高点，A 股的一轮牛熊周期下来，七八年时间过去了。就算从工作算起到退休的 30 几年时间，最多也就能碰上四五次牛市，多数投资者能碰上两三次就不错了。这种频率下，谈穿越牛熊过于奢侈，对于大多数的个人投资者和机构投资者来说，抓住牛熊才是更现实的选择。

第一节　互联网与大牛市

1991—2020 年将近 30 年的历史，A 股有过三轮大牛市，这通过对数坐标更容易看出来。1991 年上证指数从 100 点起步，涨到 1400 点，这个算是第一次大牛市。后面十几年就不算牛市了，只是在波动，包括 2000 年的牛市，其实涨幅也不够可观，这里暂时忽略。后来就一直等到 2005 年见底 998 点之后，才迎来了一轮新的大牛市，在 2005—2007 年间，上证指数从 998 点涨到 6124 点，这算是第二次大牛市。然后就是 2012 年年底，上证从 1849 点涨到 5178 点，如果我们看创业板则涨幅更为可观，从 585 点涨到了 4037 点，将近七倍，这算是第三次大牛市。

即使我们用上证指数与道琼斯指数进行对比，也可以发现这三轮牛市的存在。2007 年和 2015 年，都是美国不怎么涨，A 股在独自狂涨（见图2-1）。

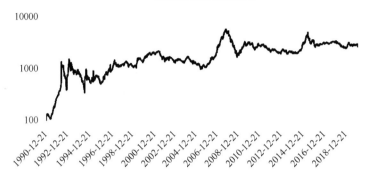

数据来源：Wind。

图2-1　1991—2020年上证综指的三轮牛市

由于第一轮牛市年代久远且参与者少，上市公司也少，研究的价值就不那么大了。关于如何解释这三轮大牛市的形成，尤其是后面两轮，这里先提出一个观点，就是牛市的形成与互联网技术有密切的关系。

恰逢2007年大牛市的时候，互联网也正在中国快速普及。从CNNIC公布的网民数来看，2000年互联网泡沫的时候，其实用户基数很低，所以增速显得很高，后面增速下去了。经过了2004—2005年的低增速，2006年中国的互联网用户数进入加速增长的阶段，增速高点出现在2007年下半年。

如果将上证综指和网民增速这两个图放在一起，可以看出2007年的A股大牛市和互联网普及趋势是高度吻合的，这就很值得重视其中的关联性了（见图2-2）。

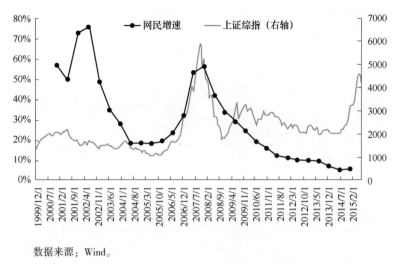

数据来源：Wind。

图 2-2　2007 年牛市受益于互联网的普及

A 股当时的状况就是处于互联网的普及阶段，可以想象 2006 年的大学校园，老师在上面讲课，同学们在下面听课，一边听课，一边急切想知道自己股票的涨跌情况，因为没有智能手机可以看盘。课间休息时，同学们就回到宿舍看个盘、下个单，再回教室继续听课。再往前的 2000 年前后，那个时候互联网都还没来得及普及，看盘、下单都得亲自去证券公司营业部，不光学生没法炒股，绝大多数有正事的人都没法炒股，所以营业厅净是些老人。互联网将炒股变得便捷多了，尤其是现在智能手机带来了移动互联网，使炒股更进一步便捷了，坐在教室里就能看盘、下单。

所以，在过去互联网及移动互联网的普及背景下，A 股也迎来了两轮大牛市，分别是 2007 年的 6124 点牛市，与 2015 年的 5178 点牛市。以这两轮大牛市为分界线，可以根据投资者炒股的便捷程度，分为三个阶段。

第一个阶段是营业部时代。在互联网普及以前，投资者看盘、下单都必须去营业部现场，很不方便。

第二个阶段是网上炒股时代。也就是 6124 点那一轮牛市，这个时候在面积不大的学校，可以用课间时间参与一下股市，对那些写字楼里的白领来说，就可以完全不去营业部了，在办公室就可以看盘、下单。

第三个阶段是移动炒股时代。以智能手机普及为前提，与 5178 点牛市差不多同步到来的。这个时代的学生，再也不用回宿舍看盘、下单了，老师在台上讲课，同学们照样可以在课堂用手机看盘、下单。有了移动互联网，不光白领可以随时随地下单了，在车间的蓝领、在路上的司机也都可以随时随地看盘、下单了。

根据交易便捷度划分三个阶段，根源是互联网技术的普及，结果是活跃股民数量的大幅增加。同样是 100 万开户股民，在营业部时代只有 1% 的股民是有效股民，也就是只有 1 万人有空去营业部看盘、下单，其他的大部分人，该上课上课、该上班上班、该开车开车，没有条件去营业部贡献交易量。到了网上炒股时代呢，活跃率比之前的 1% 上升一个数量级，到了 10%，也就是在 100 万开户股民中有 10 万个是活跃股民了，新增活跃股民主要以白领为主。到了移动互联网时代，100 万开户股民，就有 100 万活跃股民，也就是活跃率为 100% 了，不管学生还是老师，白领还是蓝领，在办公室还是在路上，通通可以随时随地看盘、下单了。正是这种活跃率的跃升，带来活跃股民数的急剧增加，将本来是一轮普通的牛市，激活成了大牛市。

互联网对股市进行改造的同时,也在改造着各个行业,与股市相类似的一个领域是游戏行业。假设 20 世纪 90 年代,有人在镇上开了一个游戏厅,只有八台游戏机,就像 1991 年的时候只有老八股,那大家只能排队等着玩。等到了 2006 年呢,老板对玩游戏的孩子说,你们也不用刮风下雨来排队了,回家装一个客户端,下载一个传奇、魔兽就可以玩游戏了,这时的生意肯定就立刻上了一个台阶。然后等到智能手机出来的时候,老板说手机下载一个 App 就可以玩游戏了,上班可以玩,坐车可以玩。这个过程中,互联网将游戏从一个低频的行为,改造成了一个中频的行为,然后移动互联网又将游戏改造成了一个高频的行为(见图 2-3)。

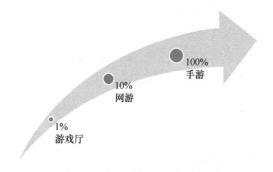

图 2-3 互联网改造游戏的三阶段

互联网对股市的改造,通过激活休眠股民,推升参与频率连上台阶,从而推升了两轮大牛市的出现。 现在的情况是在技术上已经实现了,每个股民都能随时随地交易,所以下一次牛市的时候,就不再会有休眠股民可供激活,也不会出现参与频率再上台阶的情况了,因为已经 100% 了,所以理论上互联网推升牛市的使命已经结束。"4G 通信 + WiFi"已经基本可以满足个人的上网通信需求了，5G 可以将物体进行联网，实现万物互联，但股市没办法再扩大参与群体了。

2013 年之后的几年下来，在 A 股的各个板块中间，谁是真正受益于移动互联网的普及，在利润、在业绩上了一个台阶的？只有两个行业，一个就是游戏，另一个就是券商，其他行业都没有这种利润数量级的增长。游戏作为最早接受移动互联网改造的行业，业绩与行情都表现得比较早，2013 年的时候，大家刚开始炒的就是游戏，因为是真的有业绩。回到更早一点的时候，在互联网刚开始普及的 2007 年牛市之前，主打游戏的丁磊、陈天桥就轮番登上中国首富的位置，而且陈天桥那时才 32 岁，靠的就是一款"传奇"游戏而成为传奇的。

券商在每一次互联网红利的浪潮中，作为影子股，是最受益的。移动互联网给股市带来的一个直接结果就是，换手率出奇地高。在 2015 年高点的时候，创业板平均每天的换手率超过 10%，意味着投资者平均持有股票的时间不超过两周。稍微活跃点的股票，基本上就是一周换一遍股东。单从沪市的成交金额来看，在营业部时代全年也就两三万亿元，平均一天 100 亿元左右。到了互联网时代，年交易额立刻达到了二三十万亿元的水平，基本上增长了 10 倍。到了移动互联网高峰时的 2015 年，达到了 132 万亿元。如果考虑到下半年一直股灾，单看高点时的日交易额轻松破万亿元，基本上就是网上炒股时代的 10 倍，营业部时代的 100 倍水平。而且在高点之后的几年熊市里，交易额也下不去了，2018 年全年单边下跌的清淡行情，都有 40 万亿元的交易额，明显高于移动互联网时代以前的任何一个年份（见图 2-4）。

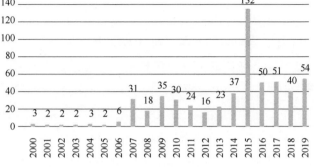

图 2-4　沪市交易活跃的原因不止是市值增加了

移动互联网对股市带来的另一个影响，是将估值水平推高到了新的巅峰。 2015 年的牛市 5178 点，如果只是从指数上来看，比 2007 年的 6124 点还低一些。但是如果从估值的角度来看，其实 5178 点是更高一点的。这里可以用一个简单的指标，就是 PB（市净率）超过 10 倍的股票占 A 股的比例。正常来说，10 倍 PB 是大部分股票估值的天花板，因为这意味着在长期 20 倍 PE 的假设下，需要维持 50% 的 ROE 水平。

在熊市的时候，10 倍 PB 的股票确实不多，从数量上来说，历次大盘底部，比如 998 点、1664 点、1849 点时，PB 超过 10 倍的股票都不到 100 只。但是在股市高点的时候，可以看到 2015 年 5178 点时，超过 10 倍 PB 的股票占比为 36%，大概有 1000 只左右的样子。这个是让人难以想象的，超过了过去每一次牛市的高点，2000 年牛市顶部的时候，超过 10 倍 PB 的股票占比大概是 26%，2007 年 6124 点的时候占比大概是 23%，明显低于 5178

点的36%（见图2-5）。

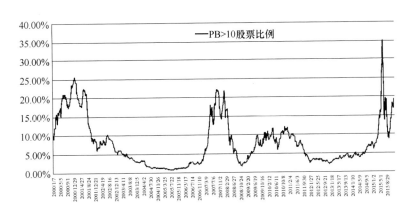

数据来源：Wind。

图 2-5　从 10 倍 PB 股的数量看估值泡沫

这种泡沫要如何理解呢？举个例子，假设黄山的山顶上有一家酒店，在国庆黄金周的时候，这家山顶酒店的价格肯定是非常高。一般 4 号是峰值，按照以往，这一天的价格可能要 1000 元一晚。假如全国每个城市都修通了到黄山的高铁，那个时候 4 号的峰值价格肯定就不止 1000 元了吧，估计得 3000 元起了。再后来，如果全国每个城市都开通了到黄山的航班，那这种情况下，酒店 4 号的峰值价格就得上万了。事实上，每次春节期间的三亚就是这种情况。

虽然每次黄金周的酒店价格都会涨，但涨这么多，还是跟交通工具的便捷有直接关系。股市也一样，虽然牛市并不是因为互联网而出现的，但互联网对指数涨幅起到了推波助澜的作用，最终的涨幅也是由互联网或移动互联网决定的。

一、红利的含义

如果用"微信"这个关键词的百度搜索指数,来代表移动互联网的新增用户趋势,就可以看出峰值出现在 2015 年 7 月底。因为已经安装了微信的用户不会去搜索这个词,搜索的用户大概率是新增的,这个逻辑也可以从微博、QQ 等关键词的搜索指数得到验证。包括在百度上搜索百度的指数,也都在 7~8 月见顶。可以确定的是,移动互联网给股市带来的红利,正在那个时点见顶了(见图 2-6)。

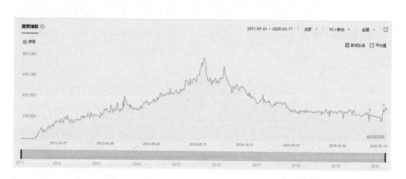

数据来源:百度。

图 2-6 "微信"搜索指数在 2015 年 7 月见顶

这里的移动互联网红利,指的是移动用户的增长,最高峰出现在 2015 年 7 月。对于红利这个词,可以用一个大家都有体会的微信群例子来解释,自从微信普及之后,大家都加入了不少群,其中一定有几个同学群,从小学、中学到大学。每次有新同学入群的时候,都会跟老同学们打一番招呼,老同学们也是一通欢迎，群的活跃度也会因此上升一下。然后等下一个同学入群时再活跃一下，等同学到齐了，不会有新入群成员，然后就没有然后了，这就叫红利结束了。如果还想维持活跃度，就得靠红包了。

有新增用户进来的时候，活跃程度是可以维持的，一旦没有了新增用户，活跃度就会出现陡降。这个也可以从朋友圈的活跃度来印证，一开始大家的微信处于好友快速增加的时候，毕竟新加的好友，在朋友圈看到动态会例行点赞一下，这个时候发布的每个朋友圈，收到的点赞数量与新增好友数量同步增长。等到后面微信好友也加够了，没有新增好友的时候，会发现点赞数量快速下降，接着就会影响到大家发朋友圈的积极性，随着朋友圈内容的减少，活跃度就进一步下降，这体现的也是用户红利的起落。

随着微信群、朋友圈的红利消退，活跃度靠红包接续了一两年，但还是不可避免地下降了，现在很多群的情况是连发的红包都抢不完了。

如果对应到股市，牛市其实就是一轮散户入场的红利释放过程，当散户入场的峰值过去之后，市场活跃度与人气就会被迅速冰冻，进入泡沫破灭的熊市。

这样的一个过程，不光体现在大盘的牛熊切换上，平时的概念炒作时也是如此，一旦 K 线图走平，新增资金出现断档，泡沫就岌岌可危。

二、 互联网背景下的反弹

自从移动互联网渗透到股市后，投资者的行为被彻底改造成了移动模式,自2015年之后的每次行情,投资者的反应速度明显变快了。信息传递从以前那种一传十、十传百、百传千的路径,直接变成了一传千,再传就百万了。所以行情特点就是要么不涨,要涨就是地动山摇般让人措手不及。2019年年初的追涨式买入、踏空式上涨行情也淋漓尽致地体现了这一点。即使是反弹,也往往给人大牛市要来的气势,2018年年初是这样,2019年年初也是这样,2020年年初、7月初依然如此。

而且体现在个股上也一直分化,总是大的股票更活跃,跟以往每次市场活跃都是小股票活跃不一样。其实也跟移动时代的屏幕太小有关,雪球App上能看到很多股票的关注数量,比如九雾组合现在是6万多的用户关注,意味着九雾出现在了6万多个用户自选列表中,这已经比一些小的股票要高多了。从营业部大屏幕到电脑再到手机,屏幕越来越小,投资者的关注范围也变窄了,这就像以前看BBS的时候,大家看到的帖子都是一样的,现在的微博、朋友圈则每个人都是私人定制的,千人千面。

股市也一样,每个人的股市都不一样了,在营业部大屏时代,每只股票出现在投资者面前的机会是一样的,而在手机时代这种机会出现了巨大的分化,每个人的自选列表不一样,看到的A股也就不一样了。雪球上显示万科A的关注用户有60万,而好多小市值股票连6000个关注都没有,当那些休眠的投资者打开手机,准备把弹药倾泻出去的时候,雨露是不均沾的,这种差距就是上百倍。以前那种大票搭台小票唱戏式的反弹,怕是越来越少了,反而每次反弹都容易给人山雨欲来的错觉。

第二节　中美股市的差异

提出移动互联网与 2015 年牛市存在关系，是在股灾之后的时候了。新财富季节，有一位券商分析师说出了他的困惑："为什么每个投资者问我的，都是一生一世的问题，自己交易下单时却是一夜情？"这就是当时的现状，后来逐步理解了是技术的原因，跟以往的牛市相比，投资者没变，变的是通信工具，看似不起眼，实际是改变了生态。就像古代文学形式的演进顺序是唐诗、宋词、元曲、明清小说，原因就是造纸、印刷术进步后，写作成本下降。

既然提出一个理论，就必须能有更广谱的解释力。比如提出这个思路后，有人说那美国怎么没有出现互联网牛市呢，为什么独独 A 股出现了。确实，美国也是移动互联网大国，那为什么美国没有出现类似现象呢？

按照人之初性本恶的说法，互联网只是一个工具，方便释放大家的恶，包括投资者好赌的天性。美国作为一个移动互联网的大国，比中国发展得还要好，但是它没有玩家。通俗一点，还是拿刚才玩游戏的例子来讲，一个"好学生"，是从来不去游戏厅玩拳皇什么的。后来出现了传奇、魔兽等网络游戏，"好学生"大概还是不会去玩的。到了手游时代，有了王者荣耀这种游戏，"好学生"依然不会去玩。而中国的股民呢，一开始就是"差学生"，只要有游戏就玩，游戏厅时代去游戏厅，网吧时代泡网吧，手游时代则天天王者荣耀。

这里特意找了一些数据来说明美国的历史。美国是 1792 年就有华尔街的,从那时开始有股票交易,1837年出现了电报,然后是1876年电话的发明,1946年电脑的发明,最后是20世纪80年代出现的互联网,基本上每隔几十年才有了一次通信手段的进步(见图2-7)。那么,在电报诞生之前的40多年时间里,美国西海岸的人怎么交易东海岸的股票呢?没办法。所以,投资者必须委托理财,必须把钱交给那些经纪人,让他们去代客理财。所以很多华尔街的传奇大佬,如雷曼兄弟、高盛之类的,创始人多是从经纪人起家的。其实很多的经纪人,更像国内的私募基金经理或者投资顾问,并不是现在营业部的那些做经纪业务的客户经理。

图2-7 人类通信工具的发明时间线

在很长的时间里,根本就没有通信手段支持美国的投资者,去直接参与华尔街的股票交易,他们天生就是理财为主,不直接炒股。炒股本身是一门手艺,而理财是偏消费性的,最后的结果就是美国的投资者一直没有掌握过炒股这项技能,一直是好学生的模样,就算是K线图,也是日本人发明的。所以当有了互联网之后,美国的投资者也不会因此就去炒股票,因为他们本来就不掌握追涨杀跌、高抛低吸的本领。

但是A股的投资者,从1991年有上证指数开始,练就了一身追涨杀跌、高抛低吸的本领。这个时间与互联网的发明基本是同一时期,但离互联网在中国的普及还早,互联网还没来得及走进千家万户的时候,股票就先在中国普及开了。

在A股30年的历史中,前15年的时间里,机构投资者一直缺位,号称是1998年出现了公募基金,也一直是老十家而已,而且当时都是封闭式基金,不接受大家的申购,作为机构的封闭式基金规模也没有增加,实现不了基金理财。个人投资者呢,也一直买不了,只能继续亲自炒股,或者炒封闭式基金。2000年左右的时候,封闭式基金的净值如果是1元的话,二级市场交易价格一般是2~3元或者更高。

一直到了2004年,大批基金开放式发行,这个时候才开始真正形成基金理财。但是这个时候,互联网来势汹汹地普及开了,广大散户已经练就了一身追涨杀跌的本领,他们再通过互联网武装一下,更是如虎添翼。投资者好不容易在2007年一次吃饱,后面又来了移动互联网,资金就更加不交给公募了,连基金都要自己亲自炒。于是在股灾之后,基金指数化、工具化的趋势越来越明显。近几年的指数基金、ETF火热,就是基民互联网化的结果,越来越多的基民通过互联网参与A股,费率低、透明度高、实时盯盘的体验好,都成就了基金的互联网化。被动基金尤其是ETF在国内的兴起,与其说是基金行业的胜利,不如说是移动互联网的胜利。

以公募为代表的机构投资者,每次熊市降临,都会恶狠狠地说一句,这次熊市之后散户肯定彻底死光了,机构以后就有好日子过了。实际上,从数据来看,是不支持这种说法的。公募主动基金的股票交易额,占全市场的比重,在2008年达到最高点9%后,就一路下滑到2015年的最低点2.3%,这也侧面说明公募基金在股票定价权上的弱势(见图2-8)。其实,就目前现状来说,淘汰散户是不可能了，主动权益公募被淘汰倒是概率不小。毕竟，个人投资者的路径依赖太明显了，散户现在用移动互联网武装到牙齿了。

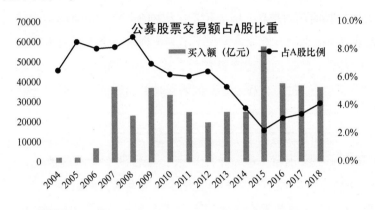

数据来源：Wind。

图2-8　公募的股票定价权远没有想象中强

公募必须做到真正长期帮持有人赚到大钱，这种情况才有可能改观。虽然每次统计净值时多数都是涨的，但统计一下持有人的收益，却大多数都是亏的。原因多数是因为买在高位，基金经理努力创造的超额收益，被持有人高位追涨给抵消了。基金经理整体上是可以创造长期超额收益的，但并不能保证任何时候买都有正收益。这是一个类似小品"海参炒面"式的困局，菜单上明明写的"海参炒面"，端上来却不见海参。

最后再解释另外一项与互联网有关的投资，就是P2P。前面一直把2015年这次大牛市视作与移动互联网有关，用互联网来解释涨这么多的原因。市场上其他解释大牛市的理由有改革牛、货币牛、水牛等，但这些解释的理由并没有对其他市场产生同样的冲击，包括房地产、债券、黄金、艺术品、收藏品等投资品市场，没有那么激动的情况。这是因为，除了股票市场，其他市场的投资者都没有互联网化，交易都没有放到手机端。唯独P2P是天然互联网化的产品，因此小贷市场也算是受益于互联网的一个品种了。

第三节　现金守恒

有牛市就有熊市，有2015年这种脱离全球市场独领风骚的"疯牛"，就有了同样铭刻历史的股灾。1987年的美国股灾，成了后面几十年的教训与样板，直到2020年纪录被刷新。如果希望2015年A股的股灾不会再重演，就需要对股灾的机理有更清晰的了解。

所有的泡沫都会破灭，在2015年股指上涨的时候，很多人也都是有预期的，只是以这样的形式表现出来，还是始料未及，因为历史上没有参照。我那个时候经常举一个打牌的例子，10个人一起打牌，桌上10万元钱，打到晚上9点，有人提出要回家不玩了。第一个主动离场的，肯定是赚钱了，假设他拿走2万元，桌上还剩9个人打8万元。10点钟，第二个人离开，也拿走2万元，这时桌上8个人打6万元。这时大家觉得打太小了不过瘾，于是找茶馆老板借点筹码，8个人继续玩8万元。就这么一直玩啊玩，到了凌晨，可能出现了4个人玩4万元，但欠了茶馆老板6万元的情形。最后怎么收场？当时只是提出了这个困惑，却不知道答案。

事后来看，这个框架其实是可以用来对股灾进行解析的，这里有几个关键概念需要理清,分别是现金守恒、现金缺口、活期贷款。现金缺口类似于资不抵债了,在股市里体现出的就是全体投资者的现金低于负债,而不是个别投资者的。活期贷款就是随时可能需要偿还的贷款,这种期限的贷款在股市以外是不存在的,因为企业贷款都是有还款期限的,个人按揭与信用卡也是有固定还款日的,而融资融券的负债却是随时可能需要偿还的。

一、现金守恒规律

投资者经常会追问一个问题:股价下跌导致市值缩水,这些蒸发掉的钱,到底去哪里了?其实挺好回答的,如果你买了张三的股票,那么钱自然是去张三那儿了,而张三可能是从李四那儿买的,那么张三的钱就去了李四那里。每次交易过程中,不考虑税费的话,现金不会增加也不会减少,只是发生了转移,从买家转移到卖家了。这个追问不断循环下去,答案就出来了,最终是去了上市公司,因为所有的股票,源头都是上市公司 IPO 或增发而来的。就像大家手上的现金,都是中国人民银行发行出来的,不管怎么流转,都属于央行的负债。

股票市场的参与者众多,如果将参与者的现金流入、流出全部纳入统计范围,按照是否投入现金,将参与者分为两类:现金消耗者与现金投入者。

现金消耗者包括税务总局(财政部)、交易所、证券公司、上市公司等主体,这些参与者并不是靠投入现金来参与股市,而是靠牌照来参与现金的瓜分。现金投入者主要指投资者,包括个人与机构投资者,凭借着出资额,按比例,再根据投资能力,参与场内现金的瓜分。

同时,股票市场其实始终遵循一个现金守恒的原则,用公式表示即为:

期末现金 = 期初现金 + 流入现金 − 流出现金

用个通俗的例子来说,就像打麻将,四位参与者,每位出资100元,合计400元。这是一个简单的零和博弈,不管过程中谁输谁赢,在任何时间点去统计现金,合计就是400元,现金不会增加也不会减少。如果这个时候来了一个警察,罚款拿走100,就剩下300元。这种情况下,四个人最后算下来的总账就肯定是亏损的,也许从个人的角度有人会赚钱。这个时候现金消耗者就是那个警察,现金从现金投入者,流到现金消耗者(即警察)手中,警察没有投入现金,但参与了现金分配,因为他有牌照,同时造成了100元的现金缺口。

股票市场也是这样,现金总体是守恒的,无非是从这个参与方流到那个参与方了。如果这个过程中,现金消耗者拿走了现金,对于现金投入方(即投资者)来说,现金缺口就出现了,缺口主要是现金消耗者净抽血造成的(见图2-9)。

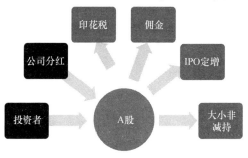

图2-9　A股的资金流入来源与流出去向

现金守恒不光体现在二级市场参与者之间，也体现在一级市场参与者中，典型的就是**上市公司并购产生的商誉**。上市公司在并购非上市公司时，如果被收购标的的净资产是 10 亿元，收购价格是 80 亿元，在收购之后，上市公司资产负债表的资产端少了 80 亿元现金，资产只多了 10 亿元，那么多付出的 70 亿元溢价，则计入商誉。2018 年大量上市公司由于商誉原因而大幅亏损，其实就反映了现金守恒这个规律。非上市公司的股东拿走了 80 亿元现金，相当于是高位套现了，对于上市公司来说，则是高位接盘，多付出的 70 亿元，其实大部分就是上市公司因为高位接盘而造成的亏损，只是这个亏损一直藏在商誉里面，但不代表不会发生亏损，毕竟现金被人拿走了。商誉减值的时候，就是将亏损坐实的动作而已。

下面开始分析一下 A 股的实际情况，包括现金消耗者与现金投入者双方的情况。先看现金的流入部分。

二、现金流入

第一项现金流入是上市公司给流通股股东的分红，而不是给全部股东的分红。 因为上市公司的分红，大部分给了控股股东，国企的分红大部分给了国资委，银行的分红大部分是给了中央汇金公司。比如建设银行的总股本是 2506 亿股，而 A 股实际流通股是 95.94 亿股，2018 年度分红是每股 0.306 元，看起来建设银行当年向股东分红总金额达到了 767 亿元，但 A 股流通股东实际拿到的税前分红只有 29.35 亿元。

按照这样的统计口径，2018 年，A 股流通股东实际所得的税前分红是 2970 亿元，逐年来看是上升的，这个上升是因为利润上升，同时上市公司的数量也增加了（见图 2-10）。

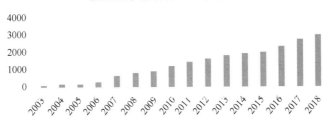

数据来源：Wind。

图 2-10　上市公司历年向流通股东的分红统计

第二项现金流入是通过融资融券借来的钱，即两融余额的增量。2014 年度贡献的增量资金最大，达到了 6700 亿元，也因此成了 2014 年市场风格的主导力量之一。这个数据在牛市时是增加的，在熊市里是减少的，主要起到的作用是助涨助跌。历史上这个数据的趋势与投资者保证金余额高度趋同，现在投资者保证金数据不再公布周度数据，如果需要的话可以用两融数据拟合出来（见图 2-11）。

第三项现金流入是所有的投资者不定期、零散地通过银证转账划入股票账户的现金，以及申购权益基金的现金。基金的申购看起来每年挺热闹，只要行情稍微好一点，就动不动会有爆款基金出现。但实际上公募行业这些年，存量的权益基金规模增加并不多，更多的投资者是在赎旧购新，对市场的增量现金贡献有限，即使要统计，口径也不能像投资者在顶部计算援军时那样直接采用募集规模，而要用存量轧差。

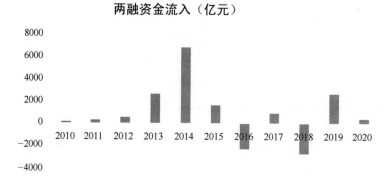

数据来源：Wind。

图 2-11 通过两融通道进出股市的资金规模统计

这里最难统计的，其实是银证转账的规模，即个人投资者转入股市的资金，以及离场转出的资金规模，这里就连同基金申购放在一起，暂时先视为黑匣子。

投资者资金的流入，还包括了海外投资者通过沪港通、深港通途径流入的。但考虑到北上的同时还有南下，所以必须进行两方轧差统计。2014年年底开通以来，北上大概1万亿元，南下1.2万亿元，相抵之后分摊到每年，其实对资金流动影响不大，就不单独统计了。

三、现金流出

接下来再看看现金流出部分，即被现金消耗者拿走的部分。包括了财政部拿走的印花税，证券公司拿走的交易佣金、投行承销费等，上市公司IPO和定增拿走的资金，都是靠着牌照从市场拿走现金的，纯粹的现金消耗者。

第一项现金流出是印花税。 2019 年是 1229 亿元，2015 年最高达到了 2553 亿元，2007 年是一个高点，后来就开始降低印花税，降了好几次，导致随后几年因为印花税而流出的现金一直下降，维持在 300 亿~500 亿元的规模。2015 年之后虽然市场走弱，但随着移动互联网的普及，移动交易使得市场活跃度一直维持在较高的水平，因此而流出市场的现金维持在 1000 亿元上下（见图 2-12）。

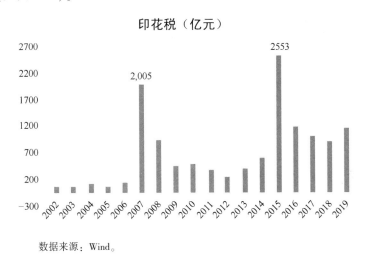

数据来源：Wind。

图 2-12　历年印花税统计

第二项现金流出是券商佣金。 实际上，券商所有的业务收入都可以视作从投资者账户来的，包括经纪、自营、资管、投行等业务的收入，因为最终来源都是投资者，区别是收费名义与形式不一样。比如投行的 IPO 保荐收入，是从上市公司募集资金中收取的，而募集资金是从投资者那里来的。自营如果赚了钱，这笔钱也是来自其他投资者的现金,资管也是如此。

所以这里采用的不是狭义的经纪业务口径,而是全行业证券公司的营业收入,全部算作投资者通过证券公司口径的现金流出。这一项现金流出在 2015 年出现了 5752 亿元的峰值,后续几年一直维持在 3000 亿元上下(见图 2-13)。

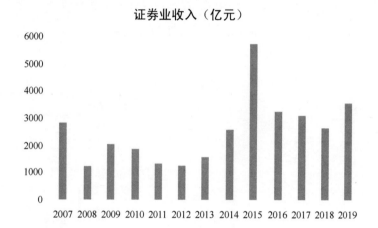

数据来源:证券业协会网站、Wind。

图 2-13　证券行业的历年总收入

印花税与交易佣金可以合称交易成本,都是投资者参与市场交易必须支付的刚性支出。如果用交易成本占交易额的比例来计算交易成本率的话,目前 A 股的交易成本率平均是 0.4% 左右(见表 2-1),即每交易 100 元,有 0.4 元左右的现金漏损去了券商与财政部的口袋里。

2018 年 A 股所有上市公司的利润总计是 35277 亿元,而 2018 年交易成本合计是 3640 亿元。这意味着,投资者为了追逐这 3 万多亿元的利润,合计付出了 3640 亿元的交易成本,而且这 3 万多亿元的大多数是属于控股股东的，名义归属流通股东的也只有 1 万多亿元，实际拿到手的分红是 2970 亿元，这还不够给券商和财政部的。

表 2-1 A 股广义交易成本

（单位：亿元）

年份	证券业收入	印花税	交易成本	成交额（万）	交易成本率
2007	2847	2005	4852	46.1	1.05%
2008	1251	979	2230	26.7	0.83%
2009	2050	510	2560	53.6	0.48%
2010	1911	544	2455	54.6	0.45%
2011	1360	438	1798	42.2	0.43%
2012	1295	304	1598	31.5	0.51%
2013	1592	470	2062	46.9	0.44%
2014	2603	667	3270	74.4	0.44%
2015	5752	2553	8305	255.1	0.33%
2016	3280	1251	4531	126.7	0.36%
2017	3113	1069	4182	112.5	0.37%
2018	2663	977	3640	90.2	0.40%
2019	3605	1229	4834	127.0	0.38%

数据来源：Wind。

如果具体到一些个股上，就会出现全年交易所产生的交易成本，即给券商和财政部贡献的钱，超过了上市公司本身的利润。如果按照 0.4% 的交易成本率计算的话，2018 年的数据显示，有 898 家公司的利润低于其股票产生的交易成本，另外还有 444 家亏损公司，合计有 1300 多家公司出现了这种倒挂现象。也就是说，这些股票的投资者为了追求上市公司的利润，付出了比利润更多的交易成本,给了券商和财政部。

这里列出一些还算有利润的热门股数据,比如同花顺(300033),自身交易活跃,这只股票2018年交易额达2600多亿元,所有参与交易的投资者为此向券商和财政部交了10.5亿元的广义佣金与印花税,而同花顺自身利润才6.3亿元。同花顺股价的驱动因素本身就是A股市场成交额,如果A股成交额活跃,作为代表的同花顺股票交易额自然也会活跃。因此,同花顺的股价其实看自身的交易额就可以了,只要交易额上升了,股价就有了上涨动力,而股价上涨本身就代表市场活跃,这简直就成了永动机了(见表2-2)。

表2-2 交易成本与利润

(单位:亿元)

证券简称	交易成本/利润	2018年利润	交易成本	成交额
人民网	343%	2.1	7.3	1833
东方财富	328%	9.6	31.4	7850
北方华创	298%	2.3	7.0	1743
卫士通	251%	1.2	3.0	753
科大讯飞	232%	5.4	12.6	3145
中科创达	228%	1.6	3.7	935
恒生电子	207%	6.5	13.4	3344
浪潮信息	200%	6.6	13.2	3288
四维图新	193%	4.8	9.3	2315
同花顺	166%	6.3	10.5	2633
鲁抗医药	134%	1.6	2.2	542
网宿科技	119%	8.0	9.6	2396
用友网络	106%	6.1	6.5	1623

数据来源:Wind。

第三项现金流出是上市公司融资,也是体量最大的,包括IPO、定增、配股、可转债等形式。

首先看IPO的历史数据,有过两次峰值是2007与2010年,都接近5000亿元,那是大盘股上市的集中年份,后来就再也没有这种峰值了,即使现在发行节奏明显快于以前。2003—2019年累计IPO融资金额是2.9万亿元,年均1000多亿元,这个规模其实没有想象中那么大,比起券商佣金都还要少一点,而且还有比它更大的增发融资。

可能投资者在关注上市公司融资抽血的时候,重点就是盯着IPO,尤其是在大盘持续熊市的时候,一丁点的抽血都会感到心疼,所以熊市时经常有人会呼吁暂停IPO。在2005年最熊的时候,两市日成交额才五六十亿元的水平,那时市场太缺钱了,大家打着灯笼盯着任何一点资金漏损,慢慢就盯上了两个股票交易所收取的60万元一个的席位费,关于这笔钱,媒体上也热闹讨论了一阵子,可见那个时候市场对现金的敏感。那个时候基金公司的出差标准也很严格,大概是通火车的地方就别坐飞机了(见图2-14)。

数据来源:Wind。

图2-14 历年IPO金额统计

关于 IPO，这里必须再多说一点，这里统计的 IPO 金额其实是低估了 IPO 对现金消耗的影响，因为并没有考虑到职业打新的抽血。比如暴风科技，IPO 价格是每股 7.14 元，但涨到了 150 元才打开涨停，中间这 140 多元的差价，被谁拿走了？被一级市场职业打新的人拿走了。

以前是有职业打新的，信托公司、财务公司、债券基金等，每次到了打新缴款的日子，银行间市场的利率都要例行异动一下。上万亿元的现金挪过来冻结几天，仅仅就是起一个资金证明的作用，从来不会真正下场来买二级市场的股票，也就是这些上万亿元的专业打新资金，不能算是股市可以触摸的投入现金，只是出示看一下而已，实际是来揩油的。天弘基金曾经推出了一个股票投资的余额宝情绪指数，跟踪到了一个有意思的现象，就是每次新股 IPO 缴款的日子，余额宝就会出现异常赎回。这些打新资金的规模体量是巨大的，成本也是高昂的，利润也是可观的，必定是有更高的收益才会定期来股市报到。

从暴风科技的数据可以简单估算，上市公司募集了 2.14 亿元，那么专业打新资金就拿走了 2.14 亿元的 20 倍左右，也就是 42 亿元。意味着二级市场投资者为承接暴风科技的流通盘，掏出了 42 亿元给了专业打新资金，而不是 2.14 亿元。事实上，暴风科技在 2015 年 5 月 6 日打开涨停的那一天，成交金额是 26.5 亿元，换手率是 57.89%，这样倒算下来，二级市场投资者确实是掏了 40 多亿元真金白银给信托公司、财务公司、债券基金等，来承接全部流通盘，而不是 2.14 亿元。暴风科技的 IPO 行为，给二级市场造成的现金缺口，是 40 多亿元，而不是 2.14 亿元。

通过暴风科技这个案例，我们可看得出，专业打新资金从二级市场套取的现金,以及给二级市场留下的现金缺口,明显比IPO本身更大,其具体规模可采用与暴风科技类似的算法估算。总之,知道这里关于现金消耗者的算法是被明显低估的即可。这个过程中的专业打新资金,完全就是无风险套利,其角色与持牌黄牛无异,是最不应该存在的二级市场寄生虫。

幸好,这样的黄牛制度在2016年被取消了,改成了现在全民摇奖式的制度,将肉留在了锅里,而不再请狐狸来分肉。这样的现金缺口也就不存在了,因此也就不再去进行详细测算。

第四项现金流出是再融资。包括以定增、配股、可转债、可交换债等方式流出。在2015年通过这个途径流出市场的现金高达1.3万多亿元,这个是现金流出的大头。历年数据显示,再融资越来越成为现金缺口的主要贡献者(见图2-15)。

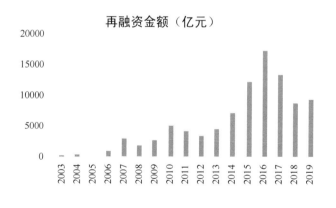

数据来源:Wind。

图2-15 历年再融资规模统计

第五项现金流出是产业资本、大非、小非的减持。这个口径的数量级是千亿,数量级上还不算是大头。这项数据的统计也是很难精确的,因为低于5%或1%之后就可以不公告了,所以这里无法给出详尽的历史数据。像分众传媒、信威集团、掌趣科技这些公司的小非,进行了狂欢式的减持,数目不小。

总之,这里能统计到的数据,也是明显被低估了的,因为还有很多遗漏统计不到(见图2-16)。

数据来源:Wind。

图2-16 现金消耗者造成的历年市场资金缺口统计

把前面分项统计的现金流入、现金流出汇总起来,得到净流出的数据,就是现金消耗者给市场造成的资金缺口。前面说过打新资金导致的流出没有被统计,这是一个低估,还有产业资本减持也是被低估的,如果把这两项再考虑进来,实际净流出的金额还会更多。

这个资金缺口,再加上现金投入者每年填补进去的现金,最终的结构就体现在市场保证金的变动上。

这里有必要先解释一下保证金数据,就是空仓状态的资金。

第二章　牛市与熊市

比如，如果一位个人投资者的股票账户总资产是 100 万元，目前是满仓状态，那么这时他的保证金就是 0 元，如果是空仓的，保证金就是 100 万元。当我去买了他的股票，我减少的保证金，就是他增加的保证金，金额相等，不考虑印花税和佣金等交易成本的话，总和还是 100 万元，这跟之前说的打麻将例子同理。**所以，不管股价如何涨跌，保证金是维持不变的，这就是现金守恒规律。**

投资者需要记住的是，现金永远是守恒的。 每年被现金消耗者拿走的 2 万亿元左右是真金白银，而现金消耗者们从来没有拿钱进来过，是靠着牌照，不断从市场中拿走钱。这些资金从市场流出而造成的缺口，谁来弥补呢？只有以散户为主的投资者了，因为他们是现金投入者的主力。在 5000 点买入，3000 点卖出，差价部分就被留在市场中了。投资者作为整体，拿了 3 万亿元进来，拿走 1 万亿元，剩下 2 万亿元留给了这个市场，事实上就是这么残酷的一个市场。如果是从 100 万亿元的池子里拿走 2 万亿元，这个还能接受，就像房地产市场（见图 2-17）。

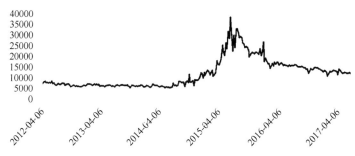

数据来源：Wind。

图 2-17　A 股保证金的历史数据

但事实上 A 股在 2015 年最高点时的保证金也才不到 4 万亿元，从这样的市场一年拿走 2 万亿元，对留下的投资者来说，可知其残酷性。这就和买彩票差不多，全国一年卖彩票是 3800 亿元，国家固定要拿走 35%，剩下的才是通过中奖金额来返还的。比如中了 500 万元，是从剩下的 2000 多亿元里面来出的。所以买彩票肯定是一个负和博弈，从现金守恒角度看，股票市场是跟彩票差不多的。

2015 年出现的现金缺口是 1.86 万亿元，这是全年的数据，平均到每个月大概是 1500 亿元，但肯定不是平均的，有的月份高一点，有的月份低一点。比如 2015 年的 6 月时，一个月净流出缺口可能有 3000 亿~4000 亿元，这些缺口都必须要由新开户的股民以及老股民的追加投资来弥补。其实在前面的现金统计中，还有一个漏洞没办法统计，就是聪明的投资者赚了钱之后在 4000 点、4500 点就已经把钱拿走了。对于高位套现的具体规模，是没办法统计到的。**总之，这个套现资金缺口随着股价的上涨，呈现加速上升的趋势。**

从资金缺口的角度看，A 股的泡沫阶段更像是一个庞氏游戏，不断地要有新增现金来弥补这个现金缺口。庞氏骗局一般分为三种：第一种是新增现金能够弥补本息的，这个是良性的；第二种是刚能够弥补利息，本金还不上的；第三种就是本金和利息都还不起的，这是恶性的。随着股价的上涨，泡沫被不断吹大，庞氏骗局从良性逐步变成恶性，这个时候泡沫破灭就是时间的问题了。

投资者可能会注意到一个现象，就是熊市经常有反弹，但牛市后期的泡沫阶段很少有调整。因为在这个单边上涨的泡沫过程中，一旦出现调整，后续入场资金接续不上，差一口气，那就会转化为行情结束。楼市也是如此，在房价不断上涨的过程中，踏空的压力本身就会逼着大家去买，如果房价横盘不涨了，大家的踏空压力也就不大了，买房需求就会自动消失一部分。2015 年的 A 股，涨到 5000 点的时候开始横盘不涨了，新增的股民就会自动减少，但是缺口还是在不断增加，因为印花税、融资、减持、佣金等现金消耗，是跟指数的绝对值挂钩的，5000 点就是比 4000 点多，所以对现金的消耗还是那么大。这时如果没有那么多的钱来弥补，股指一下就泻下去了。

第四节　股灾与活期贷款

前面通过分析现金投入者与现金消耗者的资金情况，解释为什么会有现金缺口的存在，正是因为缺口的存在导致了熊市的出现。而股价下跌通过股灾的形式出现，则是因为筹码的背后有了负债，大家为了弥补现金缺口，用的不是自有资金，而是通过融资融券、场外配资形式借来的资金。**而这种借贷资金，又有着非常特殊的性质，与传统的企业贷款、个人贷款都不一样，最大的区别在于期限，融资融券、场外配资都是活期贷款，这正是致命的地方。**

还是举之前打牌的例子来说，假设有 10 个人，每人出资 1 万元，共计 10 万元。打到晚上 9 点，有人提出要回家不玩了。第一个主动离场的，肯定是赚钱了，假设他拿走 2 万元，桌上还剩 9 个人打 8 万元。10 点钟，第二个人离开，也拿走 2 万元，桌上 8 个人打 6 万元。这时人均的金额是减少的，怎么办呢，对于一个大型游戏，或者股票市场来说，那大家就别打 1 元了，往小里打，打 8 角，打 6 角，通过价格的下降使得市场来出清。

这时大家觉得打太小了不过瘾，于是找茶馆老板借点筹码，8个人继续玩8万元。就这么一直玩啊玩，到了凌晨，可能出现了4个人玩4万元，但欠了茶馆老板6万元的情形。这个时候老板可能就要关门了，千股跌停就是大家想离开，可以，但请把钱留下来。

存款大家很熟悉，有活期存款、定期存款。而贷款却没有活期的，都是定期，有固定一个月期限的信用卡贷款，有固定30年期限的房屋按揭贷款。中国人民银行每次调整利率的公告里面，都会对活期存款、定期存款、定期贷款的利率水平进行调整说明，这里面也没有活期贷款。活期存款是银行给了老百姓一个便利或权利，随时可以把钱取走，这极大方便了老百姓，但对银行其实就不那么划算了，因为银行需要为此备着很多钱，不敢拿去放贷款赚利息。如果有活期贷款的话，银行就可以随时叫大家还钱，其实这钱贷出来也不敢花，万一手上没现金了，银行却来催债就麻烦，所以活期贷款意义就不大了。即使是按揭贷款、信用卡欠款，哪怕明天就要还1万元房贷，今天卡里一分钱没有，银行也绝不会今天找你要钱，定期的规则就是这么明确。

那么，活期贷款在现实中存在吗？**各家券商针对A股的融资融券业务，其实就是一种最接近活期贷款的存在。**也就是融资融券业务形成的贷款，出资方随时可能找欠款方（即投资者）收回贷款，而不会是某个约定的日子，更不会傻傻等到某个日子再说。那具体是什么时候会来收回贷款呢？投资者还不起钱的时候！这对于投资者来说，真正算是悬在头上的达摩克利斯之剑，只要投资者通过两融业务借了钱，账户上面就悬了这么一把随时可能掉下来的剑，随时可能被夺走一切。

自从 A 股有了融资融券业务之后，A 股就不再是个权益类基础资产，自身已经化身成了一种金融衍生品，是在直接融资与间接融资之间的一种跨市场衍生品。负债端的融资融券是一种活期贷款，倒逼了资产端也必须保持极高的流动性，以匹配负债端，随时应付负债端的逼债压力。虽然股价上涨的同时市值增加，但偿还两融的不能是市值而是现金，股票必须变现才能具备偿付能力。作为个人投资者可以找其他投资者交易，卖出股票兑换出现金，就可以偿还活期贷款。

当全体投资者都需要兑换现金时，如果超过了现金提供能力，也就是前面例子里说的整体倒挂，桌子上总共才 4 万元，欠了 6 万元，明显有人兑换不到现金了。实际情况是，A 股这几年的保证金余额（即现金）始终在 1 万亿元出头，两融余额在 1 万亿元，而流通市值将近 20 万亿元，其中 2% 需要兑换现金，就需要消耗 4000 亿元现金，两融余额将明显超过场内的可用现金（见图 2-18）。

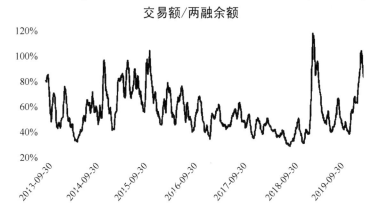

数据来源：Wind。

图 2-18　交易活跃度超过极限会引发挤兑风险

自从这种活期贷款被引入 A 股，那股灾的出现就变成了时间问题，尤其是 2015 年之后，千股跌停成了季节性流感一样的存在，时不时来一次。那么，投资者具体什么时候需要当心这种极端下跌呢？**要看负债端的变现需求与资产端的变现能力对比，如果变现需求明显超过变现能力，缺口扩大的话，就容易出现股灾。**

影响变现能力的主要因素是保证金余额和换手率，尤其是后者，波动较大。A 股的换手率，必须随着两融余额的增加而同步上升，这样表面上的变现能力与偿付能力才是上升的。当资产端的股票换手率下降的时候，其偿付能力是同步下降的，如果负债端的规模没有同步下降，那偿付负债的流动性缺口就会出现。这个时候活期贷款背后的券商一旦开始逼债，多米诺骨牌就此推倒，随之就是我们看到的股灾。

2020 年美股的多次熔断，其背后也有类似的逻辑。像桥水基金这种风险平价基金，在资产端建立好组合后，在负债端增加融资以放大资产端规模，使得组合内的基础股票、债券也被动变成了跨市场的衍生品。如果这时出现异常大额赎回，对资产端的变现需求就会陡升，而市场换手率并未跟随上升，那资产端的这种偿付能力相对下降，同样在活期贷款的偿付压力下就会出现流动性缺口，随后就是股灾。

总之，股灾的出现，首先是因为活期贷款的存在，决定了早晚会出现。具体什么时候出现股灾，取决于负债端的变现需求与资产端的变现能力之间是否存在偿付缺口。

第一种情形：资产端的变现能力由于换手率下降而出现偿付缺口，进而引发股灾。

第二种情形：负债端的变现需求增加，比如来自基金的赎回导致对变现的需求上升，超过了资产端的变现能力，也会导致偿付缺口和股灾。

至于大家说的包括 ETF 在内的被动产品在股灾中的角色，首先 ETF 本身与股灾无关，如果是一个不存在活期贷款的简单市场，那么 ETF 不会导致股灾的发生。**但 ETF 对股市带来的改变，是加大了股市的振幅。**在牛市的时候，因为 ETF 的存在价格会多涨一些，跌的时候也会多跌一些。从个股层面来看，就是放大了一些个股泡沫。

在 ETF 之前，股票之间的价格联动性，靠的是羊群效应，比如茅台跌停了，五粮液的投资者也会被吓得卖出，然后各种白酒也会受到波及，但黄酒、啤酒的股票大概率就不会受到牵连了。这个时候如果有酿酒 ETF，那么投资者不看好茅台而赎回酿酒 ETF，就会将卖压传递给黄酒、啤酒的股票了。也就是通过 ETF，将依靠情绪传递的羊群效应，做实成了铁索连船，在白酒股票下跌的时候，本来不会流出资金的黄酒、啤酒股票，也出现了资金流出，相当于下跌时 ETF 放大了资金流出的波及范围，上涨时也同样放大了。从铁索连船那一刻，就注定了会火烧联营，这是加剧股市波动的机理之一。

ETF 加剧股市波动的另一个机理，是放大了一些个股泡沫。比如，明明大家只是看好茅台或高端白酒，但买的是白酒 ETF，这样像舍得甚至是青青稞酒，在涨的时候就会被一起抬到不该到的估值水平。这就像是大家看到刘亦菲漂亮，于是就总结为武汉姑娘漂亮，也有人总结是姓刘的姑娘漂亮，还有人说是处女座的姑娘漂亮，带这些标签的姑娘无形中就都被高估了。这就是 ETF

起到的估值外溢作用，会使得一些垃圾股得到不合理的高估值；同样，下跌的时候，好股票也会被垃圾股带到不可思议的低估状态。因此，ETF 的另一个作用是放大了个股的高估与低估程度，这是加剧股市波动的机理之二。

因此可以总结为，股灾是否发生，是由活期贷款机制决定的。股灾的跌幅，会受到 ETF 等各种复杂交易结构的影响。

对于股灾的出现，如果各方参与者需要反思的话，有这么三个错误需要认真思考。

第一，股市本不应该出现这么大的现金缺口。

第二，大家没意识到有这么大的现金缺口。

第三，不该靠活期贷款来弥补这种现金缺口。

第三章 研究过去,预测未来

在进入正题之前,稍微花一点时间,先说说雾霾。

对于雾霾的成因,可以看各种专家的解释,也可以看各地的应对方案,真可谓是众说纷纭。每次雾霾一来,有的地方会关闭钢铁厂,有的地方会限制汽车出行,有的地方会推进煤改气,有的地方甚至会限制烧烤摊,有的地方会预报北风什么时候来。这件事充分反映了知行是如何合一的,大家如何看待雾霾的成因,就会有什么样的应对方案。认为是汽车尾气造成雾霾的,就会去限制汽车出行,认为是烧煤取暖造成雾霾的,就会去推行煤改气,认知与行动就是这样合一的。

第一,跟20世纪八九十年代相比,现在煤炭消耗量增长了五倍左右,所以雾霾的成因从长期来说确实跟经济有关。煤炭一年消耗近40亿吨,集中在北方尤其华北。成品油一年消耗是3.2亿吨,且均匀分散在全国,华北占比不高。再考虑到煤的含灰量比成品油高太多了,柴油的颗粒物排放又比汽油高一个数量级,毛估一下,在华北地区,煤炭燃烧所排放的颗粒物,应该是乘用车排放颗粒物的百倍以上。那么,就可以确定华北地区雾霾的主因,肯定轮不到汽车。

第二,为什么近十年煤炭需求没有明显增加,但雾霾更明显了。则是因为优质煤的供给没跟上,增量的产量中劣质煤占比高。开始烧劣质煤了,尤其是其中的褐煤便宜,但含灰量高。东北地区这些年虽然经济发展基本停滞,但雾霾却越来越严重,因为烧的是蒙东的煤,A股褐煤龙头露天煤业地处霍林郭勒,年产4800万吨褐煤,就是主销东北。内蒙古煤炭产量在2012年升到全国第一,占比超过30%(见图3-1),也正是在这一年,雾霾第一次被公众广为关注。沿海雾霾也是因为进口煤质的下降,其实在2009年之前，褐煤进口量几乎为0，现在每年褐煤进口量1亿吨左右（见图3-2）。大秦线的起点大同雾霾现象就好很多，因为那里的煤质好。

数据来源：Wind。

图3-1　内蒙古煤炭产量后来居上

数据来源：Wind。

图3-2　进口褐煤成了沿海雾霾的来源

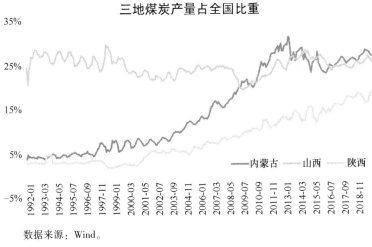

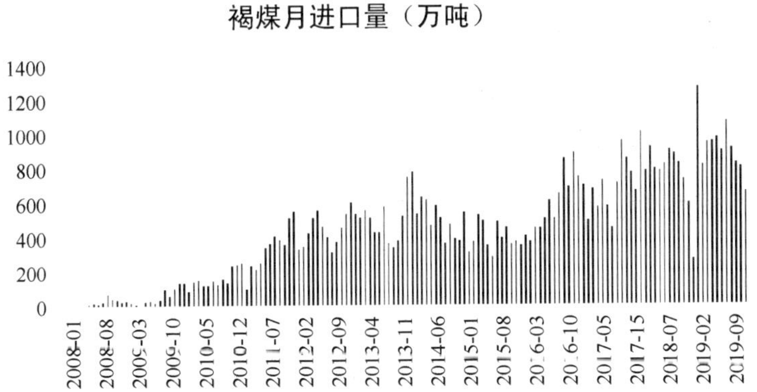

印度2019年的GDP规模相当于中国2005年的水平，但雾霾比起来一点不输，也是因为煤质的问题。从数据看，印度每年产煤6亿多吨，其中褐煤占了4亿多吨，同时占了全球8亿吨褐煤产量的一半多，可以说中印两国都是褐煤大户，也是雾霾大国。

第三，为什么冬天雾霾严重，这个就跟气温有关，因为冬天取暖会明显增加耗煤，而且气温越低，耗煤量越大。

第四，具体哪天有雾霾，哪天没有雾霾，那就是看有没有风了。

第五，具体哪个城市严重，主要看地形地貌。太行山脚下城市严重，因为太行山以东区域的耗煤量占全国1/4，海风自东向西把雾霾吹到太行山脚下为止，没法再往西了。每次雾霾一来，太行山脚下离城市很远的农村地区雾霾也很严重，也说明跟汽车关系不大。而大同在太行山西边，也就容易躲过雾霾。

从雾霾这个案例来看，对于雾霾的出现，有以下四个问题是绕不开的。

一是为什么有雾霾，是方向性的问题。

二是有多严重，是幅度的问题。

三是什么时候，是时间点的问题。

四是在哪里。

很多关于雾霾的解释，只是解释了这几个问题中的一个，并不是全部。

第一节　方向最重要

对于股票，投资者之间见面经常问的也是这几个问题。第一个问题是看好大盘吗？这是关于方向的。如果回答是，接着第二个问题来了，看好涨多少？这是关于幅度的，毕竟涨 10% 和涨 100% 还是有很大区别的。如果回答了涨 100%，那第三个问题就是多久？一年还是十年？这是关于时间点的。

时间套利必须预测未来，预测未来的方向、幅度、时点，即：涨不涨？涨多少？什么时候涨？不管是大盘、板块、个股，最终逃不脱这三个问题。

$$y = A\sin(\omega x + \varphi)$$

在图形上，与股价曲线最像的是正弦曲线，用一个三角函数公式来表示的话，里面有三个参数，分别是振幅 A、角速度 ω、初相位 φ。用这个公式来参考，是想说明，一条曲线就是由三个参数决定的，不多，也不少。**从逻辑上来讲，关于股价有且只有三个问题需要回答，即方向、幅度和时点。**

将股票投资界定为一种时间套利行为，那出发点与落脚点，就是预测未来，简单说就两个字：**预测**。

其实不光是预测股价，投资者在预测 GDP、物价、政策、油价、产能、技术进步等事项的时候，面临的也是这三个问题。

只是并非每次都需要三个问题都回答。比如预测 GDP 时，默认就限定了时点是未来一年的，方向也不用说，肯定是增长，只有幅度待回答，所以研究人员每次都是直奔幅度。政策也是这样，利率大方向是要降，降幅也是默认一次 25 个 BP，只有时点未定。所以投资者都是略过方向和幅度，直奔时点，但这些并不代表另外两个维度的问题不存在。

一、乘客与司机

我们可以假想一下，从卫星上观察地面的某一辆汽车的走向，或者我们打开滴滴，去看一辆顺风车的走向。看起来一会去机场，一会去火车站，一会又去了广场，很明显，这都是因为乘客要去这些地方。这辆车下一步往哪里走？这取决于乘客要去哪里。这个时候，我们会动用各种手段来进行分析、预测。如果找到了这个乘客的信息，那预测起来至少有线索了，大概率是去他的常去地。一个基金公司的员工，在上班时间，基本就在陆家嘴这一大片转，不太会去金山。

所以，判断这辆车去哪里的关键，是下一个乘客是谁。而下一次是谁上这辆车？这是不确定的。如果下一个乘客是一位早就认识的熟客，那还好说。如果碰上陌生乘客，那就有难度了。如果连谁上车都不知道，我们就根本没办法判断这辆车下一步往哪里走。

但最终这辆车往哪里走取决于司机。司机住哪里决定了车最终开往哪里。2015—2018年的几年时间里，创业板指数每一次上涨都是临时性的，因为大方向就是向下，这个大方向就是司机，每次的反弹就是乘客。

讲到这里，引出来三种角色，陌生乘客、熟悉乘客、司机。而我们想知道的问题有三个：方向、幅度、时点。这有何对应关系？

二、已知与未知

2003年伊拉克战争时期的美国国防部长拉姆斯菲尔德出版了一本回忆录，名为《已知与未知》。书名源自他的一段堪称经典的绕口令："据我们所知，有'已知的已知'，有些事，我们知道我们知道。我们也知道，有'已知的未知'，也就是说，有些事，我们现在知道我们不知道。但是，同样存在'未知的未知'，有些事，我们不知道我们不知道。"这段话意在回应媒体对美方关于伊拉克大规模杀伤性武器情报的怀疑。

我们对外界事物的理解，不是0或1两个状态，大部分时候就是知道一部分，比如，我们知道美联储未来要降息了，但不知道降两次、三次，还是五次，方向知道了，但幅度不知道。再比如，我们知道新能源汽车的补贴要下降，下降多少不知道，20%、30%，还是50%？什么时候出政策也不知道。有时候只知道时点，有时只知道幅度，但就是不知道全部。比如，我们对绝大多数的娱乐八卦，基本属于"已知的未知"状态。

陌生的乘客，是"未知的未知"，就是什么都不知道。虽然知道他会影响行车的方向，但不知道他是谁，他会去哪里，这些都不知道。那就完全无法预测车的下一步走向了。比如地震、瘟疫就是典型的"未知的未知"，如何提前预测其对股价的影响呢？没有办法，只有等来了才知道。任何时候，投资者拿到桌面上谈的事情，都不是"未知的未知"，因为根本没法谈，下一场灾难，是洪水、火灾还是地震？不知道，那就防不胜防。

熟悉的乘客，就是"已知的未知"，我们知道上车的乘客是谁,虽然不知道他去哪里,但可以根据他的历史轨迹去预测。实在不行,也可以去打听。也就是对于这种熟客,我们知道一部分信息,但不知道全部。绝大多数的专业投资者,在预测未来的时候,用的信息是"已知的未知",因为"未知的未知"没人知道,而"已知的已知"已经反映在股价中了。

如果要对照的话,那"已知的已知"就是已经下车了的乘客,他们不会再影响行车的方向了,因此在研究上的现实意义不存在了,倒是可以记录下来,下次再碰到他的时候能用得上。这就是从历史中找出规律,预测未来时仍旧用得上。有一些非专业投资者,往往是拿"已知的已知"在桌面上谈,这样更容易亏钱。

这个市场有陌生乘客、熟悉乘客、司机。信息有已知的已知、已知的未知、未知的未知(见图3-3)。

图3-3 股市三问与三答

逻辑逐渐清晰,最终影响方向的是这个市场的运行机理,是开顺风车的司机。**"已知的未知"是影响幅度的**,尤其是策略研究员拿到桌面上谈的,那些希望用来预测大盘方向的因素,大多数只能解释幅度,而无法解释方向。**"未知的未知"是用来解释时点的**,比如道琼斯指数早就该跌了,正好疫情来开始下跌,于是大家认为是疫情导致的下跌,但为什么疫情开始后A股没跌反而涨了呢,这就说明疫情只能解释道琼斯下跌的时点,并不能解释道琼斯指数方向向下的原因。

先抛出这个一一对应的解释逻辑，再来解释为什么是这样的。

三、时点：未知的未知

在某次大涨或大跌的时候，投资者之间经常会出现这样的对话。

问：这几天为什么跌？

答：因为信贷（出口/PMI……）数据不及预期。

这种回答，可能对，也可能错。如果错，那很可能错在把解释时点的东西拿来解释方向了。

类似的对话经常会出现在对天气的讨论中。

问：这几天为什么降温了？

答：因为下雨了。

看起来回答是针对"降温"，其实准确点说，这个回答针对的是"这几天"。因为，秋去冬来，气温自然是要下降的，只是具体哪天降温就不确定了。所谓一场秋雨一场寒，只要下一场雨，气温就降5℃，然后保持平稳时日，再来一场雪，再降5℃。气温从夏天的40℃下降到冬天的0℃，不是匀速下降的，而是呈阶梯式的。所以，回答为什么降温，要解释方向的话，准确的回答应该是"因为冬天来了"，回答为什么是这几天，才可以说"因为下雨了"。

一只熊股的下跌也是类似的，并不是说注定要下跌的股票就必须每天收阴线。碰到加息导致大盘跌的时候，乐视这样的股票就多跌一点，碰到监管放松大盘涨的时候，乐视少涨一点，累计下来大盘没怎么动，乐视的股价却腰斩了。如果这个时候问乐视为什么跌，回答说加息了，就不那么准确，因为这只是解释了乐视下跌的时点，并没有解释乐视的方向为什么是向下的。

所以说，方向是必然的、确定的，由司机决定的，有规律可循。而时点是偶然的、不确定的，属于未知决定。要想预测一只股票的涨跌将在哪一天发生，就跟预测天气一样，是不确定的。还有一种可能，就是内幕信息。

四、 幅度： 已知的未知

投资者在日常工作中，会接收到大量的信息或数据，并对这些信息进行快速的分析。最常见的一种分析方法是预期差，即拿接收到的最新数据，与自己原本预测的数据进行对比，必定会得到一个差值。比如原本预测上月信贷数据是1万亿元，结果公布出来是1.2万亿元，这就算超预期了，如果公布结果是9000亿元，那就是低于预期。数据公布之后，投资者会根据超预期还是低于预期，来进行买卖，其结果就是超预期的数据会驱动股价上涨，低于预期则会使股价下跌。

预期差是卖方研究员最喜欢用的一种分析方法，买方也经常用。但从方法论来讲，预期差只能解释股价波动中的幅度问题。

前面说了，我们对信息的了解程度，往往并不是0或1的状态，尤其是日常接收到的大量信息，是处于中间状态的，或已知的未知状态。比如，投资者预期接下来会降息，但到底是二季度降还是三季度降，降15个BP还是25个BP，是对称降息还是非对称，这都不知道。也就是说，我们知道了方向是降而不是加，但对于时点是不知道的，对于幅度也是不知道的。方向、幅度、时点这三个参数，我们只知其一。再比如，美国要大选了，但不知道特朗普是否连任，也不知道共和党是否能实现在两院占多数席位，这个是知道时点，但不知道方向，也不知道幅度。

投资者会对那些可能会影响股价的信息，提前进行预期，并且会根据信息的逐步明朗而调整预期，最终在信息正式公布后根据预期差快速调整股价。 在这个过程中，投资者就是根据已知的未知在进行交易，最终如果是超预期，体现在股价上就是本该涨的股票多涨一点，本该跌的股票少跌一点。大多数时候，预期差的信息并不会改变一只股票的方向，除非这个信息够大，比如疫情的出现，足够改变邮轮行业的方向，但改变不了港口行业的方向。

在研究的时候，需要提防的一个陷阱，就是将解释幅度的"已知的未知"拿来解释方向了。

在这方面，**策略研究是最容易犯错的。同时，在各种研究员中，策略研究也是最难做的，因为要预测大盘**。而影响大盘的因素又太多了，方方面面都会影响 A 股。一个常见的策略方法是，将基本面、政策面、消息面、资金面、技术面揉在一起，可称之为五面法。比如有人从基本面分析认为应该涨 300 点，政策面应该涨 100 点，消息面应该跌 100 点，资金面应该跌 100 点，技术面应该跌 200 点，于是结论是不涨不跌。

最后结果就是，策略研究受限于客观上无力处理这么多方面的信息，另一方面是五面法无法自圆其说。干脆退守一面，有些策略只看资金流向，有些只看海外动向，有些只看中央政策。

其实，很多投资者拿到桌面上谈的大部分信息，是已知的未知，少部分是已知的已知，反正不会有人拿未知的未知来谈，除非是先知，或者内幕消息。而已知的未知，其对股价的解释作用，多数局限于解释幅度。**而投资者经常犯的错误，是拿解释幅度的事情去解释方向，最后反倒迷失了方向，出现前面五面研究法的尴尬。**

五、方向：规律的重要性

投资者做研究的出发点与立足点就是去做预测，预测要用到信息，也要用到逻辑，预测的内容包括股价的方向、幅度、时点这三个参数，其中方向是最重要的，幅度次之，时点最不重要，这是研究工作的全部内容。

信息按理想的模式，是用已知的未知、未知的未知，分别预测股价的幅度、时点。如果用俄罗斯方块游戏来举例，游戏中有正在下落的方块，也有还没显示出来的方块。正在下落的，这就是已知的未知，也是我们一直在忙于应对的。而屏幕内还没出现的方块，我们根本没有办法做应对，这就是未知的未知。其中时点的不确定性最强，因为靠未知的未知来决定，因此投资者为了降低这种不确定性，会在信息优势上努力，比如寻找股价的催化剂，相当于玩游戏里的开挂。实际过程中，这是大家经常犯的一个错误，是拿局部的、错误的甚至是无关的信息，来进行研究。**研究一家公司，或平时调研的时候，应该要用我们需要的信息来加工，才能得出正确结论，而不是就着我们手上有的信息，去做出看好或者不看好的结论出来，那样就会出现信息风险**（见图3-4）。

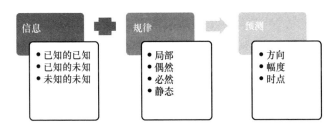

图 3-4 不同信息认知层次,解决预测的不同问题

用什么预测方向呢?用规律。规律可以通过研究过去来寻找,可以通过经验来积累,有一些是局部的规律,有一些是偶然的规律,有一些是静态的规律。可能有十条规律隐藏在过去,但我们只知道其中三条,然后就用这些规律去预测方向,这就可能出现风险。

总之,用什么样的信息、什么样的逻辑,就会得出什么样的结论。**如果想提高预测的准确度,需要做的是不断寻找更多的规律,不断收集更多的信息**。对于前者,就是常说的扩大能力圈,以提高认知水平。对于后者,也是各显神通,有用大数据的,有用人工智能的,也有实地调研的。

第二节 股市的黄金周

在中国每一个旅游城市的火车站,总有那么一群人守在出站口,见到游客便问,要不要住宿啊。如果游客稍微表示出有意向,他们便会快速说出酒店的条件,比如 24 小时热水、空调、无线网……三星级标准,只要 300 元。这时游客一听,性价比也还行,这笔生意在中介的安排下,就这么成交了。这样的场景日复一日，在各个旅游城市单调地重复着。如果碰上十一黄金周，情况会变得更有意思。

1号的时候，中介们发现人气开始上升，买方市场开始转向卖方市场了，星级酒店客房基本销售一空。2号的时候，房价开始明显俏起来了，普通的宾馆、招待所也陆续住满了客人，中介们已经不需要待在火车站，行商变坐商了。3号的时候，只要手上还有房，立刻一堆人抢，而且价格基本不问，即使是旅馆的价格，也比平时的星级酒店都贵了，作为常年吃这碗饭的，对不同酒店不同房型的市场价基本上都有个谱，这时候会发现完全看不懂了。4号的时候，景区已经没有空房了，酒店、宾馆、招待所、旅馆通通爆满，已经开始有人搭帐篷对外兜售了，各种房型价格也已经炒到天上。中介们这时已经没事可做了，反正也没房间了。

5号开始游客陆续减少，回到了3号的水平。6号、7号的时候，中介们又得开始行动起来，因为酒店空房间多起来了。这个时候，火车站还是那个火车站，游客还是那些游客，中介还是同一拨，甚至中介们的话术都没变，依然是24小时热水、空调、无线网……价格甚至比之前的300元更低，然而并没有什么用。唯一变化的是游客们的态度，纷纷摆手表示，不要了、不要了。

前后短短几天的时间，山还是那山，水还是那水，游客们的态度为什么会反差这么大呢？很简单，假期快结束了。

公司还是那个公司，老板没变员工没变，股票还是那只股票，前几天还求之不得，怎么现在就弃如敝屣了？很简单，行情结束了。

游客在决定酒店的时候，只要还有酒店可选，他都会货比三家。假如有甲、乙、丙三家酒店，条件一家比一家好，同样是 2 号的时候，如果甲酒店价格是 300 元，乙酒店肯定觉得自己值 400 元，那么丙酒店则认为自己应该挂 500 元，这看起来非常合理。如果换到 3 号，甲酒店价格涨到 500 元了，乙酒店肯定不愿 400 元了，游客、中介也都不答应啊，游客会给乙酒店定价到 600 元，最后丙酒店自然是 700 元的价格了。看起来这一切都是顺理成章的，在游客眼里，酒店估值就应该这样啊，一分钱一分货嘛，酒店自己也认为这样是合理的。

单看一家酒店的价格，在黄金周期间的上涨与下跌，看起来跟酒店自身的基本面有密切关系，尤其是在进行横向定价的时候。但时间维度的价格纵向变化，其实跟酒店的软硬件等基本面没什么关系，涨是因为放假了，跌是因为假期结束了。也就是说，涨不涨，看放不放假；涨多少，才跟基本面有关系。

围绕着股价有三个问题，涨不涨？涨多少？什么时候涨？分别是方向、幅度、时点，各自的决定因素不尽相同。研究的时候，一定要对号入座，切忌用错药方，拿解释幅度来解释方向。

简单地拿着所谓的基本面，就想解释所有的股价波动，是形而上的表现。

第三节　股市的假期效应

回到前面乘客与司机的案例中，我们需要预测行车的方向，就需要去预测司机的去向。如果暂时没办法收集到这么多的信息与规律，那还有一个讨巧的办法，就是看空车的时候，也就是没有乘客的时候，车子正在去的方向，大概率就是司机要去的方向。

对应到股市里，会偶尔出现这样的空窗期，这就是节假日期间。多数的节假日，增量信息空白，没有已知的未知，也没有未知的未知，那市场大概率就会沿着自己的方向继续前进，所以每次信息风平浪静的节假日后，复牌的第一天，往往会透露一下方向。

对于证券从业人员来说，2010年的国庆假期跟2019年的一样，只要请一天假，前后加起来就有十天的假期。那年的假期前夕，办公室里的氛围充满了对假期的期待，基金经理们在为该持币过节还是持股过节而纠结。

于是我做了一个统计：从1999年的第一次黄金周到2010年的十来年间，所有假期复牌后的A股涨跌幅，与假期前后行情的相关性。我发现每次牛市里面的假期，节后复牌必补涨，而且假期越长，复牌涨幅越大，熊市反之亦然。我把这个研究成果发给了基金经理们，他们看到后的第一个问题就是"那现在是牛市还是熊市呢？"我很机智地回答：**"节后复牌就知道了，如果大涨说明是牛市，大跌那就说明是熊市。"**

虽然这是句玩笑话，但我一直记得有这么一个规律存在，后来这些年也继续观察着每次假期后的复牌情况。远的不说，就说2018年国庆节回来第一天暴跌，结果跌到元旦；2019年春节回来第一天大涨，涨到清明节；清明节后复牌第一天小跌，一直跌到五一；五一后复牌第一天继续跌，于是跌到端午；中秋后复牌第一天跌的，眼看着跌到了国庆。如果回看2015年股灾前后的两年时间里，市场趋势性强，这个规律也更为明显。虽然每次节假日后复牌的涨跌，大家都能找到当时的一些所谓的利好利空去解释，但这么多次的应验，也许是有某些原因的。

这得从资产管理理论中的市场有效理论说起，理论的核心是研究市场到底是有效还是无效，是强有效还是弱有效。从大家的直观感受来说，有效市场就是有利好会涨，有利空会跌，如果出利好了不涨，出利空了不跌，大家就会觉得这个市场是无效的。

从这个角度来说，用一个更通俗易懂的说法，可以把一轮上涨趋势的牛市分为三个阶段：

第一阶段是反映过去的利好，即常见的价值回归。

第二阶段是反映当下的利好。

第三阶段是透支未来的利好，这就是泡沫了。第三阶段的利空，则攒到熊市第一阶段反映。

因此，一轮下跌趋势的熊市也同理可以分为三个阶段，2018年下半年的行情就是典型的熊市第三阶段，其实这个时候市场攒了不少利好，但都等到2019年一季度释放。所以，2019年上半年的上涨是牛市第一阶段，就是按照市场有效性的标准来说的。

按照这个模型，市场只有在牛市第二阶段、熊市第二阶段是有效的，另外四个阶段市场是无效的，对于当时发生的利好或利空，市场是选择性反映的，要不只反映利好，要不只反映利空，区别在于是反映过去利空还是未来利空。如果是过去利空，这是熊市第一阶段；如果是未来利空，这是熊市第三阶段（见图3-5）。按照这个分法，市场在1/3的时间里是有效的，在2/3时间里是无效的。

对于投资者来说，不光要弄清楚有哪些利好利空的信息，更要弄明白当下的市场是在单边反映哪一种信息。一般来说，投资者对信息的解读可以说得上是可爱，比如在牛市里，投资者眼里

图 3-5　反映不同利好的牛市三个阶段

的信息只有两种，利好和非利好，体现在股价上也只有涨和不涨两种结果；熊市里投资者眼里只有利空和非利空，结果也就只有跌和不跌两个结局。

对于牛市里的假期，虽然 A 股休市，但国内国外总会发生点事情，投资者这时正处于单向把假期信息解读为利好的心态。等到假期后复牌，投资者把假期攒的那么多"主观利好"集中释放出来，因此假期后的第一天，多数是涨的，而且假期越长涨幅越大，毕竟时间久，攒的信息也多。这种上涨，与其说是反映这些"主观利好"中的利好两字，不如说是反映了"主观利好"中的主观两字。

这样就可以理解，为什么可以拿节后第一天的涨跌，来观察甚至预测市场，因为投资者可以把这一天的涨跌当作温度计来看，可以看出市场的主观倾向，是主观上反映利好还是主观上反映利空，是主观反映过去还是主观反映未来。

其实应用这个有效理论，不光可以解释节假日效应，还可以解释其他日历效应，比如 2019 年春节后的上涨，几乎每个周一都是涨的，基本上周一涨幅跟周涨幅差不多，也就是说，剩下四天都是波动。牛市里容易出现"周一涨,一周涨"的现象。下跌趋势的熊市里,也存在类似的现象。背后其实就是周末相当于一个小假期,如果没有客观的利好利空,那周一基本上反映的就是主观倾向。

第四节 投资的进阶之路

前面一直提到,对于预测股市这个难题,方向最重要,而方向是由司机决定的。那司机是谁呢?准确来说是运行机理,包括股价的运行机理、经济的运行机理、产业的运行机理、企业的运行机理,等等。

这么多的机理,如何理清层次关系?其实这就涉及投资的层次,这里提供一个便于理解的框架,大体可分为四个层次(见图3-6)。

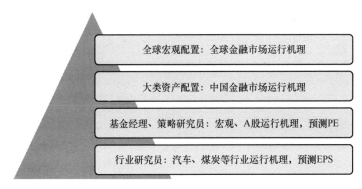

图3-6 投资进阶的四个层次

第一个层次:个股选择,决定个股方向的是行业运行机理,对应的是行业研究。

具体来说，就是在行业内进行个股选择，对不同股票进行比较。比如对于汽车研究员来说，首先抛开大盘和板块，只谈长安、长城哪个好？江铃与江淮，上汽与广汽，这些股票哪个会有超额收益？这些个股的方向取决于什么？取决于汽车行业的运行机理。要看这个行业的结构演进会何去何从，自动挡和手动挡哪个是趋势？自主品牌和德系、美系、韩系哪个是趋势？经济型和豪华型哪个是趋势？柴油、汽油和电动哪个是趋势？轿车和SUV哪个是趋势？这些结构趋势都明白以后，就知道长城与长安，江铃与江淮，上汽与广汽，哪个更好了。

每个行业的运行都有自己的运行机理，正是这些机理在决定着企业的未来，也决定着个股之间的相对走势。这种运行机理，包括需求端的结构变迁，也包括供给端的结构变迁，比如院线与制片方之间议价权的倾斜。

第二个层次：板块选择，决定板块方向的是宏观运行机理、A股运行机理。

对应的是基金经理、策略研究员做的配置，在不同板块之间进行比较，然后进行配置。比如重卡、乘用车哪个增速快？煤炭、钢铁哪个弹性大？在利率上行阶段，银行、保险哪个更值得配置？这是基金经理、策略研究员主要的日常工作，也是每天思考的重点，因为个股选择更多是委托给了行业研究员。

板块的业绩，是由宏观经济的运行机理决定的。比方说宏观经济运行到2017年，周期要向下了，传统的钢铁、煤炭、有色金属需求是要向下的，这是宏观经济的运行机理决定的，这种运行机理决定了每个板块EPS的方向是上还是下。

板块的估值，则是由A股的运行机理决定的。各个板块的估

值是要上升还是下降，取决于 A 股当前运行在什么状态下，是反映过去利好的阶段，还是透支未来利空的阶段，大而化之的话，也可以说是处于牛市还是熊市。比如市场运行到 2014 年的时候，散户纷纷入场，军工股的估值就得上升。

总之，这两个机理的共同作用，决定了一个板块的涨跌。因此，第二个层次是决定板块方向的，相当于是有两个司机。

第三个层次：大类资产配置，大类资产的方向由中国金融市场的运行机理决定。

具体来说就是在股票、债券、大宗商品、黄金、地产等大类资产之间进行比较，观察不同资产之间的涨跌关系，做到资产的合理配置。比如，包括 A 股在内的主要金融资产，在 2012 年第四次全国金融工作会议之后，基本就奠定了整体方向，影子银行大量加杠杆，导致了 A 股也加杠杆，催生了 2015 年的杠杆牛。而后 2017 年的第五次全国金融工作会议，基调是金融市场的去杠杆，导致了两融、质押的陆续爆仓。金融市场的运行影响着股票、债券、大宗、地产等大类资产的走向，也影响着 A 股整体的估值水平。如果美联储降息，影响了中国金融市场运行机理，同样会影响 A 股的方向，但中间需要有个传导者。

这种配置难度比前两个层次更大，因为更依赖抽象的理论，不像选个股时，公司的产品和管理层都看得见摸得着。

第四个层次：全球宏观配置，主要是在不同货币之间进行比价配置，由全球金融市场运行机理决定。

主要是比较人民币、美元、欧元、日元、瑞郎哪个好。这个时候，跟前面三个层次的一个区别是，这里没有现金的概念，也没有空仓这一说了，必须对比出个高下来，到底哪种货币好。

第二届诺贝尔经济学奖得主萨缪尔森说过一句话：被汇率愚弄的人，比被爱情愚弄的人还多。可见这个层次的难度，无疑是最高的。索罗斯是这个层次的典型玩家，他与巴菲特的区别不光是商业模式，投资对象的领域也不同，两者不是投机与投资这么简单。

一、 总量与结构的螺旋式关系

按之前将投资分为四个层次的说法，这里解释一下为什么是这么分，这么分有什么用？

一般在进行同行业两只股票比较时，其实是在分析行业的结构变化，包括需求结构的变化，也包括供给结构的变化。需求结构的变化，一般会反映在厂商的市场份额变化上，比如消费升级就会带动宝马的市场份额上升。供给结构的变化，一般会反映在毛利率上，比如电动车厂与电池厂之间，议价能力越来越向电池厂倾斜，整车厂的代工角色越来越重，这种供给端的结构变化，就会体现在宁德时代的毛利率上。如果说需求的结构变化对于企业来说是天时，那供给端的结构变化对于企业来说就是地利。**当然，也有人将这两个统称为护城河，将受益于需求结构变迁和供给结构变迁的企业，称为有护城河，其他就叫没护城河。**

汽车行业的结构包括厂家的市场份额变化，也包括 SUV 与轿车的此消彼长，还有自主品牌、德系、美系、日系等市场份额变化，还有豪华车与经济型轿车的变化，也有汽油车与柴油车的结构变化，以及手动挡与自动挡的趋势变迁，这些结构变化组成了汽车行业的结构，这些结构变迁形成了汽车行业研究的重要内容。

第三章 研究过去，预测未来

汽车研究员对于行业总量的长期成长性与周期性波动，往往是不那么有把握的，甚至有些迷茫，其实行业研究员多是如此，所以经常出现的一句话就是：如果传媒板块起来，那我首推人民网。潜台词是，传媒能不能起来不知道，看大盘或者其他吧。

其实，汽车、传媒、煤炭等行业的总量问题，放到宏观分析框架中，这就是宏观的结构问题了，这是宏观研究员所擅长的。而什么时候炒汽车股，什么时候炒传媒股，这是策略研究员或基金经理的问题，而且是结构问题。

宏观研究员擅长讲清楚中国经济的结构问题，比如消费、出口、投资的变化趋势，区域发展的结构问题，生活资料与生产资料的结构问题，却往往讲不清中国经济的总量问题，因为这可能是个全球经济的结构问题，需要全球宏观框架来帮助。

策略研究员或基金经理对于大小盘风格的判断，对于板块之间的轮动，对于价值股与成长股的分化，都有着比行业研究员更准确的判断，但策略研究员对于股市自身的涨跌与时点把握却不那么准确，因为这也是个总量问题，但如果把这个问题抛到大类资产配置框架中，就是大类资产配置的一个结构问题了。股市什么时候涨？拿来跟债券、商品、黄金等做个比较，思路会比策略研究员清晰多了。

那么，对于全球宏观配置的投资者来说，各国之间的比较不难，但对于全球宏观的总量问题，又会是什么框架的结构呢？我也不知道了，猜测的一个方向是比经济、社会、科技、政治、军事等更高一个层次的框架了，也许是个人类发展的问题吧。即便宏观经济学诞生以来，人类对宏观经济的研究、预测、调控都已经驾轻就熟了，没想到一场疫情就轻松接管了主导权。

一个合格的行业研究员，应该具备解决所有行业结构问题的能力，当他具备了解决行业总量问题的能力时，就可以算是一个优秀的行业研究员了。因为能够解决一个行业的总量问题，说明他初步具备了解决其他行业总量问题的能力，这个时候算升级成了一个合格的策略研究员、基金经理了。也就是说，一个合格的策略研究员、基金经理，应该具备解决行业、板块结构问题的能力；当他们有了 A 股总量（即大盘涨跌）的判断后，就算是一个优秀的策略研究员、基金经理了。能够解决股市的总量涨跌问题，说明初步具备了解决其他大类资产如地产、债券、大宗等总量问题的能力了。

总之，第一层次的总量问题是第二层次的结构问题，第二层次的总量问题则是第三层次的结构问题，第三层次的总量问题则是第四层次的结构问题。层次之间，是一种螺旋式上升的关系。所以，当投资者就一个问题找不到答案时，不妨去更高的层次看看。投资本就是一个不断求索的过程，层次不断上升也应该是水到渠成的（见图 3-7）。

图 3-7　不同层次之间总量与结构的转换

二、泡沫的轮回

按照前面论证投资分个股、板块、大盘三层次的递进关系，对应在 A 股的行业中，不同阶段的主要矛盾也有所区别（见图 3-8）。

图 3-8　主要矛盾的切换

纵观 2016—2018 年的行情，股价变化的主要驱动力是板块的估值。因此对收益起到主导作用的是板块配置，只要配对了大的、有业绩的、低估值的，业绩就会很好。但要配了小的、没业绩的、估值高的，就会很惨。市场压根不管公司成长性如何，体现出来的就是小股票估值不停下降，大股票估值不断抬升。

回顾 2014—2015 年的话，对收益起主导作用的则是仓位控制。那个年代，甭管个股选得多好，板块配得多好，只要仓位没控制好，连吃三轮股灾，都得栽。

再往前数，2012—2013 年，起主导作用的则是个股选择。那是个明星分析师、明星个股辈出的时代，精选优质成长股才是王道，什么仓位、什么配置都是配角。

这是围绕着 2015 年牛市前后，市场行情出现的三次主要矛盾切换。其实再往前看 2007 年牛市前后，依然存在这样的轮回。

比如在2000—2001年的牛市时期,仓位控制是主要矛盾。之后在2003—2004年是以钢铁、汽车、石化、能源、金融为主的五朵金花行情,属于结构性行情,这个时候主要矛盾是板块配置。在大牛市即将到来的2005—2006年,主要矛盾是个股精选。2007—2008年间市场大起大落,主要靠仓位控制制胜。

这里还有一点值得注意的是,2012—2013年最有效的个股选择,到了2014—2015年变成最无效的了。而2014—2015年最有效的仓位控制,到了2016—2018年变成最无效的了,因为大盘一直围绕3000点上下小幅波动。可以预计,2016—2018年最有效的板块配置,在2019年之后会变成最无效的,此时讨论大盘小盘已经不重要了。

这种轮回的背后,一方面是因为A股的波动以资金驱动为主,另一方面是因为A股只能做多,无法做空,天然容易出现泡沫(见图3-9)。

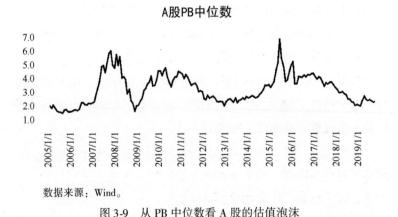

数据来源:Wind。

图3-9 从PB中位数看A股的估值泡沫

话从2012年年底说起,那时很多股票处于极低的位置,逐渐引来了场外资金入场，但资金还不够多，只能维持100只股票的泡沫，对这100家公司必然是要求苛刻，同时具备天时地利人和才行，这个阶段的主要矛盾是精选个股。然后2014年逐步进入良性循环，入市资金增加，泡沫扩大化，最终带来3000只个股的泡沫。继而破灭，在泡沫起与破的顶部，当然仓位控制是最重要的。

当泡沫破灭之后，场内资金减少，再也无法维持3000只股票的泡沫，但资金做多的天性，以及大批刚入场还没来得及尝到甜头的投资者，只好退而求其次，维持了300只股票的泡沫，另外2700只股票则是平或跌，这个时候主要矛盾就变成板块配置了。

当市场由于印花税、佣金、融资、减持等管道继续被消耗，连300只股票的泡沫都支撑不了，那就只能维持30只股票的泡沫，这个时候，主要矛盾又变成精选个股了。这个阶段的其他大部分个股则是下跌的，一直跌到3000只个股作为整体的A股，与地产、债券相比都显得足够便宜，这个时候，则又要来一轮新的泡沫了，又要靠仓位控制来获取收益了。

总之，一轮泡沫从高点到低点的过程，市场行情的主要矛盾是仓位控制、板块配置、个股选择。 观察2000年、2007年、2015年的三轮牛市之后的市场表现，都符合这个周期的规律。

第五节　主动基金跑赢指数的时段

行情的演进，存在着主要矛盾在仓位控制、板块配置、个股精选三者之间轮换的情形。对应在股票投资时，需要做而且能够做的事情也是三件：**个股精选、板块配置、仓位控制**。就像钥匙和锁一样，必须配对了，才可能跟随市场，比如在2015年的时候，市场主要矛盾是仓位控制，这个时候如果投资者将精力放在个股上，那就会输得比较惨。而之后几年如果继续将精力放在仓位控制上，又会输得很惨，因为矛盾又变了。

基金行业中，绝大多数基金经理都是从行业研究员培养而来的。从三个层次的人才数量来说，自然是一个金字塔式的分布，比如1000个行业研究员，可能优秀的有200个，这200个当上基金经理后，可能有40个是优秀的，而其中可能只有8个能够达到大类资产配置的优秀水平。

也就是说，大多数的基金经理，最熟练掌握的工具是第一层次的精选个股，最擅长做财务模型，预测企业的EPS，而最不擅长的是第三层次的仓位控制，即判断大盘的估值涨跌，因为这需要深厚的金融理论功底。既然大多数都不擅长仓位，而对应的仓位控制工作，又都需要基金经理做，让一个不擅长的人承担了这份职责，结果是什么？就是牛市会跑输，熊市会下跌，即牛市没有相对收益，熊市没有绝对收益，这成了主动基金最被人诟病的地方。

自2003年有开放式股票基金以来，其实主动基金是跑赢指数的。这里拿偏股混合型基金做了一个指数，跟沪深300指数比较，长期是跑赢沪深300指数的（见图3-10）。经常有人说主动基金跑不赢，一般拿五年业绩来对比，2013年之后确实有五六年整体上只是跑平。但放到过去18年历史上，确实跑赢了。可能因为牛市大家才关心这些，偏偏这个时候跑不赢，跑赢的时候都不是牛市，大家连股市都不关心，更不会关心跑赢还是跑输这种细节问题了。

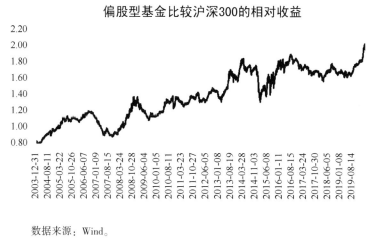

数据来源：Wind。

图3-10 主动权益基金战胜指数的阶段性比较明显

过去十几年主动基金跑赢了指数，主要体现在两个阶段：大牛市来临之前跑赢了，大牛市一来就跑不赢了；熊市把牛市跑输的扳回来一些，后面震荡市就也变成震荡了。

根据 A 股的行情，以 2007 年和 2015 年大牛市的高点为例，在牛市和熊市顶部两侧，最主要、最有效的工具是什么？仓位控制！这是基金经理最不擅长的，那个时候跑不赢的原因主要是这个。在大牛市结束之后的几年，比如 2000 年、2001 年的牛市结束以后，在 2003 年、2004 年是五朵金花行情，是结构性的板块，这个时候靠板块配置，主动基金能跑赢。在大牛市来临之前的 2005 年、2006 年靠什么？靠精选个股，主动基金更是能跑赢。2007—2008 年大牛大熊，主要靠仓位控制，主动基金就跟不上了。而后的2012—2013年主要靠精选个股，主动基金又是大幅跑赢。2014—2016年靠仓位控制，主动基金又是跑输了。2017—2018年靠板块配置，主动基金继续跑赢。

所以，在仓位控制统治的行情中，主动基金跑不赢指数，这就是因为大量的基金经理不擅长仓位控制，因为这需要第三层次的大类资产配置能力。在板块配置统治的行情中，少部分主动基金能跑赢指数。因为大部分基金经理擅长精选个股，所以在精选个股统治的行情中，主动基金大多数都能跑赢指数。

第六节　驱动股价的九个独立因子

股票研究应该从股价出发，到股价落脚。也就是出发点与落脚点都必须是股价，一切研究需要围绕着股价来展开，对股价会产生影响的因子，按照权重大小排序，依次研究清楚后，再落脚到股价上来，这就算完成了研究的闭环。

影响股价的因子，按照 $P = EPS \times PE$ 这个公式一分为二的话，首先可以分成利润与估值，这个公式就几乎把投资者分出了两大门派，基本面派与市场派。**基本面派侧重于选股，注重上市公司的业绩，注重财务报表以及影响财务报表的因子。市场派则侧重于选时，注重估值水平的变化，注重投资者与资金动向。**

如果将企业的利润再往下细拆一步，可以根据"利润 = 收入 − 成本"拆解为收入与成本。这里特意多加一步，就是为了把成本单列出来，因为大多数投资者会遗漏这一项，成本对A股至少1/3的公司有重大影响甚至是第一重要的。**这里提示最重要的成本是劳动力薪酬，这是在劳动力红利退潮背景下独有的因子，因**

为大部分企业的员工涨薪是直接减少股东利润的，这是企业家与投资者需要特别重视的一个因子。至少从财务报表上看来，大概有 1/3 的上市公司陷入员工涨薪、股东降利的状态。从研究股价的角度，特意把这个因子拆出来，主要是为控制风险用的，能避免遭遇一些陷阱（见图 3-11）。

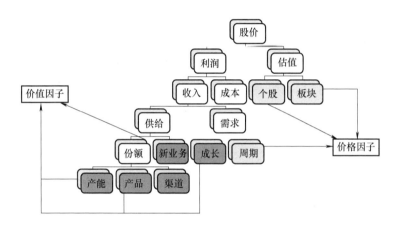

图 3-11　驱动股价的因子

接下来就是分拆收入，收入可以有很多拆分公式，比如"收入 = 销量 × 价格"，这个适合于分析周期股的时候用，可以据此划分出销量型周期与价格型周期。也有"收入 = 行业需求 × 市场份额"，即行业需求驱动的收入增长和份额驱动的收入增长，这里就分解出了行业需求因子和份额因子。**对于企业来说，行业需求是个外生变量，企业能做的是不断改变自己的业务范围，以追上风口，投资这种企业其实风险挺高**。供给端的份额扩张，才是企业能做的，也是日常经营的重点，而扩张份额的方式，需要根据所在行业的特点而有所差异，所以供给端的份额因子，也是值得细拆的。

行业需求可以分为成长因子与周期因子。行业需求对企业来说只是外在环境，企业只能去适应，或者预测需求的变化，提前做出应对之策。比如对于手机厂商，在智能手机出现之后，消费者蜂拥去买智能手机，对于诺基亚等厂商这就是外在环境的恶化。智能手机的出现，对于相机厂商同样是环境恶化，需求直接大幅萎缩了。在这些血淋淋的教训面前，汽车厂商们在电动车浪潮面前，不断调整自己的战略，瞻前顾后、顾此失彼，到底是对是错，仍存巨大变数。**像这些需求端的变化，都在深刻影响着企业的未来与价值，是值得重点研究的。**

这里讲的是需求端最重要的一个因子，即成长因子，主要是指影响行业或产品生命周期的因素。除此之外，影响企业外部需求的另一个因子是周期因子，主要指企业面对的外在宏观环境，会出现几年一次的周期性波动，企业在顺应这种波动的过程中，如果踏对了节拍，就像股市里的高抛低吸，如果企业踏反了节拍，那就变成追涨杀跌了。

供给端根据企业组织资源的方式与资源不同，包括了产能驱动、产品驱动、渠道驱动等模式。产能驱动与渠道驱动对应的企业形式常见于坐商与行商，坐商指的是酒店、航空公司、钢铁厂这类供给完全刚性，扩张份额必须依赖产能扩张的商业模式。行商指的是保险、基金、电信、游戏等供给完全弹性，扩张份额靠的是增加客户数量的商业模式。从这些案例可以看出，不同模式的企业扩张份额的方式可以不一样，因此可以根据供给端份额扩张的方式，拆分出产能因子、产品因子、渠道因子、供应链因子等。因为供应链因子在实际中并不常见，只有少数公司受这个因子影响，为了叙述方便，后面可能会淡化这个因子。

这里先简单总结一下，决定企业利润的因子，总共有成本因子、成长需求因子、周期需求因子、产能因子、产品因子、渠道因子，六个各自独立的因子。虽然这些因子不是并列关系，但互不影响，相互独立，因此分析企业利润的时候，是可以按照这种拆分方式的。

然后再来重点讨论一下估值，即资金层面的因素。

马克思说过，从商品到货币是一次惊险的跳跃，这个跳跃是通过商品市场的交易来实现商品价值的。而企业的财务报表（即基本面），如何反映在股价上，这也是一次惊险的跳跃，也是通过股票市场的交易来实现的，关于股价的全部奥秘都在其中，这个奥秘就是估值。在交易者眼中，股票首先是交易筹码，可以买也可以卖，买的目的是为了卖，卖的目的是为了赚钱。也就是说，股票对于大多数交易者来说，实际上是个工具，用炒这个动词来指代这种交易行为，其实是相当贴切的。

一部分人买股票，首先是因为它是股票，而不是债券，不是比特币或者其他可交易工具，这个时候交易者为股票赋予的估值水平，其实就是大盘估值，跟这只股票背后的上市公司暂时没有关系。**所以作为股票，首先摆脱不了的是大盘估值，这是估值体系中的第一个估值。**然后，因为科技的进步、生态的变化、政策的起落也都会反映在交易者对股票的偏好上，因为社会运行的变迁导致交易者对某一类股票的特别偏好，从而赋予某类股票额外的估值定价，这种就是板块估值，可以是行业板块，也可以是主题板块。最后，即使在一个行业内部，企业也是千差万别的，先不管这些差别是什么原因造成的，也许先天也许后天，既然有差别,那交易者就会对某些公司赋予额外的估值,这就是个股估值,这体现的是个股估值与板块估值的差异部分。

因此,关于股票估值,可以拆分为三个估值:大盘估值、板块估值、个股估值。这三个估值与前面说的投资进阶中的大类资产配置、板块配置、个股精选是存在对应关系的,各自独立,成为影响股价的三个因子。

总结一下,影响企业利润的独立因子有成本因子、成长需求因子、周期需求因子、产能因子、产品因子、渠道因子这六个,影响股票估值的因子有大盘估值、板块估值、个股估值这三个,也就是总共有九个独立因子在共同决定着最终的股价。

第七节 因子组合

我们可以将一只股票的价格视为一系列因子的组合,比如上汽集团,首先是只汽车股,其次是国企,也是合资企业,还是上海本地股,同时也是蓝筹股,低估值股票,高分红股票,等等。大部分股票,其实都是一个多因子的组合,就像我们每个人也都是这样子。在介绍一个人的时候,可以说他的毕业学校,也可以说他的工作单位,还可以说他的家乡,或者说爱好赛车也行,这可能比说干巴巴的名字传递的信息更准确。总之,人是一个很多标签的组合体,股票也是如此。

前面介绍的影响股价的因子,其实可以不断再拆分下去,无穷尽也。但为了方便起见,这里就按照前面介绍的六个利润因子和三个估值因子为基准,解释如何通过组合法来选择股票。

在选股票的时候,就可以从这九个因子入手。拿到一只股票，需要做的是从股价出发，判断影响股价的九个因子，按照重要性排序。比如长城汽车，需求端的因子中，周期性显然比成长性更重要，供给端显然产品（即车型）因子比产能因子和渠道因子更重要。在估值因子里，板块估值比大盘估值和个股估值重要，成本因子暂时不是重要的。那么，在新车型、汽车景气周期、汽车股估值这三个因子中，假设重要性差不多，就不再进行排序了，而且即使排序了，也免不了都得研究一遍。

假设时间放到2016年，汽车景气周期大概率向上，而新车型也没有重量级的，汽车股估值已经在底部了，未来向上的概率虽然不大，但继续向下的概率也不大。简单一看，三个因子只有一个是乐观的，两个是中性的。

从股价出发的意思，就是将影响股价的九个独立因子，一一分析一遍，找出重要的几个，然后分析这几个重要因子的方向，判断各自方向是正面、中性、负面中的哪一种。然后再将这几个因子组合在一起，就对股价的整体走向有了一个基准了。

每只股票都重新过一遍从股价出发到股价落脚的流程，再进行横向对比与取舍时，也就有了判断基础。

这样的因子拆分与组合，其实很像找对象的时候，无非是对每个潜在对象进行多角度评估，评估角度基本围绕着身高、相貌、学历、收入、性格等，比如就这五个因子吧。理想情况当然选高富帅，可高攀不起啊，大部分的现实情况，无非是在高富丑、矮富帅、矮穷帅之间纠结。股票也一样，当然希望选的股票天时地利人和全占了，但现实是就算茅台再好，可就是高攀不起，最后大家还是回到现实进行纠结。

现实的方法，只能是尽量选择净优点多的，比如高富丑大概率比矮穷帅要好，除非那一个优点能做到一俊遮百丑。否则，从确定性的角度来说，两个优点一个缺点的组合，比一个优点两个缺点的组合，确定性要高一些。

但这里也要从风险的角度考虑负面因子，如果重要因子中有明显负面的因子，就需要考虑这个因子是否能够承受。比如，我认为汽车的需求成长因子，受到停车难的影响，将长期压制汽车的需求，未来汽车周期波动的高点，会一波比一波低，类似于篮球从地面弹起时，每一次高度都比前一次低。这是汽车股的一个长期负面因子，但如果短期能够承受，那就不要紧。再比如，比亚迪的负面因子中，有一个是劳动力薪酬的持续上涨，挤压利润，2019年其薪酬已经超过200亿元，人均稍微再涨10%，股东利润就没有了，这样的负面因子，其实就是承受不了的。

找对象时，大家也都是有缺点的，无非是选择容忍哪个缺点的问题。虽然对方有三个优点，但有一个明显缺点，那也只能先忍着，但日后如果双方发生矛盾，大概不会是因为优点，而是因为缺点。比如找了个矮富帅，最后如果分手的话，肯定不会是因为富和帅，而大概率是因为矮。

股票就是这样，经常出现的情况是，明明看好业绩增长，结果风险出在估值上。明明看好产能释放，结果需求出问题了。明明看好新车新放量，结果都被薪酬吃掉了。看好新车型放量，结果没放量，这属于研究上看走眼的问题，只能自己解决。但这种看好一个因子，而另一个因子出风险的情况，是可以通过因子组合方法来尽量规避的。

投资者在构建一只股票组合的时候，会根据自己看好的因子，进行抽取与剥离。比如，看好劳动力成本上升带来的劳动力替代，配置浙江鼎力与建设机械，但经常有人会根据行业标签认为是配置了制造业或机械因子，更有甚者认为是小市值因子，这都是不准确的。

组合的管理，如果从因子组合的角度出发，就可以做到实事求是，而不陷入形而上的窠臼。

第八节　从研究偏好看投资风格

虽然每只股票的驱动因子里都包含了这九个因子，但不同股票的因子重要性排序是不同的，这使得投资者关注的重心也就不一样。另外，研究不同因子所需要的方法也不尽相同，比如研究周期因子需要很强的经济学理论基础，研究成长因子需要理工科背景知识，研究渠道因子需要广泛的实地调研，有的投资者只掌握或擅长其中某一种。结果就是按照研究因子的侧重，可以分出很多投资流派，也经常被称为投资风格。严格来说，应该只是研究偏好，或者能力圈。

第一种是成长型的投资风格。这类投资者侧重于需求端的成长因子的研究，尤其关注科技进步带来的需求变化，对于同样影响需求的周期因子不那么重视。因此多数科技类股票的投资者，都属于成长型研究风格。

第二种是自下而上的投资风格。这类投资者侧重的是供给端的份额因子，包括产能因子、产品因子、渠道因子。因为这些因子其实都是企业经营本身，专注于这些因子的研究，就必须关注管理层，关注核心竞争力，关注企业制度、文化等因素，这就属于典型的自下而上风格。

其中产品驱动因子多与科技类企业有关，因此专注产品因子的自下而上风格，往往同时也是成长型风格。渠道因子主导的企业多数是技术变革缓慢的消费类企业，需求端的成长性与周期性都波动不大，因此这类专注消费类股票的风格经常自居是自下而上的。产能驱动因子则多出现在钢铁、煤炭、化工、航空、酒店等行业，多数都属于周期性行业，所以这类自下而上的投资风格，经常也会自称是自下而上与自上而下相结合。

第三种是自上而下的投资风格。这类投资者侧重于研究需求中的周期因子，而对同样影响需求的成长因子不那么关注。无论是销量型周期的地产、汽车还是价格型周期的钢铁、煤炭、化工，股价驱动因素中第一重要的就是行业需求周期，因此这些股票的投资风格大部分都是自上而下的。

经常有人会讨论，一个投资者的风格到底是自上而下还是自下而上，其实这个问题本身存在问题。**这两种研究方法都是在研究企业的 EPS，只是适用的行业不同。**可以通过自下而上的跟踪、预判来预测一家企业的基本面趋势，适用于非周期行业。也可以通过自上而下，根据宏观经济形势来判断行业形势，从而对企业的基本面有更准确的判断，这更适用于周期性行业。

第四种是基本面风格或价值投资风格。这类投资者侧重于研究企业利润的六个因子，而忽视三个估值因子，他们认为把企业价值研究清楚了，应该长期持有，排除市场先生的干扰，估值是个黑匣子，应该放弃研究，或利用高估或低估赚错误定价的钱。

可以说前面说的成长型风格、自上而下风格、自下而上风格，或者交叉结合的风格，其实都是基本面风格或价值投资风格（见图 3-12）。

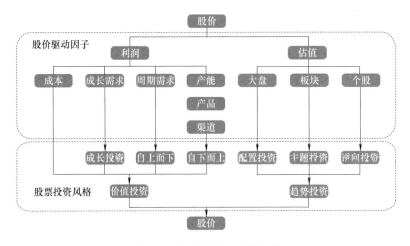

图 3-12　常见的研究风格分类

第五种是侧重于大盘估值的投资风格。最接近这种风格的是大类资产配置,这类投资者一般同时投资债券及其他大类资产,对大盘的判断会优先从利率水平、货币政策等金融角度出发,认为有机会就会配置股票,没有机会可以不配置股票,并不是股市的原住民。

第六种是侧重于板块估值,进行趋势投资、主题投资的投资风格。这类投资者赚取的是板块估值上升的机会,A 股大量的波动适合这类投资风格,像 2013 年的创业板牛市,2014 年年中的军工股、年底的大盘股,2017 年开始的蓝筹股,2020 年年初的科技股,都是脱离基本面而基于预期的估值提升。这类上涨的估值提升靠的是资金的自我强化,一旦趋势形成,股价会沿着趋势一直持续上涨,直到趋势结束。正因为这类机会大量存在于 A 股,并且是脱离基本面支持,所以一般被称作主题投资。因此,主题投资、趋势投资、板块轮动往往属于同一种风格。

第七种是侧重于个股估值的投资风格，常见于逆向投资。 一只股票会出现被低估或高估的状态，投资者可以利用市场错误定价的机会进行套利。烟蒂型投资就是这种风格的典型，只专注于赚从低估到价值回归的差价机会。巴菲特式价值投资风格，也是利用这种市场错误定价的机会进行逆向交易，所以这种逆向投资风格，有的时候也会自称是价值投资。

这九个因子可以分为两类，成本因子、需求端的成长因子、供给端的三个份额因子是共同决定企业价值的因子。需求端的周期因子、估值端的三个因子是决定股价的因子。所谓的价格围绕价值波动，是通过四个价格因子中的某一个或多个因子，驱动价格波动。而企业价值的变化，应该从前面的四个因子中寻找驱动因素。

将股价驱动因素拆分成九个或更多独立因子，有助于找到驱动股价的主要矛盾，实现从股价出发，到股价落脚的闭环。 同时对于市场各种投资流派与风格，也可以有一个更为清晰的界定。

本书的后面章节，将按照因子拆分的框架展开，先集中论述清楚需求中的周期因子，这也是宏观运行机理的内容。然后接着论述板块估值，这样就把 A 股运行机理交代清楚了。在讲完宏观运行机理和 A 股运行机理后，投资进阶中的第二层次就全部讲完了。后面再讲的就是第一层次，即产业运行机理的内容，这些内容对应的因子是需求端的成长因子，以及供给端的份额因子，包括产能因子、产品因子、渠道因子等。未来几章大致是按这个顺序展开的。

一家企业的发展，是内因与外因共同作用的结果。

内因方面：企业作为经营主体，需要练好自己的内功，提升自己的竞争力。

外因方面：需要关注外界生产环境的变化，以适应环境、顺应周期，企业才能长久。

对于企业来说，外因的变化，会通过需求体现出来，越来越多的客户来买自己的产品，就是需求增加，反之则是需求减少。这种需求的变化，并不是企业能够改变和影响的，只能去适应，

自1776年瓦特发明蒸汽机以来，人类正式进入工业时代，有了现代经济。资本家们迎来了最好的时光，但好景不长，1857年爆发了世界性的经济危机，马克思置身其中，观察并得出其必然崩溃的结论，于1867年出版了《资本论》。

第一节 宏观周期的起源

1776年是人类近代发展史上最重要的一年，甚至是开端。因为这一年，瓦特发明了蒸汽机，人类有了工业。这一年，亚当·斯密出版了《国富论》，人类有了经济学。这一年，美利坚独立了。

自从有了蒸汽机，很快就带动了纺织业的发展。以前手工时代一周才能织一件毛衣，现在用机器一天就能织一件了，效率提升了六倍，而售价差不多。于是蒸汽机、纺织机成了畅销货，纺织厂在英国遍地开花，这个时候如果统计GDP的话，除了原有的纺织产业，还新增了机器的需求，就会显得GDP进入了快速上升期。

第四章 周　期

　　由于逐利的本性，一直要等到出现纺织厂产能过剩的局面，毛衣滞销或者降价，从而不那么赚钱了，企业主们才会削减对纺织机器的需求。这个时候的 GDP 增速就会出现下滑，在这个过程中，毛衣的需求可视为始终稳定的，GDP 增速呈现的这种上下波动，根源就在于纺织机器的需求出现了逆转和反复，无法稳定。**在宏观统计上，将这种企业主导的对生产机器的需求，称为投资需求，宏观经济会出现周期性波动的根源就是因为这种投资需求的存在。**投资需求的特点是叛变，昨天是需求，今天变供给了。

　　比如，村里要开一个新的小卖店，在开店过程中免不了要买点建材、烟酒什么的，这对老的小卖店来说是个需求，等新店开张后，老店就会发现不光投资性的建材、烟酒需求没了，还要被抢走其他生意。

　　可以说，正是因为瓦特发明了蒸汽机，人类进入工业时代，经济也从此开始周期性波动了。在工业时代以前，经济就只有农业，虽然会随着天气出现丰年、歉年的波动，但不存在有规律的周期性波动。在长期 GDP 统计上，仍像是平静的水面，直到瓦特突然向水面扔了一块石头，水面从此涟漪不断，波动至今，仍未有停歇的迹象。

　　虽然亚当·斯密正好也在 1776 年出版了《国富论》，但全社会的经济学意识还远远不够，毕竟凯恩斯是在 160 年后的 1936 年才出版了宏观经济学的开篇之作《就业、利息和货币通论》，在这 160 年间，经济的周期性波动基本以恶性的经济危机形式出现，而且频率越来越快了。马克思只观察了七八十年的经济危机，就撰写出了《资本论》，深刻揭示经济危机的本质。国内的教科书上经常说，资本主义快不行了，你看它们过去20年一轮经济危机，后来变成15年了、10年了、6年了，反正就是越来越短，说明气数快尽了。

在这个周期缩短的过程中，经济学的普及也起了一定的作用。在《国富论》之后，消费者和企业主们逐渐有了经济学的思维，会有意识地规避周期波动带来的风险，盲目扩张产能的行为会随着经济学知识的提高而变得更为理性，也可以说，经济学正是陪伴着经济周期的进化而完善的。

1862年，法国医生、经济学家克里门特·朱格拉在《论法国、英国和美国的商业危机以及发生周期》一书中，提出了市场经济存在着9~10年的周期波动。这种中等长度的经济周期一般被后人称为"朱格拉周期"。从时间维度来看，自1776—2020年已经过去244年了，朱格拉的观察窗口是1776—1862年间的86年，很显然，随着信息流、资金流、物流效率的极大提升，这种周期的时间应该已经大大缩短，早已不是9~10年一个周期了。

今天我们观察到的4年左右的经济周期，与朱格拉说的周期，其实是一回事。事物是动态发展的，今天的宏观分析，如果仍旧套用朱格拉的时间维度去谈周期，应该是落伍了，毕竟工业革命过去244年了，朱格拉只观察了前1/3的数据，这在当时是准确的，放到今天就应当被修正了。现在两轮周期的时间正好跟当年一轮周期的时间差不多，所以仍有人持朱格拉周期是9~10年的观点，正好会对一次错一次。

今天大家谈论的经济周期，与小时候课本上说的经济危机，应该是同一事物。只是当年是恶性的周期波动，今天是良性的周期波动，分界线应该是凯恩斯出版《就业、利息和货币通论》

后,各国政府都学会了介入经济以熨平周期。我们观察到的宏观指标,无论是货币的、财政的、工业的、企业的、居民的,都是经济周期的内生指标,并不存在某个指标是经济周期的外生驱动力量,货币不是,财政也不是。如果非要找出这个外生变量,那瓦特的蒸汽机才是那块被扔到水里的石头,而那些企业、居民、政府的货币、财政等宏观指标,只是水面上大小不同的漂浮物罢了。

从历史长河来看,前辈们对经济观察得出的经验总结,包括朱格拉周期、康波周期、基钦周期等,随着科技的进步、社会节奏的加快,这些周期理论其实都应该被同步修正。

第二节 M1 在周期中的枢纽作用

既然经济周期的根源是企业的产能投资,那么企业的这种投资行为理论上是与经济周期同步的,而那些能够影响企业投资行为的数据,应该就是领先企业投资或经济周期的。

逻辑上看,最有效的指标应该的 M1,即企业活期存款。企业账上的现金是最为制约企业投资欲望的,如果账上现金减少,那势必减少现金支出,尤其是投资支出。如果账上现金增加,企业才敢放开手脚花钱。

如果用 M1 与 GDP 的数据来对比,相关性一般,更别提领先性了。如果用上市公司单季度收入的中位数增速,来作为全体企业的样本,代表企业实际经营情况,则显示出非常显著的领先性,包括方向上的高度趋同,以及幅度上的基本相当。

实际上,上市公司的收入增速,更接近于名义 GDP,因为包含了价格因素，比如水泥的提价会体现在收入增长上，但在统计GDP的时候就需要剔除这种提价因素。股票投资本来就是名义值，从股价到市值，从利润到收入，都是包含价格因素的，所以从逻辑上来看，用名义值比用实际值更准确。从2003—2019年间的季度数据统计来看，期间经历了10次拐点，M1平均领先企业收入2～3个季度（见图4-1）。

数据来源：Wind。

图4-1 M1完美领先上市公司收入

采用上市公司的数据，是因为3900多家公司都是经过财务审计的，而采用收入口径是因为不受企业财务手段的调节影响，一般企业即使进行财务修饰，重点也是在利润口径而不是收入口径。这里用中位数，而不是平均数，考虑的是避免受到某些大企业、大行业权重过大的影响，因为中位数本身就没有权重的概念。但也要注意到，正是因为使用了中位数，其实是大大降低了大企业、大行业对数据的影响，反而突出了中小企业的权重，也就是说，这个中位数数据，更为真实反映了上市公司中的中小企业经营情况。但因为上市公司群体本身在全社会都算是大企业，统计上缺失了非上市的中小微企业，所以采用上市公司的中位数，反倒更为真实反映了全社会企业的景气度。

M0 即流通中的现钞，2019 年年底数据是 7.7 万亿元；M1 则包含了 M0 和企业活期存款，2019 年年底数据是 57 万亿元；M2 则在 M1 的基础上再加上了企业定期存款和居民存款等，2019 年年底数据是 198 万亿元，其中居民存款大概是 80 万亿元。

从 M1 的构成来看，上海大众购买宝钢的钢材，万科购买海螺的水泥，资金是在企业之间进行划转的，这种企业间的买卖行为，并不改变 M1 的总量。只有居民购买了上海大众的帕萨特，购买了万科的住宅，才会增加 M1 的总量，这个时候居民存款减少，相当于是 M2 转化成了 M1。也就是说，M1 的主要来源是 M2，途径是通过销售商品给居民。

居民的消费支出中，最大的是购房，其次应该是购车，然后才是家电、家具、教育、旅游、食品、服装等。除购房外的其他支出，要么金额不够大，要么消费节奏稳定，波动性小。因此，对 M1 的波动可能产生影响的最大来源就是购房（见图 4-2）。

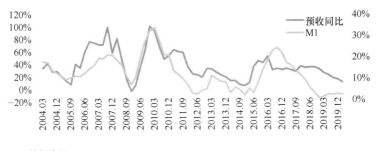

数据来源：Wind。

图 4-2 地产预收与 M1 高度同步

事实上，房地产行业的预收同比增速，与 M1 的增速，确实是高度同步的。这是因为中国的房地产实行的是预售制，房产商先收到购房款，然后再拿这笔钱去盖房子。居民在购房支付房款或首付的时候，支付了 100 万元，体现在房产商的资产负债表上，资产端多了 100 万元活期存款，而负债端多了 100 万元预收账款，同时，央行会记录 M1 增加了 100 万元。这三个记账动作，基本上是在同一时间完成的，理论上应该是同一天，如果统计季度数据，那应该是更同步的。

从预收账款与 M1 的数据来看，两者在方向上是高度同步的，时点上也高度一致，同涨同跌。只有幅度上存在差异，原因之一是上市房产商自身有一定的成长性，二是越来越多房产商上市，统计口径也在增加。

结合前面的结论，M1 是领先上市公司收入增速的，而房产商的预收与 M1 高度同步，而且两个逻辑都存在因果关系。因此从逻辑上看，房产商的预收账款领先上市公司收入增速，是存在因果关系的，再一次说明房地产是经济周期之母。

既然分析到这里，那就有必要再看看房产商的预收账款，存在什么规律，是否有可行的预测或观测指标。历史经验表明，居民购房行为与股票买卖类似，存在买涨不买跌的现象，所以这里就需要结合房价来观察，而一旦结合房价，就绕不开供需关系。

这里继续围绕上市房地产商的财务报表来展开，其中资产负债表上的预收账款，体现的是居民对房屋的需求，所有对需求会产生影响的因素，最终都会落脚到预收账款这个指标上，比如收入增长、人口增加、降息、放松限购、学区政策变化、促销等因素，都会体现为预收账款的增加。那些不会影响预收账款的因素,即使看起来是需求因素之一,也不用去研究。同理,房产商资产负债表上的存货,则代表了房屋市场最真实存在的供给,所有对供给会产生影响的因素,都只有落脚到存货这个指标上,才是真正的供给。

比如土地供给的增加、开发进度的加快、开发贷的放松、拆迁政策的变化,都会增加房产商报表上的存货,进而增加房屋市场的供给。不增加存货的供给因素,也不用纳入分析框架(见图4-3)。

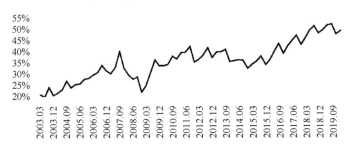

数据来源:Wind。

图 4-3 伴随房价下行,预收相对存货同步下降

因此,可以直接用预收来代表需求,用存货来代表供给,对所有上市房产商的存货、预收进行统计。可以看出,从 2004 年以来的十几年时间里,预收增速高于存货增速,代表需求大于供给,这个时期房价的主基调就是上涨,比如 2008 年之前,2009年之后,以及 2015 年之后。

而预收增速低于存货增速的时候,代表需求小于供给,这个时期的房价主基调就是下跌,比如 2008 年、2014 年前后。2008

年的时候是因为金融危机导致需求暴跌,存货依然高增长,所以房价暴跌。2005年预收也出现过快速下降,但因为存货也快速下降,供需关系上还是供不应求,所以即使以预收为代表的需求下降,也不一定会导致房价下降。2014年也是预收持续下降,但存货平稳增长,使得供大于求了,所以房价在那个时候相对疲软(见图4-4)。

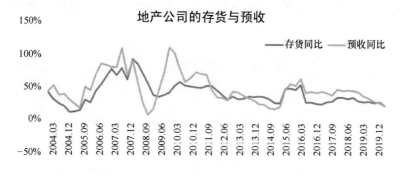

数据来源:Wind。

图4-4 房价下降都是发生在供大于求的阶段

同时,还应该注意到,在供大于求的2008年和2014年,预收账款都是快速下降的。因为供大于求的结果是房价下跌,而根据居民买涨不买跌的心理,会导致需求进一步下降,因此,在存货增速高于预收增速的阶段,预收也出现了快速下降。事实上,2020年一季报显示,A股上市房产商的预收账款合计是3.1万亿元,增速是11.9%,而存货合计6.3万亿元,增速是13.1%,两条曲线已经开始交叉了。2020年需要密切关注房产商的预收与存货增速,从概率上来看,房价与预收下降的概率是越来越大的,而这将进一步影响到M1以及整体经济。

用存货与预收来分析房地产的供需,还有一个用武之地,那就是横向分析地产个股的差异。比如在 2020 年供需开始恶化的情况下,哪些公司的供大于求更严重,可以从这个指标简单对比出来,用于规避风险。**在行业上行的时候,用这个指标就可以筛选出弹性大的个股。**

第三节　产品寿命长的行业有周期性

瓦特发明蒸汽机,带来了经济周而复始的周期波动,使得 200 多年来,各行各业都不断经受着这种周期性的冲击,给各个企业带来的也许是机会,也许是风险。这种宏观层面的周期波动,对于从事各行各业的企业来说,基本上是与生俱来的外生变量,能做的就是尽量踏准周期而不是踏反。

但是,我们也注意到,并不是所有行业都是周期性的,比如牛奶、酱油、香烟等行业的周期性就几乎没有。可能大家会解释说这是生活必需品,不像汽车那样的可选消费品,有钱就买没钱就不买,可这样的解释仍未触及根本,依然是在拿现象解释现象。因为这个时候再发明出一个新的东西,如何知道这个东西是可选还是必需呢?比如智能手机,按说快接近必需品了,但 2018 年销量出现了大幅下滑。

在研究汽车的时候,我曾经思考过三个问题:

1. 汽车行业为什么是周期性行业?

2. 汽车行业为什么是早周期行业?

3. 汽车股为什么是周期股?

这些问题也得到了同行的积极反馈,但多数是在解答汽车的供给和需求的变化,是如何驱动行业周期上行或下行的,从商业模式角度去探讨原因的并不多。如果把瓦特发明蒸汽机比喻成向平静的水面扔了一块石头,水面从此涟漪不断,那为什么木头会随波浮动,而石头不会呢?答案很简单,密度。那汽车的周期性波动根源有这么简单的答案吗?也很简单,寿命。

目前的历法、会计都是以年为单位的,那么从商业模式角度看,产品寿命超过一年的行业,其销量必定呈现周期性的波动,比如汽车、挖掘机、船舶、手机、住宅、空调等。如果产品寿命短于一年,那按年为单位的销量就显现不出周期性的波动,如前面提到的牛奶、酱油、香烟,消费者买这些产品回去,基本上在一年内就消耗掉了。

先举个开会时倒水的例子,比如我们每分钟喝一口水,而服务员是每半小时倒一次水,就会看到液面高度一直在变化中,在时间维度上存在周期性的波动。如果我们是每分钟喝一口水,而服务员也是一分钟倒一次等量的水,就会看到液面高度在时间维度上一直不变,没有周期性的波动了。这个液面是一个存量概念,对应的流量就是服务员的倒水量,如果是 30 分钟倒一次,那在 1 分钟的维度上,倒水量就是间歇性的波动,如果是 1 分钟倒一次水,那在 1 分钟的维度上,倒水量就是平稳不动的。

将这个例子应用到汽车上来,买车是一次性行为,而用车则是每年均摊的,全社会每天对汽车的消耗量是很稳定的,基本可等同于当天的汽油消耗量。比如一辆 24 万元的车,使用寿命为八年,每年对这辆车的消耗是 3 万元。对于车厂来说,如果就这么一个顾客,那就是个八年不开张、开张吃八年的生意了。如果换个例子,顾客是每年花 3 万元买咖啡喝,对于卖家来说,这就是一个细水长流的生意，不存在周期性的波动了。

对于一个顾客来说，无论对汽车还是咖啡，每年消耗量都是稳定的 3 万元，扩展到全社会的话，也是一样的，假设全社会 1 亿个家庭，每年消耗的汽车和咖啡都是 3 万亿元，经济就这么平稳运行，挺好。即使个别顾客的汽车购买行为呈现的是脉冲式的，但全社会 1 亿家庭累积在一起，这种脉冲一般就被抹平了。这样的状态下，消耗量、销量都是很平稳的，每年 3 万亿元，无论汽车还是咖啡。全社会的汽车存量也一直稳定在 1 亿辆的水平，咖啡存量可能就在 5000 吨的水平。

但偏偏经济就是有周期性的波动，简单来看，这种波动会使得全社会居民的收入出现波动，至少纺织机厂的那些工人收入在大幅波动，那是否必然会引起各种消费品的销量波动？经济波动不会引起全社会对咖啡、汽车的消耗量的波动，依旧很平稳。但是，在添置汽车的时候，就不会选择经济不好的时间，这样全社会的汽车存量就有了第一次的波动，这个波动就像是杯子里的液面波动一样，再也停不下来了，因为购买与消耗在年度时间是分离的。而我们关心的汽车销量，是汽车存量的一阶导数，自然也就呈现了跟宏观周期同步的波动性了。

讲了这么多，就是想说明，一类商品的销量是否呈周期性波动，与其寿命长短相关。假设汽车的寿命是 8 年，而从 1908 年福特发明 T 型车到 2018 年这 110 年时间里，以 10 年为单位统计，总共有 11 个汽车销量数据，那就看不出周期性的波动了，因为汽车还没到 10 年就报废了，这个时候的汽车就跟牛奶、咖啡类似。

如果将各行业周期的本质归于产品寿命，那就顺便否定了大家在判断一家企业是否具有周期性时,就是看下游客户是否是周期行业的习惯。比如一看某家企业的下游是地产,那这家企业就是周期性的了,如果下游是牛奶企业,那就是非周期性的了。其实,应该看的是给下游客户提供的是什么:如果给牛奶厂提供机器设备,照样是周期性的;如果给地产公司提供打印纸,照样是非周期性的。

一个行业的周期性强弱,是与产品寿命正相关的。比如手机寿命一般两三年,所以手机的周期波动偏小,销量跌幅最多也就20%;但重卡就不一样了,动不动跌幅就能达到百分之四五十,轮到挖掘机就得是百分之七八十的跌幅,比如前些年挖掘机销量高的时候到过18万台,后来也跌到过5万多台,就是因为挖掘机寿命动不动就是八年十年。远洋运输船舶的寿命普遍为30年,这就使得销量-100%都不行,得超过-100%,什么意思呢?销量绝对值为负,就是造船厂变身拆船厂,人为减少保有量。

说到这里,就不得不提到70年产权的住宅,注定了房地产的周期是极强的,强到人一辈子可能只能见到一次,一旦涨起来能涨个十年、二十年不带歇的,就像当下。跌起来也一样的,千万不要去抄底,日本就是例子,东南亚也是。对于国内房价,可能需要分城市来分析,可以看各个城市的住宅存量与人口数据对比,如果相对于城市人口来说,一个城市的住宅开始过剩,那就可能永久过剩,房价永久见顶了。比如鹤岗应该是永久过剩了,鄂尔多斯可能也是,总之,这种住宅永久过剩、房价见顶的城市是会陆续出现的,而不是全国一盘棋,同时见顶。像深圳、厦门这种确实面积有限,而人口持续流入的城市,见顶可能会是最晚的。

前面讲的一直是工业周期，还有一个农业养殖周期，也可以统一到这个框架中来。

全社会每天吃的猪肉其实也是稳定不变的，也就是消耗量稳定，而猪肉的存量这回就不在居民冰箱里了，而是在农户的猪圈中，由于从最早的母猪长大到肥猪长大，然后出栏，要将近两年的时间，形成供给超过一年的特点，很像工业产品寿命超过一年。比如 2019 年因为猪瘟原因使得出栏量大减，猪价上涨，2020 年必定会引得养殖户扩大供给，从培育母猪开始到肥猪出栏，就到 2021 年，那个时候可能又出现供给过剩，结果就是往存量里面进行补充。一旦供给与需求错位了一次，那后面的节拍就会一直错下去，永不停歇。

猪的养殖周期与工业周期的区别就在于，猪的存量是在生产环节，而汽车、船舶的存量都在使用环节，其实本质上还是一样的。

第四节　寿命越长，周期越强

前面提到寿命长的商品，其销量普遍具有周期性，而且寿命越长，体现出来的周期性越强，下面就来解释一下寿命与周期的正相关性从何而来。

这里要引入存量与增量两个概念。存量指的是某个商品在全社会的实物保有量，比如目前中国的汽车保有量大概在 2 亿辆左右，全社会的冰箱存量估计在 4 亿台左右，而增量就是我们关心的某个时期内的销量。连续一段时间内的增量加总起来就是存量，两个不同时点的存量之差，就能得出这个时期的销量。

一般来说，我们关心的周期性波动是销量，比如汽车销量、房屋销量、手机销量等，要理解这些销量的周期性波动，可以从其对应的存量入手。拿重卡来举例，按照重卡五年寿命来推算，假设现在重卡存量是 400 万辆，刚刚好够全社会的运输需求，这个时候重卡的稳态销量应该是 80 万辆的水平，也就是存量更新对应的量。如果这个时候货物运输需求随着经济增长而同步增长 6%，在未来一年时间里对应的重卡存量就要上升到 424 万辆，这就意味着未来一年里，重卡销量就应该在 80 万存量更新基础上，再额外增加 24 万新增量，总共是 104 万辆。重卡销量从过去一年的 80 万辆上升到未来一年的 104 万辆，增长 30%，经济增长带动货运需求增长 6%，重卡销量增长 30%，增速为什么会放大五倍呢？关键就在于重卡的寿命是五年。

不信的话，换个挖掘机的例子。一般来说挖掘机的寿命是 10 年左右，假设同样挖掘机的存量是 400 万台，也是刚刚好够用，10 年寿命对应的每年存量更新销量就是 40 万台，假设基建需求增长 6%，这样挖掘机存量也要上升到 424 万台，这意味着挖掘机销量从 40 万台上升到 64 万台，增长 60%。基建需求增长 6%，带动挖掘机销量要增长 60%，足足放大了 10 倍，这个 10 倍正是来源于挖掘机的 10 年寿命。

到这里，就可以基本确定地说，寿命越长的东西周期越强、波动越大。

如果把这个案例放大到具有 30 年寿命的船，那 6% 的航运需求，有可能在某一年带来 180% 的造船订单增长，这样的爆发对于船厂来说，短期当然是好，但长期就不一定是好事了。为了方便计算，换个整数，假设全社会的船舶运力是 60 亿吨，30 年寿命对应的每年均衡造船量是 2 亿吨，同样某年航运需求增长 6%，需要的运力就是 63.6 亿吨，对应的造船订单在 2 亿吨的基础上增加 3.6 亿吨，增长到 5.6 亿吨，增速是 180%，正好是 6% 的 30 倍。现实情况中，航运企业往往会头脑发热，多订一些船，订单就可能飙到 8 亿、10 亿级别，如果碰上航运需求下滑，增速从 6% 下降到 1%，那多出来的 10 亿吨运力，要么靠时间消化，那船厂的订单增速肯定为负了，要么船厂转型为拆船厂，拆船的意思就是绝对销量为负。

船的寿命之长，很可能的一个结果是，船东一直熬着，也不再买新船，结果把船厂熬死了，熬到下一轮经济起飞把航运需求拉升到 70 亿吨的级别，把上一轮的过剩运力终于消化掉了，这个时候船东又要开始买船，结果发现船厂没了。如果航运市场的需求仍在增长，但船的增量释放不出来，存量船始终处于产能紧张状态，那对不起，运价就只好一直涨了，BDI 指数从 1000 点涨到 2008 年的 10000 多点，就是这个背景下发生的真实案例，那时的全球贸易增长率不到 20%，但运价能涨 10 倍。

船厂的案例中，船厂很像猪的养殖周期中的母猪，当猪价下跌到一定程度，养殖户就会把母猪给淘汰了，等到下一轮猪价上涨养殖户纷纷抢购小猪仔时，会发现缺的不只是小猪仔，连母猪都缺，这个时候猪价只能继续飞涨了。

把前面提到的案例都统一放到存量框架中来，就比较容易理解了。现实中，国内的几个重卡厂都是大集团，比如一汽解放、东风、中国重汽、陕重汽（潍柴旗下）、福田、上汽红岩等，这几大厂家占了重卡市场的大半，绝不会轻言退出市场，因此每一轮货运需求的景气度上升，车厂很快就能开足马力增加供给。也就是说，公路货运的景气度波动，不会传导到车厂（母猪）环节，因此无论是公路运价还是重卡销量，波动都不会太大。挖掘机的厂家也都还是偏大的集团，而且国内挖掘机市场周期经历不多，供给也没有传导到厂家的历史，但供给问题倒是出现在了核心零部件（比如泵阀）上，因此波动也表现得比较强。

这样就可以理解，从"母猪"环节的供给瓶颈来看，如果"母猪"格局如重卡那般铁板一块，那供给就会相对稳定，如果格局真如母猪养殖那样小散乱，一不小心就关门退出，导致供给瓶颈出现在了"母猪"环节，那下一轮周期就要火爆了。船厂就是这样子，当年造船业火爆，出现了大量的民营船厂，著名的有熔盛重工，就这样轻轻地来，又轻轻地走了。相信下一轮航运景气度上升时，船东们依然会发现，不是无船可买，是无处可买，因为没船厂了。

现实中就有这么一家塔吊龙头企业中联重科，员工数量从最多3万多人，减少到最少时1万人出头，可以想象比其规模更小的那些厂家，应该基本都关闭了吧。等到塔吊的存量不够用的时候，大家发现找不到塔吊厂家来补充存量，那对应的塔吊租金价格就有的涨了。从建设机械旗下的庞源租赁公布的每周塔吊租金价格，就能看出趋势（见图4-5）。

国泰君安的交通运输分析师在2016年提出了航空超级周期，从供给端来说，飞机的寿命确实长，但由于波音、空客一直存在，这就决定了供给端的瓶颈不至于出现在"母猪"环节，供给紧缺不至于买不到飞机，只是有一阵子买少了。航空票价属于原生需求，不是刚性需求，导致其需求端刚性不足，票价涨着涨着需求会萎缩，这就使得所谓的超级周期并不会很强。

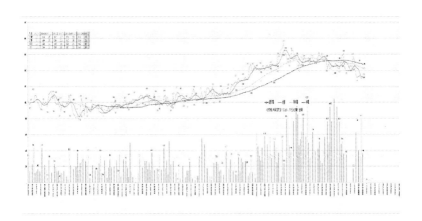

数据来源：庞源租赁公司网站。

图 4-5　庞源租赁的塔吊租金价格

　　与猪的养殖周期又像又不像的是禽类的养殖周期，禽类的养殖周期的特殊之处是存在父母代、祖代、曾祖代等不同级别的供给，比母猪多了一两个级别。如果供给端缺口出现在父母代，那只需要祖代开足马力加大供给，那周期很快就会缩短，表现为小周期。如果供给端缺口出现在祖代，那供给就没那么快能补上了，价格上涨就会更加持续，表现为大周期。所以禽类的养殖周期会表现出两年一轮的小周期，也有四年一轮的大周期，大小周期交替出现。比如2016年的禽类的养殖周期就偏小，瓶颈只出现在父母代，如果投资者错把周期当成祖代瓶颈的大周期，那就麻烦了。

　　如果用存量、增量的框架来理解，其实跟前面那些长寿命的设备周期变化是一样的逻辑。

第五节　所有寿命长的商品都有周期吗？

前面始终在解释寿命与周期的关系，但仔细推敲的话就会发现，有很多寿命长的商品，看不出周期来。比如图书、雨伞、乒乓球拍、皮带、名牌包等，很多家用物品，其销量体现不出明显的周期性，那之前一直说的寿命与周期的理论还成立吗？

这里还是继续沿用存量与增量的框架来解释，上一节中拿来用做案例的重卡、挖掘机、船舶都属于生产资料，用户买过去是用来赚钱的，至少是自己用的，不用的话肯定不会去买的。

而图书、雨伞、球拍、皮带等商品，单价都不高，大家买的时候可能不会顾及家里是否已经有足够多的存量了，比如有的人买书会买两本，家里放一本办公室放一本。再比如出地铁发现下雨了，那就买一把伞吧，也不会去管家里还有几把，一个家庭是这样，放大到全社会也是如此，全社会的雨伞存量，多一点少一点，并不会成为大家的关注点，就算多了，也不会有人故意忍着淋雨不买，少了也不会有人在没下雨时就着急去买。全社会的雨伞存量，看起来是个被动的、随机的结果。在存量与增量的关系中，增量是因，存量是果，而在前面的生产资料案例中，存量是因，增量是果，这里有着明显的对立逻辑。由于前面文章分析过，在存量天然波动的情况下，寿命长的商品，其增量被迫周期性波动，这就是存量决定增量的周期来源。对于增量决定存量的这些低价商品，销量（即增量）变成因了，即使寿命长，那也不存在由于存量波动带来的周期性波动了。

在20世纪80年代物质仍旧匮乏的时期，孩子们的新衣服都得等到过年才买,平时很可能就两件衣服过冬,来回换着穿。这个时候,全社会的冬衣存量,基本上取决于人口数量,假设就是人口的两倍吧,那冬衣的销量就会随着存量的变化而变化,大致等于这个存量的一阶导数,这种情况下存量是因,增量是果,冬衣销量自然就存在周期性波动。如今物质极大丰富,衣服不再受限于只能两件来回穿了,不再像小时候那样当作大件采购似的,其结果就是存量决定增量的因果关系慢慢弱化,逐步过渡到增量决定存量的关系,比如低价值的袜子,就肯定是增量决定存量了,而正装西服可能还处于存量决定增量的阶段。

企业在处理研发支出的时候,有两个选择,一是资本化,二是费用化,前者是变成长期资产留待以后摊销,后者是变成当期的管理费用,全部抵扣利润。

借用这个思路,可以把重卡、挖掘机、船舶等寿命长、存量决定增量的商品,在会计上视为客户的固定资产,因为可以使用很多年并且用户期待使用很多年。而把图书、雨伞、球拍、皮带等寿命也长,但属于增量决定存量的商品,在会计上视为管理费用,因为用户并不指望能用很多年,明年需要明年再买新的也行。

一家企业的收入,就是客户的支出,我们要预测这家企业的收入会如何变化,一个思路就是去预测客户的支出会如何变化。而客户的支出,会计上有两大类,一是成本,二是费用,成本额又包括了固定成本与可变成本,费用包括了管理费用、销售费用、财务费用。

这里可以暂时概括一下,一家企业生产的产品寿命超过一年,如果在客户那里被会计记为固定资产,那可以说这个产品的销量天然是周期性波动的，如果被会计记为管理费用，那这个产品的销量大概率是不存在宏观周期层面的波动了。这样，就可以抛开产品寿命来识别周期性了，不管是酱油、醋这种寿命不到一年的，还是球拍、雨伞、图书这种寿命超过一年的，只要在客户那里被视为管理费用，那就是非周期性的。

那么问题来了，企业的可变成本支出对应的产品呢？是不是周期性的？

第六节　价格波动型周期的根源

前面花了大量篇幅来解释了寿命与周期的关系，现在终于要开始讲讲更正宗的周期行业，即钢铁、煤炭、有色金属、水泥、化工等没法谈寿命的周期行业。如果非要统一到寿命这个维度的话，按年的时间口径来看，这些产品可以说是寿命接近于 0 年的。怎么理解呢？

一般用户购买这些原材料的时候，基本上按天提前采购，绝不会按年提前采购，比如电厂的动力煤库存都是用天数来衡量的。这又跟之前说的那些酱油、醋有所区别，用户买酱油、醋回去普遍能用几个月，算不上 0 年，但也明显低于 1 年。

先来一个初中数学题作为案例吧。假设奇瑞汽车的去年销量是 40 万辆，整个公司一年的固定成本是 25 亿元，每辆车的可变成本是 5 万元，售价是 6 万元，不考虑其他费用和税收了（毕竟初中数学题嘛），那奇瑞每年的利润 = 销量 ×（价格 – 可变成本）– 固定成本 = 40 ×（6 – 5）– 25 = 15（亿元）。假设今年奇瑞汽车的销量下滑了 20%，即下降到 32 万辆，那今年的利润 = 32

×(6−5)−25=7（亿元），比去年的15亿元下降了超过53%。

利润的下滑幅度远大于销量下滑幅度，这就是企业经营中由于固定成本存在而带来的经营杠杆。那这个时候奇瑞肯定不愿意自己全部扛下这样的周期波动风险，否则还要市场经济干嘛。奇瑞就会找到上游的供应商商量，能不能共克时艰，成本也降一降，等以后销量好转时再给大家涨回来，这样才叫有福同享有难同当。这个时候问题来了，钢铁厂好说，谁让天天打交道呢，你宝钢不降价那明天就去买武钢的，可机床厂怎么找呢？去年买了八台铣床花了800万元，总不能跟机床厂说今年效益不好，去年那800万元给退200万元回来吧，虽然大家经常看到房价跌了去闹着退钱的，可在正经商业行为中这是行不通的。没办法，奇瑞本来今年打算买九台机床，那就只能先少买点，这时体现在机床厂的经营上就是订单和销量的下降，而不是价格的下降。

钢铁厂为什么要认这个怂呢？吃亏就吃在钢铁寿命太短上，送一次货也就够车厂用个三五天，这次不答应降价，那很可能几天后就没生意了。严格点说，这是产业链为了实现共荣共损，就必须通过价格浮动机制来完成的。所以，注定了这种寿命几乎为0年的原材料，价格天然必须结构波动，机床寿命太长，就只好接受销量波动了。都是周期波动，哪些表现为销量的波动？哪些表现为价格的波动？其实在被发明出来的那一刻就注定了，是与生俱来的天然属性。如果被客户视为可变成本，比如各种原材料，那就接受价格波动；如果被客户视为固定成本，比如各种机器设备，那就接受销量波动。

研究这类价格型周期行业，大家习惯于直接从供需入手分析，其实供需解决的是价格波动的方向、幅度、时点这三个问

题。这里说的寿命，解决的是为什么要波动、怎么波动的问题。

先区分好了哪些要波动、哪些不波动，哪些波动的是销量、哪些波动的是价格，然后才是方向、幅度、时点的问题。只是这些本源的问题，已经固化成一种常识，大家去记住就行了，至于凭什么要波动，深究的人倒少了。因为经常有人困惑，对一家新公司进行研究，第一步该做什么？第一步应该是看这个企业的收入，是客户的什么支出，而从寿命角度是最容易划分到具体哪种支出的。

传统的观点中，看企业或行业是不是周期性的，主要是看下游是不是周期行业，这种方法有时对有时不对。**更准确的方法就是看给下游客户提供的产品是属于客户的成本还是费用：如果是成本，那就是周期性的；如果是费用，那就是非周期性的。**如果是固定成本，那周期性就表现为销量波动；如果是可变成本，那周期性就表现为价格波动（见图4-6）。

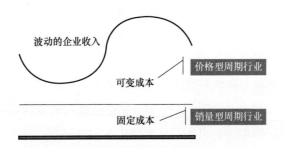

图4-6 销量周期与价格周期的统一

沿用客户支出模式进行分类，还可以解释大宗农产品价格波动的根源。前面讲的钢铁、煤炭、有色金属、水泥、化工等原材料，都是"To B"端的可变成本，而大豆、玉米、小麦都是属于

"To C"端的可变成本，可以视为维持人类生命运转所需的原材料，因此在周期层面表现出的是价格的周期性波动。

大部分人购买蔬菜、水果、肉制品的存放时间，跟电厂购买煤炭的存放时间差不多，在年这个维度来看寿命的话，就是0年，所以这些农产品也必须接受价格上的波动。

第七节　固定资产出租行业

符合价格型周期波动的产品，还必须有个共同点，那就是不同厂家之间的产品无差异，这样的话，客户随意切换供应商的威慑才是有效的。现实情况中，这些原材料也多是如此，比如我们去加油站的时候，其实是不太分中石油还是中石化的，只要是95号汽油就行；水泥也一样，只要是325号水泥，基本谁家都可以，反正价格随行就市的。螺纹钢、橡胶之类的都是如此，以至于这些可以标准化成期货产品，就是因为不同厂家的产品可以做到标准化、通用、无差异。

如果不符合无差异的特点，不同产品之间做不到通用及标准化，那结果就是价格机制失灵，产业链不会实现共荣共损，这个时候一般是厂家享受高利润，如果未来某个时候又有更多新厂家进入的话，价格才有可能出现波动。

前面讲的周期行业，无论是生活资料、生产资料还是原材料，其实都属于工业周期的范畴。但在现实中，除了这些工业周期之外，还有航空公司、航运公司等周期行业，也有银行这样的周期行业。

这就涉及另一种商业模式：固定资产出租行业。比如远洋运输、航空公司、机场、酒店、高速公路、码头等。

很多重固定资产行业的业务，其实属于固定资产出租的性质。固定资产出租性质业务的特征包括：

1. 固定资产是公司的资产投入重点，也是产出的来源。
2. 固定资产折旧是业务成本的重要构成部分。
3. 固定资产不是用于制造产品，而是供客户直接使用。
4. 营业收入的多少，取决于固定资产的出租率和单位租金。
5. 如果没有固定资产的增长，那么也没有收入和盈利的增长。

不同航运公司提供的远洋运输服务是无差异的，所以价格就得波动了。航空公司也是，坐南航的还是东航的，大多数时候是差不多的，因为飞机、机场、餐饮都一样，飞行员、空管反正看不见，唯一的差别就是空姐，但服务还是无差异的。这种产品的区别，比理发师傅提供的服务差异还是小多了。所以航空票价必须波动。

高速公路、机场、码头就不一样了，典型的有差异，甚至不可替代，从宁波港切换到洋山港都没这么容易，所以它们的价格可以不用波动。航空公司在面对上游的波音、空客、机场、燃油公司时，完全没有任何议价能力，无法实现产业链的共荣共损，而面对客户时的票价又必须波动，这样的夹缝模式，使得航空公司的盈利成了世界级难题。

摩拜单车、分众传媒其实算是固定资产出租模式，只是产品有一定的差异性，所以价格不会像同质化服务一样剧烈波动。但一旦面临外来的竞争，那价格还是容易被压制。比如互联网广告对电梯广告的替代，如果效果明显，那电梯广告的价格也同样存在明显的波动压力（见表4-1）。

表4-1　固定资产出租模式的行业

行　业	对应固定资产	对应指标	租金含义
航空业	飞机	客座率	票价
飞机租赁业	飞机	出租率	租金
航运业	轮船	轮船使用率	运价
船舶租赁	轮船	出租率	租金
高速公路	公路	车流量	路费
高铁	铁路列车	客座率	票价
机场	机场设施	吞吐量	各种收费
港口	港口码头	堆场利用率	装卸费等
酒店	酒店	入住率	房价
单车租赁	自行车	使用率	单次租金
广告位租赁	电梯位置	播放率	广告费

数据来源：招商证券。

这种固定资产出租行业，如果不是垄断的话，其实长期的盈利能力都相对一般，主要的原因是进入门槛不高，而退出门槛太高。航空公司一旦买了飞机，那这架飞机就一定要投放到总供给中来，即使航空公司破产，飞机依然会换个主人继续飞。

进入门槛低，体现在进入时不存在自然资源、专利技术和品牌的门槛。只有一个门槛，那就是资本。因此，航空业在需求旺盛时，很容易引来新进入者，新进入者只需要购买飞机或者租赁飞机即可，再招点人，就可以向乘客提供服务。

而对于一些多链条模式的行业，由于其业务具备特殊的自然资源，或者专利技术，或者是长期经营而建立起来的品牌，于是外来资本进入该行业根本无法提供同质的产品，从而不能分享到这些公司的高回报率。比如，即使再多的外来资本进入中国的白酒行业，也难以撼动茅台和五粮液的品牌和行业地位，因为新进入的资本无法提供同质的产品。

这种固定资产出租模式的行业，因为需要大量的资本投入，因此常常被投资者误认为进入门槛高，其实当今世界最不缺的就是资金了。但投资者误认为只要拥有固定资产，总会有回报率。这些错误观念往往导致外来资本过度进入固定资产出租行业，从而导致这些行业供给过剩，投资回报率下降。

第八节　刚性的引致需求

企业面临的需求，在经济学上有两种，一是原生需求，另一种是引致需求（英文是 Derived Demand），有时也会被译为衍生需求或派生需求。**引致需求是因为另外一种原生需求的存在而引出的需求，是一种间接需求**。比如消费者对水果的需求是原生需求，而果农对化肥、农药的需求就是引致需求。

一般来说，引致需求多是对生产资料的需求，而原生需求多是对生活资料的需求。比如化肥、农药是生产资料，而水果是生活资料。

引致需求与原生需求相比，是更为刚性的需求。因为引致需求是为了满足客户的需求，增加还是减少的决策权是在客户手上，如果客户没更改原生需求，那引致需求就不会变。而原生需求是为了满足自己的需求，买不买的决策权始终在自己手上，自己是可以随时变的。两者的区别简单说就是，产品的购买者与最终消耗者是否分离，原生需求的消耗者与购买者是同一个主体，而引致需求的购买者是为消耗者准备的。

比如我们去菜市场买土鸡的时候，一看价格从上周的50元涨到了60元，可能觉得还不如买鱼呢，这种原生需求就一点都不刚性，决策者随时可能会变卦。每天买鸡腿汉堡的消费者是稳定的，鸡腿汉堡的价格也是不变的，使得鸡腿汉堡每天的销量是稳定的，这个时候，站在麦当劳供应商的角度看，来自麦当劳对鸡腿的需求是刚性的，价格涨了也得买够一定的量以保证门市供应，这种需求就是刚性的，采购部门的人不敢随意变卦。

需求的刚性与否，决定了产品价格的供不应求时的涨幅。对于需求刚性的那些生产资料，只要下游客户能够承受，就能一直涨上去，典型的就是稀土、贵金属，涨到现在比黄金都贵多了。但对于那些偏生活资料的原生需求，即使存在供需缺口，价格恐怕也不会涨幅巨大，因为消费者会随时减少这种需求。比如机票、酒店的价格，虽然航班紧张时机票价格会涨，但涨到一定水平后，消费者就会选择高铁，甚至取消出行计划，因为决策权在自己手上。

总结一下就是，原生需求会随着价格的上涨而自然下降，引致需求则不会随价格的变化而变化。

对于投资来说，偏生活资料的涨价，比如水果、蔬菜、猪肉、酒店、机票等，因为消耗者与购买者是一体的，使得这种需求会随着价格的上涨而下降，因此，价格的上涨自然就不如刚性的引致需求带来的上涨来得坚决。

正是基于此，养殖猪和禽的周期在形成机理上有相通的地方，都是因为形成供给的时间超过一年，引起了价格必须波动。但两者在需求端又存在着一定的区别，猪的需求偏向于原生需求,而禽的需求更接近于引致需求。因为 A 股上市的禽都是白羽鸡,并不直接流入菜市场面向个人消费者,而是以卖给麦当劳、双汇等企业为主。

第九节 周期的早与晚:开工率

前面花了大量篇幅,提出了根据寿命来区分销量周期与价格周期的逻辑,解答了为什么要波动、怎么波动的问题,却依然还没落实到实际的投资指导中。现在开始来讲讲,不同类型的周期,映射在景气度波动方面的特点,以及股价波动的特点,主要解答方向、幅度、时点三个问题。

对于钢铁、煤炭、水泥等价格型周期行业,它们的景气指标是产品价格,只有产品价格大涨才算是景气度上升。**而产品价格上涨需要的是行业开工率接近极限,离 100% 越近,供给越紧张,价格上涨越轻松。**价格与开工率的关系,并不是简单的线性关系,而更像一个分段函数。

在产品供需平衡时的行业开工率,可视为阈值,在开工率的阈值之下,价格与开工率是弱相关关系,甚至是没关系。比如,近十年来的 BDI 指数与船运业的开工率,两者好像都在独立波动,相关关系很弱。而在阈值之上,开工率高企,这个时候的开工率哪怕上升一个百分点,供需的矛盾都会被激化,这时候容易出现价格的主升浪,一天上一个台阶的情形,比如非洲猪瘟之后的猪肉价格。2007 年的全球贸易增长不到 20%,但 BDI 指数能在那两年里从 1000 点涨到 10000 点,就是突破阈值之后,函数关系变成指数关系了(见图 4-7)。

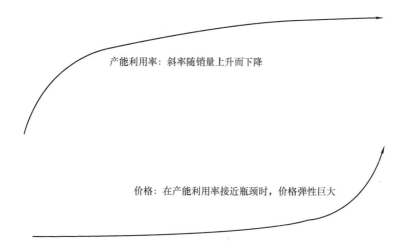

图4-7　产能利用率与价格的非线性关系

对股票投资来说，价格型周期股的投资甜点区，就是开工率高于阈值的那一段，所谓的基本面、催化剂都不缺，如果相关股票估值不离谱，这个阶段的股价往往都还不错。毕竟一只股票活在市上，总要有涨的时候，如果这个时候不表现一下，那真不知道什么时候该表现了。

开工率的波动，多数情形是反映需求的波动，也就是想要价格周期的开工率超过阈值，其实就是等需求超过某个临界值。这里先看一个最简化的模型，假设有一个客车涂料行业，当客车销量在相对较低的位置时，涂料行业的开工率可能是60%，等到客车销量增长50%后，涂料行业的开工率也就到了90%，假设这个90%开工率就是阈值，那在这之后涂料就不得不涨价了，这种确定性的涨价，带来的就是投资上的超额收益阶段，或者说主升浪阶段（见图4-8）。

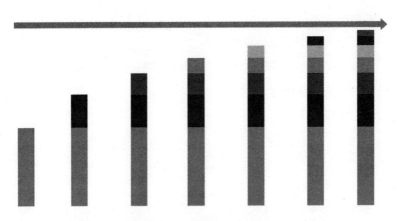

图 4-8　销量型周期行业陆续推升上游的开工率

如果单就客车与涂料两个行业的股票进行分析，那在阈值之前，客车的销量高增长而成本维持不变，这时候是客车最好的投资阶段。过了阈值之后，客车销量的增速因为基数原因而下台阶，同时涂料价格开始上升导致成本上涨，这个阶段客车股就过了最好阶段了。对应的涂料行业因为产品价格大幅上涨，其股票表现肯定就比客车股要强了。

总结一下，对于销量型周期股与价格型周期股，由于开工率阈值的存在，其行情的先后顺序肯定是销量型周期股在前，价格型周期股在后。

2009 年牛市的背景是 4 万亿，但 2009 年全年涨幅居前的是地产、汽车这样的销量型周期行业，收益明显跑赢钢铁、水泥、化工等原材料行业。尤其是最受益的水泥股，直到 2010 年年底才开始进入主升浪，体现出了明显的滞后性。煤炭、有色金属等行业的驱动因素中还有不少供给端的因素，所以这里用化工股指数作为原材料行业的代表，与汽车股进行相对收益比较，明显可以看出销量型领先价格型的规律，换成其他销量型行业或价格型行业，进行多重验证，仍然有效。

这种销量型周期领先价格型周期的规律，在过去20年时间里每一轮周期都在重复着。

第十节　下游越分散，时间越晚

根据公式来看，开工率＝产量/产能。

产能是一个相对稳定的数字，开工率的变化主要是跟随下游需求的波动而波动。价格型周期行业的开工率如果需要上升，需要销量型周期行业的销量上升的带动。前面举的客车与涂料案例，是最简化的模型，在实际经营中，绝大多数的原材料产品，下游需求都不是一个行业，而是多个行业。在研究原材料行业的需求时，一般都有一张下游需求分布的饼图，而在研究地产、汽车、家电等销量型周期行业的时候，是没有这种需求分布饼图的。

比如钢铁行业的需求，基建和地产占了40%，加上机械、汽车就达到67%。如果需要钢铁价格上涨，那就需要等待基建、地产、机械、汽车的销量都起来，钢铁的开工率才有可能超过阈值，这里假设阈值是80%。但基建、地产、机械、汽车不会同时起来，一定是有先后，必须是地产、汽车这种生活资料先回升，然后机械这种生产资料才能起来，这里有逻辑上的先后顺序。下游需求的先后回升，继而推升钢铁开工率的过程，像是叠罗汉，从大类来看，第一个起来的是生活资料（即地产、汽车），第二个起来的是生产资料（即机械设备），然后才是化工、水泥等原材料,最后才是钢铁(见图4-9)。

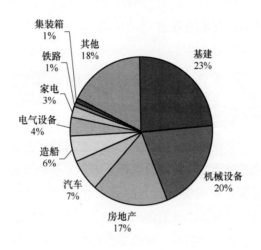

图4-9 下游需求越分散,时间越晚

在这种叠罗汉的游戏中,作为上游原材料行业,需要依赖的罗汉越多,那摸到天花板的时间就越晚。上游原材料行业本身种类繁多,包括了钢铁、煤炭、水泥、有色金属、石化、精细化工、玻璃等,尤其是化工内部还可以再细分出好多来。在这些原材料内部,如果要区分达到开工率阈值的先后顺序,那么有一个简单的规则,就是需求分布饼图越分散,触发开工率阈值的时间越晚,因为它依赖的前提条件更多、更严格。

关于钢铁,就经常有一种牛市终结者的说法,这个说法就可以用开工率与需求分布饼图来解释。比如在2009年4万亿刺激的背景下,最底部时钢铁的开工率是50%,随着地产起来,把开工率拉到了 70%，汽车再一起来，把开工率拉到了 80%。既然汽车、地产都起来了，机械也就会跟着起来了，把开工率拉到了 85%。一个个行业陆续起来，把钢铁的开工率一步步拉高。但是，钢铁开工率在达到 95% 的阈值之前，不会涨价，一直要等到所有需要钢铁的下游行业都起来了，这时钢铁行业才满产，价格暴涨，股价暴涨。**所以，钢铁价格和钢铁股暴涨的时候，说明所有工业子行业都在高位了，接下来就该随着经济周期一个个下去。** 就像叠罗汉送人翻围墙的时候，一开始大家都是蹲下的，然后一个个站起来，直到够得着围墙为止。当把人送上围墙后，大家就该一个个蹲下。

所以，钢铁行业正是因为它的下游需求分布饼图是最分散的，注定是工业周期的最后一棒，也就是终结者。因为钢铁是工业的骨骼，各行各业都需要钢铁，如果钢铁都早早地涨价了，出现产能瓶颈，说明这个国家的产业结构是不合理的。国民经济的产业结构中，钢铁产能过剩应该是常态。

那反过来，需求分布饼图越集中的行业，理论上开工率达到阈值的时间就越早，因为先决条件比较简单。对应的例子是氨纶，氨纶的下游主要是服装，当服装行业一起来，氨纶行业的开工率和价格立刻就有反应。只是这些年纺织业日渐凋零，氨纶表现的机会也越来越少了。

第十一节　生产资料与生活资料

前面介绍的是，销量型周期行业与价格型周期行业在景气度上的先后顺序，决定因素是开工率。其中销量型周期行业包括地产、乘用车、家电、手机、重卡、挖掘机、通信设备、船舶、机床、盾构机、塔吊等众多细分行业。从下游需求来看，大体上分为两类，一类是"To C"端的生活资料，另一类是"To B"端的生产资料。

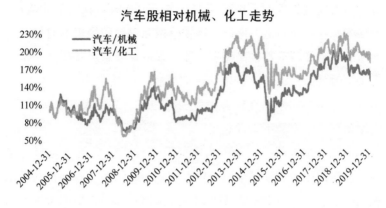

数据来源：Wind。

图4-10 生活资料景气度领先于生产资料

从2005年以来的数据看，作为生活资料代表的汽车，显著跑赢代表生产资料的机械以及代表原材料的化工，其中主要有三个时间段。第一阶段是2009年，第二阶段是2012年下半年到2013年上半年，第三阶段是2016—2017年。从上市公司单季度收入的中位数增速来看，这三个阶段是汽车股体现相对收益的阶段，对应的正是经济周期上行的上升阶段，一旦过了经济周期的最高点，汽车股肯定就跑输生产资料与原材料。这是汽车作为早周期的有力证明，如果把汽车换成地产、家电等依然有同样的规律。总之，生活资料是叠罗汉游戏中第一个站起来的，也是第一个蹲下去的（见图4-11）。

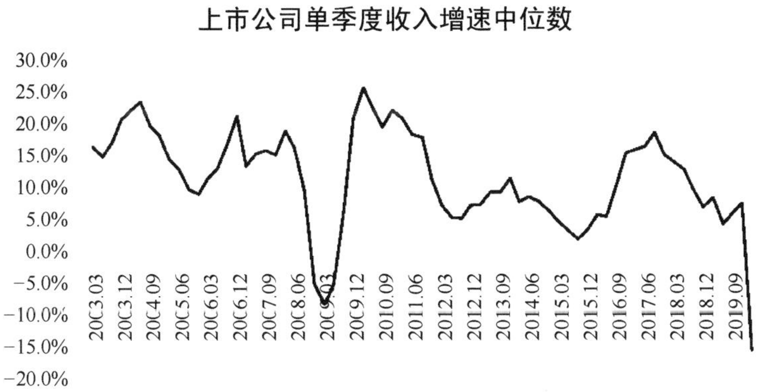

上市公司单季度收入增速中位数

数据来源：Wind。

图4-11 以上市公司单季度收入增速的中位数为代表的经济周期

在生活资料与生产资料之间存在的这种先后顺序，其中的关键因素还是开工率，是生产资料的开工率。

像机械设备这种生产资料，大家买的目的是用来赚钱。比如买重卡是为了跑运输赚钱，买挖掘机是为了在工地干活赚钱。机器必须开动运转才能赚钱，而只要开动运转，就涉及开工率了，因为盈利的多少与开工率高度正相关。这里的开工率指的不是重卡生产厂家（如福田汽车）的开工率，而是重卡保有量的开工率。

图4-12是一张重卡保有量的图，数据更新到了2014年，大概有300万辆。因为重卡运货的回程时经常是空车的，这里存在一个合意空驶率，假设是20%，扣除这个合意空驶率之后的开工率为80%，就是一个平衡点。如果经济上升，运输量增加，使得重卡保有量的开工率超过了80%，就会导致运价上涨，带来重卡司机盈利上升，就会导致大家去购买新的重卡，使得保有

量增加。

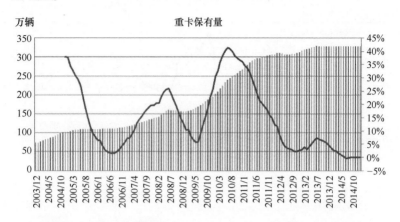

数据来源：中国汽车工业协会。

图 4-12　重卡存量与增量的弹性

但是，开工率在 80% 以下的时候，就算是货运需求上升，全社会还有很多闲置的重卡可供盘活，这个时候运价大概率不会上升，大家就不需要去购置更多的重卡，只要盘活存量就够应付增加的货运需求。所以，当经济上升的早期，虽然货运需求也会上升，但触发不了保有量的增加。这个时候的重卡销量，就是正常的存量淘汰更新量。

假设总共有 300 万辆的重卡保有量，80% 的开工率就意味着 240 万辆是正常运行的水平，剩下的 60 万辆就是正常闲置的部分。当经济的回升超过预期，开工率到了 80% 的阈值的时候，300 万辆重卡不够了。假设货运需求增加 5%，那重卡保有量就得增加 15 万辆，达到 315 万辆才够。重卡的寿命是四年，那重卡一年的存量更新量就是 75 万辆，当经济超过了 80% 阈值之后，又要新增 15 万辆，那这个时候销量就从 75 万涨到 90 万辆，增长 20%，来自货运需求增速 5% 乘上重卡寿命的四年，这个时候销量弹性就出来了。

可以看出，重卡的销量分为两个阶段，当重卡保有量的开工率低于 80% 阈值的时候，重卡销量仅有存量更新量，此时销量保持平稳，没有增长。等开工率超过 80% 阈值后，销量包括了存量更新量和保有量增加的部分，体现出销量的高弹性，寿命越长弹性越大。这种销量增速分两阶段的特点，正是开工率导致的，这跟原材料行业的特点基本一样，只是一个表现为销量的高增长，一个表现为价格的大幅上涨。

也正是因为开工率的存在，使得价格型周期行业的景气度滞后于销量型周期行业，也使得生产资料的景气度，滞后于生活资料。

这样对于工业周期行业来说，就非常清晰了，总共可以分为生活资料、生产资料、原材料三大类。从景气度先后顺序来看，生活资料最早，然后是生产资料，最晚是原材料，周而复始，不断循环。

可以用一个茶馆的例子，来解释这种顺序：一个三层楼的茶馆，一开始是一楼的上座率上升，一楼客满到一定程度，二楼的上座率才开始上升，然后才是三楼的上座率上升，最后全部客满，走的时候也是一楼的先走，顺序不变。

第十二节 有机一体的行业分类

前面谈论的周期，分析了生活资料、生产资料、原材料三大类，这三者构成了工业周期的全部内容。加上固定资产出租模式的生产性服务业,以及农产品周期,又囊括了农业与服务业部分,就差商业流通业和消费型服务业,这里可以先做一个小的总结了。

按照最粗略的行业划分,可以将现代经济分为农业、工业、商业、服务业这几大类,也有称为第一产业、第二产业、第三产业的。结合马克思的劳动价值论,可以从实物财富的角度来看现代企业的商业模式,

农业则是作为工业原料的提供方而存在,在工业时代以前,农业是最主要的财富创造者,主要是从大自然掠取而来,属于自然财富。在 A 股只有北大荒等种植业公司算是纯粹的农业。

工业是现代经济体系中创造实物财富的绝对主力,在自然财富的基础上创造财富,比如电脑、手机、汽车,都凝聚了人类的智慧与劳动。前面一直分析的生活资料、生产资料、原材料,几乎构成了工业体系的全部。

商业流通业,则是帮助工业体系实现财富的,将工业创造的财富,通过市场交易发现价格,将创造的财富进行确认入账,算是工业的衍生。如果说工业是创造财富的,那商业就是实现财富的。

服务业则分为两类,一是生产型服务业,二是消费型服务业。生产型服务业主要包括信息流、资金流、物流三大类细分领域。在实践中,信息流包括了通信、互联网、广告、传媒等行业。资金流则主要指金融业了,包括银行、保险、证券、信托、租赁等行业。物流则包括了航空、航运、快递、铁路等交通运输行业。

生产型服务业作为整体,在经济中的作用主要是为工业创造

财富提升了效率，算间接参与了财富创造的过程，因此也有权利参与财富的瓜分。比如交通运输业提高了工业的周转速度与覆盖范围，金融业为工业提供融资、保险等服务，效率提升也很明显。信息流的变化就更大了，每一次通信技术的进步，从电报到电话，从电话到手机，再到互联网，都将世界变得更小，同时将企业面临的市场大大拓展。前面谈到瓦特发明蒸汽机后的经济周期越来越短，就是因为信息流、资金流、物流的效率极大提升，使得产能建设效率提高了，简单说就是节奏快了（见图4-13）。

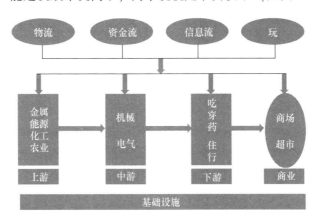

图4-13　各行各业构成了有机一体的经济

这里值得一提的是消费型服务业，不像生产型服务业那样会参与、协助工业创造财富的过程，因此也没有权利参与财富的瓜分。尤其是从实物财富角度看，消费型服务业属于转移财富，即拥有财富的人，通过享受消费型服务，将自己的财富转移给提供服务的人。像旅游、理发、戏剧、体育等很多产业，其实就是简单的转移财富，这个过程中并没有创造实物财富，也没有直接帮助工业创造财富、提升效率。比如男士理发，无非是剪短一些，顾客少了30元,理发师傅多了30元,社会总财富不变。

经常有人指责股市是虚拟经济,甚至金融是虚拟经济。从传统意义上的实物财富角度看,其实以旅游业为代表的消费型服务业,才更接近于虚拟经济,却经常被误解是实体经济。

以旅游业为例,去一趟海南,花费5000元,游客少了5000元,当地人多了5000元,GDP增加5000元,但这个社会并没有增加任何实物财富。这与游客花5000元买一辆摩托车不同,GDP增加5000元的同时,这个社会多了一辆摩托,下次遇到灾害时能派得上用场,而海南增加的5000元GDP,在灾害面前毫无用处。

这就是虚拟经济的虚拟之处,只有流量,没有存量。明明计入了GDP统计,却什么也没有留下。理发是这样,旅游是这样,唱歌、跳舞、打球都是这样。对于个人来说,无非是一份谋生的职业而已,只要有人愿意付钱,无可厚非。但在赚钱的同时,还得记着存钱,以备应急或者失业,否则就太危险了。同样,对于一个国家、一个地区,依赖这样的虚拟经济就万万不可取了,简单来说就是后果很严重,后果来自没有积累存量,在面临经济危机冲击,或者瘟疫等灾难冲击的时候,整个社会都会显得很脆弱。

所以我们看到,欧洲旅游业最发达的西班牙、葡萄牙、希腊、意大利等,在面临经济不景气时,都是最脆弱的,在欧债危机时被称为PIGS组合。

在电力领域经常称风电为"垃圾电",是因为风电稳定性差,不好用。如果说在GDP里可以分级的话,那以旅游业为代表的消费型服务业,就是"垃圾GDP"。

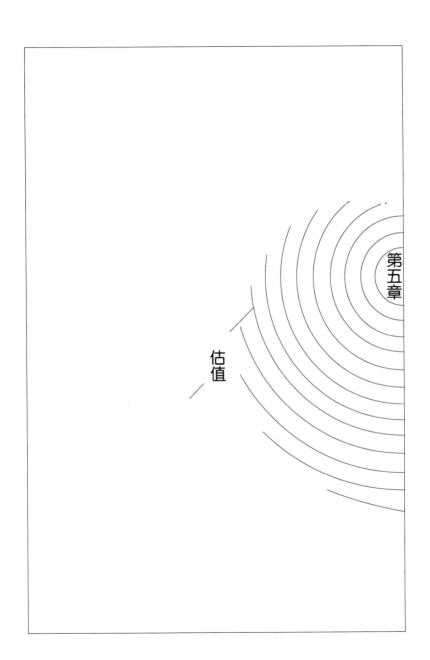

第五章 估值

如前面所说，影响股票 EPS 的是外在美，影响股票 PE 的是内在美。

那么，一只股票的估值水平，到底有哪些决定因素呢？因为股票的 PE 是通过股价与公司 EPS 相除计算出来的。影响公司股价的所有因素中，要么是影响公司 EPS 的，要么是影响估值 PE 的。所以，投资者这就可以采用反向剔除的办法，把影响公司 EPS 的剔除掉，剩下影响股价的因素，就是影响估值的了。**简单点说，就是影响投资者与资金动向的因素，全都是影响估值的。**

股票市场的主要矛盾一直在变，呈现出来的是热点一直在换，投资者如果追逐这些热点不断研究，等研究明白了，行情也差不多结束了，效果往往事倍功半。而围绕股票估值研究市场机理，最大的好处是节约精力，因为估值的规律会一直有效，隔一段时间会发挥一次作用，多明白一些估值的规律，就能做到事半功倍。

对于以基本面研究为主导的投资者，一般擅长的是自下而上精选个股，然后通过长期持股来获得收益。一般他们会称这种投资模式为价值投资，强调要注重公司基本面，注重长期，要排除市场先生的短期干扰。在大部分的投资者眼里，市场先生是个黑匣子，花时间研究黑匣子是件费力不讨好的事情，因此不值得深究，需要做的是利用市场先生犯错给出机会，进行逢低买入或逢高卖出。

市场先生其实就是全体投资者，而不同投资者之间又存在很多的区别，包括研究禀赋、资金规模、性格与心态，都存在着差别。目前，A 股投资者数量超过 1.5 亿，占全国成年人口的 15% 以上，所以投资者之间的差异基本上与现实中的差异是一致的。当我们置身中国的时候，看到的是天南地北人口的差异，当我们

第五章 估　值

置身中国之外的时候，看到的又是中国人作为整体与外国人的区别，其实只要角度对了，就能看到想看的东西。

这么庞大的一个投资者群体，其行为主导着几十万亿元的资产价格波动，构成了 A 股市场的运行机理，这些机理的运行主要通过估值的波动表现出来，包括股票的横向估值差异，以及纵向变化。比如，为什么军工股估值这么高，而银行股估值这么低？这是涉及估值横向差异的问题。为什么公司基本面没有大的变化，估值却可以从 50 倍跌到 15 倍，然后又涨回 50 倍？有可能是跟随大盘波动的，也有可能是跟随某个板块或主题波动的，抑或完全是个股波动而已，这些都是估值纵向变化的问题。

下面用比较多的篇幅来尽量剖析 A 股的估值。

第一节　资产价格的四种形成模式

马克思说过，从商品到货币是一次惊险的跳跃，这个跳跃是通过商品市场的交易来实现商品价值的。而企业的财务报表（即基本面），最终反映在股价上，这也是一次惊险的跳跃，也是通过股票市场的交易来实现的，关于股价的全部奥秘都在其中。因此，要想理解估值，就需要从股票的交易市场入手。

不管是股价还是房价，都是在大家不断交易的过程中形成的。交易过程的组织形式和价格形成机制不同，会影响到价格水平的高低，更进一步的话，如果改变了组织形式与机制的话，价格就会随之而变。最常见的资产价格形成模式，或者说交易模式有四种，分别是：拍卖、集合竞价、做市商制、协议转让（见图 5-1）。

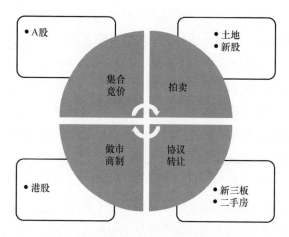

图 5-1 四种常见的资产价格形成模式

拍卖常见于收藏品市场、土地市场，有些新股定价也用的是拍卖。特点是卖家只有一个或固定几个，买家数量众多。这种交易模式能够最大限度地透支买家的购买能力，结果就是最终成交价格处于最高的溢价水平。跟这个类似的是比武招亲，不管条件如何，只要是应者众多，这个亲招到的大概率是条件最好的对象了。谷歌当年 IPO 的时候采用的就是拍卖方式询价。乙寄对图书进行的降价式拍卖，也属于这种形式。

集合竞价最典型的就是 A 股的交易模式了，全体投资者将同一个标的的买卖信息同时放在一起，以最高效的速度成交。特点是买家众多、卖家众多。这种交易模式也能够尽可能释放大家的供给与需求欲望，让价格处于一个较高的溢价水平，但比不过拍卖，因为这里的卖家数量不再单一了，比拍卖中的卖家数量要多很多，这种供给增加的结果自然是价格水平要低一些。与之类似的是《非诚勿扰》，男男女女几十号人，短时间内迅速匹配，互

第五章 估 值

相也都能挑到中意的对象。

做市商的典型市场是港股、纳斯达克市场，以及新三板的创新层股票。交易所会安排券商对相关股票提供买卖报价，以便投资者想交易时能快速找到交易对手，大家去银行买卖外汇时看到的买入卖出价，也是银行承担了做市商的角色。做市商模式中的买家、卖家数量也很多，但互相之间并不直接交易，都是各自先跟做市商交易，从而最终各自实现交易，这算间接交易。导致这种交易模式下的价格水平，比集合竞价的更低一个级别。这种模式很像婚恋市场中的媒人，大家先把各自信息报给媒人，媒人再从中撮合，这种间接模式说不定就会错失一些缘分，所以找到中意对象的机会比前面两种更少了。

协议转让目前最常见的就是新三板交易、二手房交易，或者大家在跳蚤市场自己发帖转让二手货时，其交易模式也是协议转让。大城市的二手房现在基本上依赖中介公司，带有部分做市商成分，但交易谈判还是买卖方直接协商的，小城市的二手房买卖租赁都还是完全的协议转让模式。未上市企业员工持有的股票，如果要转让也是这种模式。其特点是交易对手需要自己一个个联系，对于买家来说，不知道谁愿意转让，到处问；对于卖家来说，不知道谁有意向买，也得一个个问。校园恋爱就是这样子的，不知道谁单身谁不单身，得一个个找，效率太低，而且说不定刚遇到第一个就成了，后果就是错失了后面所有的机会，所以这种模式经常出现鲜花插在牛粪上的现象，而这在比武招亲模式中是绝对不会出现的。可能也是这种原因，很多家长并不鼓励女孩子在校园找对象，宁愿自己到处托人介绍。

因此，协议转让的资产，经常是处于折价状态成交的，因为有效买家是有限的，所以二手房卖家往往更愿意把房子交给中介，就是希望让更多买家来出价，这样能卖给那个出价最高的人，中介在这个过程中起到类似做市商的角色。

  总结一下，从买卖双方的对应关系来看，拍卖是多对一的关系，即多位买方对应一位卖方，集合竞价是直接多对多的关系，做市商是间接多对多，协议转让则是一对一的关系。同一种资产在这几种交易模式下的溢价水平有高低，依次是拍卖最高，集合竞价次之，做市商再次之，协议转让最低。

  如果一个资产实现了在不同交易模式下切换，会带来价格的大幅上涨或下跌。从协议转让升级到做市商的案例，出现在新三板，新三板的公司从协议转让升级到做市商后价格也会大幅上升，就是这个道理。

  从做市商升级到集合竞价的案例，可以参考独角兽，从海外回归A股后普遍比海外价格高很多，以及A+H的股票价格普遍比A股更高，其中一个原因就是港股是做市商而A股是集合竞价。更别提那些从新三板来到科创板的股票，个个鸡犬升天。

  拍卖与集合竞价之间切换的案例是新股上市，A股的新股刚上市若干天都是一字板，这个时候股票就是处于拍卖状态，对于想买股票的投资者来说，价高者得，而且这个价格一直加价往上报。当涨停板被打开之时，这就算是新股拍卖的成交价。之后，交易模式从拍卖切换到集合竞价，伴随着的一般是幅度不小的下跌，这体现的就是交易模式降维带来的估值下降。

  还有一种是直接在拍卖与协议转让间切换的，常见于二手房市场。由于房地产市场没有集合竞价模式，在一个城市，一旦供不应求的话，无论新房还是二手房，都很快进入拍卖状态，一旦

第五章 估 值

供大于求，则很快从拍卖模式切换到做市商（一二线城市，因为中介发达）或协议转让（三四线城市）模式，这样就可以解释为什么房价容易暴涨暴跌，尤其是三四线城市，因为其是在溢价最高的拍卖与溢价最低的协议转让之间切换的，房价要么处于最高溢价水平，要么就处于最低溢价水平。在房价下跌的过程中，先是成交量萎缩，继而中介关店，没有中介承担做市商角色，交易模式就逐步从做市商模式滑向协议转让模式，溢价大幅下降，这就是先量跌后价跌的传导机制之一。中介一般开店、关店都会先从郊区动手，那里的房价容易出现暴涨暴跌可能也跟这有一点关系。

第二节 从供给端看估值的横向差异

从前面四种交易模式可以看出，主要是因为多对一、多对多、一对一这样的区别，使得交易双方的供需关系存在差异，直接造成了估值水平的差异。这一点跟商品交易的价格形成机制基本一样，并不因为是金融资产就出现显著的区别。也就是说，**我们依然可以从股票的供给与需求两个角度来分析股票的估值。**

从交易模式可以理解不同模式下的估值差异，比如A股与港股、新三板之间的横向差异，也可以理解新股上市与流通之后的纵向差异。对于A股投资者来说，更为现实的是对A股内部不同股票的估值差异应如何理解，包括不同股票之间的横向差异，以及同一股票不同时间点的纵向差异。

按照前面交易模式中提到的多对多数量关系来说，如果供给增加了，那标的估值水平就会下降，如果是需求增加，那估值水平就会上升。正所谓物以稀为贵，既然不稀奇了，那估值水平下降也就是自然而然的事情，反之亦然。

接下来先从股票供给层面入手，逐步分析供给对估值的影响机理。

2016年，我曾经去调研过一次航空公司，期间交流到了航空股的估值，对方抱怨航空股的估值太低了，不是一家公司的问题，其他航空公司也不高。

当时我对此问题做了一些解释，从股票筹码的供给端可以部分解释航空股为什么估值低。A股的航空股有中国国航、南方航空、东方航空、海南航空、春秋航空、吉祥航空、华夏航空。对于投资者来说，从名字上就可以辨认出哪些是航空股了，就跟钢铁股、银行股、券商股、高速股、港口股一样，看后两个字就知道这是哪个行业、哪个板块了。不像那些科技股、医药股，看名字完全不知道是哪个行业、哪个板块的。

这些股票之间，就只有前两个字存在差异了。这个时候，投资者对于板块内个股之间的差异就有点脸盲了，南方航空和东方航空两只股票有什么差别？北京银行与南京银行两只股票有什么差别？凌钢股份、柳钢股份、马钢股份、河钢股份、新钢股份有什么差别？如果不认真花上点精力去看财务报表，投资者面对这样高度同质化的股票名称时，只能是傻傻分不清。这就像在大街上碰到双胞胎，第一眼就能认出哪两个人是双胞胎，这个很容易。然后第二眼，想看出双胞胎中两人的区别，这跟认出哪两个是双胞胎，难度系数简直天壤之别。

所以这些板块如果要涨的话，投资者就不会也没办法做过多的个股区分。尤其是从筹码的角度看，基本可视作没有差别。投资者基本上就是照着板块轮流买，龙头涨停了，那就买没涨停的、涨得少的。其结果就是每次钢铁股出现机会，涨幅榜上就是清一色的某钢股份；券商股行情来的时候，涨幅榜上就是清一色的某某证券。

这种情况就像有一家老小的小两口，拖油瓶太多，出门旅游都拖家带口的，组织难度是大幅上升的，即使不怕事的组织两次后，后面也会慢慢放弃了。不像年轻的小两口，随时就可以出门。

每次资金要青睐这些多胞胎股票的时候，得把一家老小都捎上，这对于做多的资金来说，实在是件费力不讨好的事情。久而久之，资金就会越来越远离这种股票，其结果就是这些股票人气长期低迷，成交清淡，估值水平被这种同质化的供给一直压制着。前面举例子的银行、券商、钢铁、高速、港口、煤炭等板块，它们的低估值在一定程度上都受到了名字趋同的拖累。但像报喜鸟、贵人鸟、富贵鸟、太平鸟都是服装股，但投资者还是很少将它们视为一个板块，表现在股价上也没什么关联性。

作为一只航空股，如果把名字里的航空两个字去掉，在估值上也许有可能跟航空板块实现脱钩。

反观市场上那些独一份的股票，至少存在享受高估值的可能，比如爱尔眼科。眼科是个好行业，也许其他未上市的眼科也不错，但股票就这么一只，所谓的集万千宠爱于一身，就集中体现在爱尔眼科的高估值上了。

第三节　银行股的估值

前面讲的是板块内个股的筹码同质化，带来了供给倍增，从而导致这些板块与其他板块在比较横向估值时，出现了明显的低估。

如果这个理论成立的话,那么板块筹码的同质化程度,与板块估值应该是反向关系。也就是说,随着板块同质化个股数量的增加,板块的估值应该下降。毕竟,辨别三胞胎比辨别双胞胎,难度还是要大一些的。

银行股与大盘相对估值的变化,有两个重要的转折点,一是2007年从溢价变折价(见图5-2),二是折价快速下降阶段结束了。这两个时间点正好对应了A股过去25年历史上的两次银行股上市浪潮,其中2006年有中国银行、工商银行,2007年有兴业、中信、交通、宁波、南京、北京、建行的上市,2010年有光大与农行,而浦发是1999年,民生是2000年,招行是2002年,华夏银行是2003年。

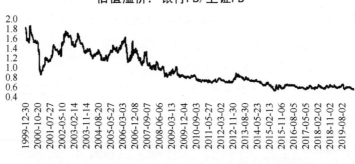

数据来源:Wind。

图5-2　银行股估值从溢价变折价

如果看银行股的PB估值与上证PB的相对走势,在2007年以前,银行的PB高于整体市场的平均PB,体现的是估值溢价。在2007年之后从溢价变成折价,且折价程度在2010年后在深度折价状态基本保持了稳定，到 2020 年银行股的平均 PB，只有上证平均 PB 的一半左右了。

2016 年开始又陆续有 20 家银行 IPO，上一次这么密集的银行股上市，还是在 2007 年和 2010 年了。自 2010 年光大与农行上市后，持续六年都没有新的银行 IPO 出现（见表 5-1）。这几年上市的都是地方小银行，与现有的国有大行、股份制银行、城商行相比，这批小银行的特点是在体量上更小，增速更高，上市之后体现出估值更高的特点。

表 5-1　银行股上市日期

证券简称	上市日期	证券简称	上市日期
平安银行	1991/4/3	江阴银行	2016/9/2
浦发银行	1999/11/10	无锡银行	2016/9/23
民生银行	2000/12/19	常熟银行	2016/9/30
招商银行	2002/4/9	杭州银行	2016/10/27
华夏银行	2003/9/12	上海银行	2016/11/16
中国银行	2006/7/5	苏农银行	2016/11/29
工商银行	2006/10/27	张家港	2017/1/24
兴业银行	2007/2/5	成都银行	2018/1/31
中信银行	2007/4/27	郑州银行	2018/9/19
交通银行	2007/5/15	长沙银行	2018/9/26
宁波银行	2007/7/19	紫金银行	2019/1/3
南京银行	2007/7/19	青岛银行	2019/1/16
北京银行	2007/9/19	西安银行	2019/3/1
建设银行	2007/9/25	青农商行	2019/3/26
农业银行	2010/7/15	苏州银行	2019/8/2
光大银行	2010/8/18	渝农商行	2019/10/29
江苏银行	2016/8/2	浙商银行	2019/11/26
贵阳银行	2016/8/16	邮储银行	2019/12/10

数据来源：Wind。

这批小银行目前呈现的高估值，与当前畸形的 IPO 新规有关系，不过当时很多投资者还是很期望借这次机会，带动一下银行股的整体估值水平。对于这点，事实上低于大家的期望，随着银行股的增加，行业估值却是再下台阶，为什么会这样？

如果把时间往前推到浦发、民生、招行上市的 2000 年前后，其实，那时的银行股 PB 都是十几倍的，而后一直持续下降，2007 年的相对市场整体的估值水平从溢价变为折价，而在 2010 年之后的折价水平也不再下降，最近五年时间里，银行股的估值基本上是随大盘起伏，相对大盘的估值折价没有进一步恶化。

正是因为估值的稳定，使得 2012—2018 年出现了一个现象，如果作为公募基金一直重仓银行股的话，只有 2013 年是跑输市场的，而在其他年份都是跑赢市场的。也就是说，如果在这七年一直持有银行股，是明显跑赢市场的。市场上主流解释是担心银行的资产质量恶化，利润没有增长了，于是估值一降再降。但正是因为最近这些年估值稳住了没有大幅下降，同时净资产按照 ROE 的节奏逐步上升，才是银行股跑赢市场的原因（见图 5-3）。

数据来源：Wind。

图 5-3　银行股的走势变化

第五章 估 值

在 A 股各个板块的估值差异中，板块内个股同质化程度的高低，在一定程度上是可以解释板块估值的。个股同质化程度越高，估值则越低，成反比关系，因为投资者在下单时，实在是难以区分。比如建行上涨时，凭什么中行不能涨？中行能涨的话，那兴业也可以啊，于是就一起涨，有限的火力被分散给了越来越多的同质化银行股，自然就不会轻易涨了。其实券商股也是这样，还有地产、航空、煤炭、钢铁等强周期板块，都面临类似的问题，因此这些板块的估值水平，是可以用板块的个股稀缺性来分析的。

如果接受这个观点，那就明白了为什么 2007 年、2010 年银行股估值的两次重要拐点。而 2016 年之后批量上市了 20 家银行股后，板块同质化程度加重，从长期来看，恐怕会进一步压低银行股的估值，而不是拉高。

券商股其实也存在类似的现象，这里是 A 股券商股的 IPO 时间，随着筹码的同质化程度上升，券商股的估值是被拖累下降的（见表 5-2）。

表 5-2 券商股上市日期

证券简称	上市日期	证券简称	上市日期
海通证券	1994/2/24	西部证券	2012/5/3
东北证券	1997/2/27	国信证券	2014/12/29
锦龙股份	1997/4/15	申万宏源	2015/1/26
广发证券	1997/6/11	东兴证券	2015/2/26
国元证券	1997/6/16	东方证券	2015/3/23
国海证券	1997/7/9	国泰君安	2015/6/26
长江证券	1997/7/31	第一创业	2016/5/11

（续）

证券简称	上市日期	证券简称	上市日期
国金证券	1997/8/7	华安证券	2016/12/6
华创阳安	1998/9/18	中原证券	2017/1/3
西南证券	2001/1/9	中国银河	2017/1/23
中信证券	2003/1/6	浙商证券	2017/6/26
太平洋	2007/12/28	财通证券	2017/10/24
光大证券	2009/8/18	华西证券	2018/2/5
招商证券	2009/11/17	南京证券	2018/6/13
华泰证券	2010/2/26	中信建投	2018/6/20
兴业证券	2010/10/13	天风证券	2018/10/19
山西证券	2010/11/15	长城证券	2018/10/26
方正证券	2011/8/10	华林证券	2019/1/17
东吴证券	2011/12/12	红塔证券	2019/7/5
国盛金控	2012/4/16	中银证券	2020/2/26

数据来源：Wind。

第四节 估值与群众基础

从传统IPO、增发角度看股票供给，这决定的是股票的整体估值，而不是内部结构。前面讲的股票供给端问题，纯粹是从二级市场的存量供给出发的，这是决定内部估值结构的。依此逻辑，如果分析股票的需求端，也不应该分析场外的M1、M2等影响整体估值的远水，而需要从投资者以及投资者手上的保证金出发，分析投资者的行为特点，才能解释估值内部结构。

沿着前面从供给端分析银行板块估值的线索，这里转到需求端来分析银行个股估值的差异。

2018年的时候,有一家银行召集了一批大型公募基金,组织市值恳谈会,主题其实就是为什么自家股票的估值这么低,比其他银行都低一截,想听听专业投资者的看法和建议。

一众基金公司的高管,纷纷举招商银行的例子,说主要是投资者看好零售业务,因为零售业务的收益高坏账少,是银行业务中最优质的。而招行的零售业务又是业内佼佼者,所以招商银行的股票受到投资者追捧,长期处于高估值。因此建议这家银行也多多发展零售业务,跟基金公司多合作。

这家银行的个人客户数量大概是8000多万,而公司的股东数量大概是17万人。其实一个可行的建议是,把这17万股东,全部自动列为VIP客户,每次进到营业大厅自动享受贵宾待遇,如此一来,股票人气会明显上台阶。其实日本股市就有类似的制度,叫股东优待制度,即投资者持有公司股票超过一定数量,就会定期送礼物或优惠券,或者送会员,这样可以维持股票人气,而且这个门槛也不高,相当于A股市值万把元就行了。

招商银行估值溢价中就有一部分原因,是零售业务为公司输送了股东。那些原本对招行零售业务体验不错的客户,当他们计划买银行股的时候,优先买招商银行的概率是很大的。所以逻辑上,应该说是招商银行的零售业务,给那些潜在股东或现有股东提供的服务体验好,间接维持了股票的人气,因此估值始终比同类银行股要高,而不是简单地看好招行的零售业务很赚钱。

因为客户人数8000万与股东人数17万之间快二个数量级的差别,所以对银行来说,其实所有的客户都是潜在的股东,即使把17万股东全部转为VIP贵宾,对银行来说增加的运营成本也是可控的。这里的关键,是需要管理层能理解一点,即股东层面的人气越高,则估值越高。

很多上市公司在希望提升估值的时候,首先想到的就是多吸引机构股东,毕竟机构钱多。**但从投资者结构来看,事实上,机构越是扎堆,越是不利于估值的提升,效果经常相反。**

前面讨论周期股的时候,将周期股分为价格型和销量型两种,机构投资者作为专业投资者,各个行业的销量数据、价格数据都很齐全。这里可以做一个小测试,读者作为个人投资者,给两个小时去找东风雪铁龙 C3 和 C4 两款车型在过去 24 个月的月销量数据,基本上很难找到。而在这种销量数据面前,机构的信息优势是很明显的。但是,油价、钢价、煤价的数据,机构、个人投资者都能比较容易获得,这时机构投资者在这些股票的研究上,并不比个人投资者更具有信息优势。接着再说逻辑优势,大多数专注股票的机构投资者其实对油价、金价的判断也说不上专业,要是能够弄明白油价、金价的涨跌,那直接进期货市场了。

也就是说,机构投资者在价格型周期行业的研究上,既没有信息优势,又没有逻辑优势。在销量型周期行业的研究上,至少有很明显的信息优势。结果就是在汽车、家电、地产这样的销量型周期行业,机构成了主导。对于个人投资者,则会对这种天然研究劣势的股票敬而远之,因为弄半天连个销量数据都找不到。也就是说,个人投资者搞不明白的,也就不会去碰,碰了也容易吃亏。于是,最后就泾渭分明了,个人投资者专注于价格型周期行业,机构投资者专注于销量型周期行业。

不管个人投资者是主动还是被动,结果就是将汽车、家电、地产等销量型周期行业的地盘让给了机构投资者。虽然这些板块的盈利水平明显好于价格型周期行业，在 A 股算得上 ROE 最高的板块，但 PE 水平也仅仅略高于银行股而已。一个原因就在于这些板块的群众基础不好，个人投资者对其望而却步，影响了人气。

一般来说，成长股可以简单分为两个大类，行业需求拉动的成长，以及企业努力推动的份额成长。

行业成长，一般是自带一个行业标签，给人一种感觉，只要这个行业有前途，那公司就有前途。比如电子烟、智能停车、VR，就是这个行业怎么怎么好，一说就能说一个好大的故事出来。但是一说格力、宇通，一般都跳过行业前景，主要谈份额。

对于科技类的股票，经常一家公司就是一个行业，其实整个 TMT 能细分出上百个独立子行业，有智能物流的，有智能挂号的，五花八门而且毫无关联，只是被硬凑在一起被称作科技或 TMT 板块而已。

独立的行业，一般谈的是行业前景与行业空间，这种研究基本停留在信息层面就行，投资机会一说就明白。比如在线教育，一说中国有 3 亿个小孩，每人 1000 块钱，在线教育就有 3000 亿元的市场，老百姓一听立刻明白，转头就下单了。但地产怎么说还是地产，挖煤的怎么说也还是挖煤，行业是独立行业，但太大了，一个行业有几十上百家公司，其实也还是前面说的那个供给端的问题，一个房地产行业好几百只股票，讲同一个故事的话，当然不值钱了。

既然成熟的大行业讲行业投资机会，会被行业内几十上百家公司分散火力，那就只能讲个股机会，讲份额提升的机会。但对于一个相对成熟的客车行业，要讲明白宇通客车的份额和利润比同行更强的原因，还不是简单三言两语就能说清的，最后总结成机制好、管理好、团队强这种空洞的解释，恐怕也传播不开。这种依赖逻辑而非信息的投资机会，就算我能给 A 讲明白，A 能够给 B 讲明白，B 肯定不能给 C 讲明白了。但前面说的在线教育机会，基本能让 A、B、C、D、E、F、G 一直传到 W 去了，老百姓全明白了，而且这个传播链条特别长，所以人气就旺，估值就高。

讲行业的估值就特别高，讲份额的估值就特别低。简单说就是，老百姓懂的，估值就高，散户不懂的，估值就低。老百姓懂的，容易传播，传播链长，群众基础就好的，人气就旺。

第五节　军工股为什么估值最高

A 股估值最低的是银行，这是公认的了，估值最高的如果说是军工股，应该也不太会有人反对。这里主要讲讲为什么军工股的估值这么高。要彻底解释清楚，不光要解释在 A 股各个板块中，军工的估值始终高于其他板块，还要解释为什么中国的军工股比美国的军工股高那么多。

大致有两方面的原因：一是投资者层面，二是军工股本身隐含着两个巨大的期权（或彩票）。先说说两个期权，一是资产证券化，二是大订单。

军工股的资产证券化，也就是大家常见的资产注入，将军工企业大股东层面的资产注入上市公司。这是 A 股特有的一种资本市场现象，在国外是很少的，往远点回溯的话，还得从 20 世纪 90 年代的 IPO 指标说起。那个年代 IPO 本身是种福利，由国务

第五章 估 值

院分配给各个单位，当时的航空工业部、航天工业部、兵器工业部拿到的指标自然都少不了。虽然军工集团拿到指标，但在那个年代各种条件都还不支持真正的军品资产上市，结果来上市的普遍是这些大集团下面的民品业务，比如中国兵装旗下的长安汽车、中国嘉陵，中航工业旗下的成飞集成、昌河汽车、中航黑豹。而进入 21 世纪初，市场竞争日益加剧，民品业务盈利能力下降，ST 风险日益上升，保壳迫切，同时军品资产证券化的政策也日益成熟，因此过去十几年时间里，这些当年以民品业务保留下来的壳，迎来了资产注入的大浪潮。这是军工股隐含的第一个期权，美国军工股是没有的。

军工大订单，则是军品型号的特殊性导致的，对于军工业务的特点，通俗点说，就是十年不开张，开张吃十年。这样的特点决定了在股价上的体现就是，很可能十年的涨幅集中在一年完成，或者三年的涨幅在三个月完成。同时由于国内军品型号的保密要求，形成了信息不对称，造成了股价的突然释放。这在美国其实也是很少的，因为美国的军品型号进展是相对透明公开的，普遍都是五角大楼对那些军工企业招投标，使得订单信息相对透明。这是军工股隐含的第二个期权，美国军工股也是没有的。

因为军工股隐含了资产注入及大订单的两个期权，如果两只模式相近的股票，估值也都是 20 倍，一只是军工股，隐含了期权，另一只没有期权，那投资者当然会优先配置军工股，结果就是军工股估值很可能是 40 倍，如果隐含两个期权，那估值很可能就是 60 倍了。

最后，军工股的高估值，还有一个投资者层面的解释，军工股的波动经常受到国际政治形势的影响。比如南海、钓鱼岛、朝鲜半岛、中东等地区局势的动荡，都会刺激军工股的异动。按之前的统计，A股近些年的交易额中，公募的占比一直在5%以下，意味着个人投资者的占比超过了90%。恰恰中国的老百姓，对于这些国际政治、外交、军事局势的热衷程度，几乎是全球最高的，这也注定了军工股的人气是各个板块中最旺的。

第六节　伪非周期股的估值

前面章节讲了产品寿命长的是周期行业，但是没有说什么是周期股。软件作为产品来说，寿命非常长，买一套软件可以用个十年八年，在会计上软件也要计入固定资产，也要进行折旧摊销，所以说软件行业应该是周期行业。但是投资者却没有办法把软件股当作周期股来对待。

看一只股票是不是周期股，要看是否存在能够指引股价的高频数据。 销量周期或价格周期行业的股票，之所以成为周期股，是有一个销量或价格的高频数据作为股价指引的，而软件虽然是周期行业，但缺乏高频数据来指引股价，所以就不是周期股。

股价每天都体现在K线图上，而财务报表一个季度公告一次。大家都管股票投资叫炒股票，总不能一直围绕着季报炒。比如汽车行业上市公司每个月初会公布上个月的销量，那股价当然就得盯住月销量进行波动。比如钢铁的价格每天都可以看期货市场，那么投资钢铁股也就没有必要再盯着季报，可以逐日根据钢价进行调整。

投资者寻找财报之外能够指引股价的高频指标，从股价往前追是利润，利润往前是收入，收入再往前就是销量乘以价格。如果公司收入能够拆成销量乘以价格，我们可以管这个销量或价格叫作股价指针。作为指针的销量一涨股价就会涨，或者煤价一涨股价也会涨，也就是指针在这里与股价有一个对应关系。

这里我们看软件公司，软件公司的收入是很难简单拆成销量乘以价格的。如果我们去调研用友的时候，问最近销量怎么样，用友可能会说我们这有 10 万元一套的软件，有 1000 万元一套的软件，销量不好算。如果我们去和上市公司交流，或者我们在研究员之间互相讨论的时候，一般说收入、订单，而不是说销量、价格，也就是公司收入没办法拆成销量、价格的时候，我们就没有办法盯着销量或者价格指针，去把软件股炒作成周期股。

所以，有些周期行业不一定就能成为周期股，像软件行业就是典型。软件是周期行业，但是软件股不是周期股。汽车行业是周期行业，同时汽车股是周期股。

这里可以从股价维度和利润维度分开来看周期。从利润维度，看产品寿命可以区分公司是属于周期行业还是非周期行业，是价格型周期还是销量型周期。从股价维度，看是否找得到股价指针：如果找得到销量或价格等高频数据作为股价指针，那该股票就是周期股；如果找不到高频指针，而只有收入、订单等低频指标，那该股票就不是周期股。

因此，从两个维度可以将股票分为四种（见表 5-3）：纯周期股、纯非周期股、伪周期股、伪非周期股。

表 5-3 从利润维度与股价维度看周期

	股价周期	股价非周期
利润周期	纯周期	伪非周期
利润非周期	伪周期	纯非周期

其中的纯周期股与纯非周期股好辨别，周期行业有高频销量或价格指针的就是纯周期股，非周期行业缺乏高频指针的就是纯非周期股。

伪非周期股的典型就是软件股，利润维度是周期性的，而股价维度是非周期的，因此，伪非周期股通常被直接当作成长股。因为它是周期行业，所以经济好的时候它的销量会上升，它的利润收入会增长50%，如果一只周期股增长50%大家觉得波澜不惊，但是如果一只非周期股增长50%，就容易被当作成长股，软件股因此也获得了不一般的高估值。**软件股的特点是：在牛市里，估值容易被拔得特别高，而在熊市里估值容易很低。**因为在周期下行的时候，它也是一个周期行业，利润下滑，这时高估值容易被戳穿，估值因此容易特别低。后来经济周期上行，利润高增长，突然变成成长股了，本来利润就在涨，然后估值还要被拔高到成长股的水平，往往就容易出现戴维斯双击的大牛股。像水泥股的估值就很难被拔高，永远都是周期股的估值。

软件股的估值在牛市里容易上升，但是等到熊市的时候，因为它是周期行业，软件公司业绩受经济下行的拖累，也容易出现利润与估值同时下行的戴维斯双杀。所以用友软件、中兴通讯这类伪非周期股，等到熊市的时候，股价的特点也很明显，因为在季报之前是数据空窗期，也没有高频指针作为指引，一般股价会先横盘很久，投资者也一直认为它是一只成长股。直到季报出来，或者先打听到季报，马上直接先来一两个跌停板，也就是先一直横盘，然后突然断崖式下跌。之后这类伪非周期股又会消停一阵子，公司或分析师会解释说这个季度不达预期是特殊情况，有两个订单没有兑现，然后股价又横盘横一个季度，横到下一个季报出来时，业绩又不行，然后再来一两个跌停板。

伪非周期股其实是一只周期行业的股票，但是大家认为是一只非周期股，等到多见证几个季度之后呢，投资者心灰意冷了，原来它也是一只周期股啊，于是会从各方面重新审视或否定，估值也就一降再降。

所以，软件股这种典型的伪非周期股，在熊市里的特点就是横一阵子然后暴跌，再横一阵子然后再暴跌，股价断崖式下跌的现象比较明显。当然，牛市上升的时候，也有类似特点，无非是方向反过来。而海螺水泥、中国神华这种有高频指针的股票，即使在熊市里，股价也不容易出现突然断崖式下跌的现象。

第七节　大小盘股的估值差异

在股票的估值体系中，除了行业之间的估值存在差异外，大小盘股的估值差异也是值得特别注意的。在境外成熟的股票市场，小盘股的估值要低于大盘股，这跟境内小盘股的估值高于大盘股，形成鲜明对比。

按照一般金融类教科书的介绍，股票投资有两个盈利来源，一个是分红，一个是价差。在前面介绍过相关数据，A股2018年的分红是2970亿元，而投资者上交的印花税和券商佣金是3640亿元，这就使得A股投资的盈利来源必须依赖价差。从这里也可以再次区分一下投机和投资，就是看盈利的来源：如果是直接来源于上市公司的分红，那就是投资，就像买房子收房租一样；如果是价差，盈利来源靠的是下一个买家的付款，那就是投机，炒房也是为了低买高卖。

如果对比中美投资者的盈利模式，那么对于美国投资者，股票分红是其盈利来源的主要贡献部分，而对于国内投资者，其盈利来源主要是股票差价，而非股票分红（见图5-4）。

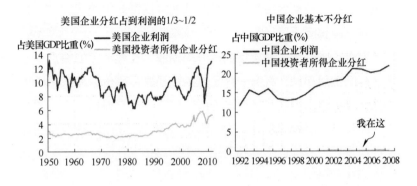

数据来源：光大证券。

图5-4 中美投资者盈利来自企业分红的差异

从国民收入的统计可以看出，美国投资者从企业得到的分红是比较可观的，占到企业利润的1/3～1/2，而中国投资者从企业得到的分红与企业利润相比，基本可忽略。这种现象的存在有历史原因，也有不同发展阶段的国情原因。以美国为例，经济发展到较为成熟的阶段，传统行业多数进入到了生命周期的成熟期，甚至衰退期。而行业内的企业，也多是经过几十年甚至上百年的沉淀，使得产业格局也相当稳定。因此，上市公司的EPS表现相对稳定，股票差价带来的盈利并不显著，同时利润再投资需求不强，使得分红率能够相对稳定，股票分红因此相对可观。美国投资者也因此更看重股票分红，而非股票差价。

而对于境内股市，投资者的盈利来源以股票差价为主，原因有二：

一是经济处于高速发展时期，行业多数处于生命周期的成长期，能够给投资者带来较多的股票差价机会，同时各个产业内部的格局也尚未稳定，通过份额提升也会带来较多的股票差价机会。

二是无论公司大小，多数都不分红或分红率较低，也使得股票分红难以成为投资者盈利来源的主体。

对于境外市场的大盘股与小盘股，大盘股的分红率相对稳定，而小盘股由于盈利尚未稳定，分红率也可能不稳定，使得公司股票分红波动较大。在这种情况下，投资者对于股票分红稳定可预期的大公司，会给予相对较高的估值，而对股票分红波动较大、难以预期的小公司，会给予相对较低的估值。

既然投资者盈利多以股票差价为主，所以投资者就容易扎堆在那些能带来差价机会的股票上，无形中给予其较高的估值，相反则给予低估值，前者以小盘股为主，而后者则以大盘股为主。

这就是境内小盘股估值显著高于大盘股的原因。至于大家经常提到的大小盘股估值逆转，回归到所谓的大盘股估值高、小盘股估值低，这需要投资者盈利来源的主题发生重大改变。从目前的以股票差价为主，过渡到以股票分红为主，这将是一个漫长的过程。

第八节　估值的辈分

前面几节从股票筹码的供需角度，各自论述了不同类型的股票，其估值水平受供给或需求的影响，天然存在估值上的横向差异。有的股票天然估值高，有的股票天然估值低。

估值的高低差异，很多是由各自的属性决定的，在大部分的时间里，这种差异都是存在的。也就是说，随着市场整体的牛熊波动，这种横向的差距依然存在。就像是辈分一样，姐妹俩不管怎么成长，姐姐永远是姐姐，妹妹没法变姐姐。如果说这个例子太绝对了，那就像部队行军时的队形，侦察兵永远是在前面的，炊事班肯定在后面，这样的队形不能乱。

既然银行股由于各种原因是市场估值最低的，而军工股是最高的，那就不太可能发生银行股估值突然超过军工股，或者军工股突然跌得比银行股还低。不同类型股票受到各自因素的影响，大体上保持着这样的横向估值体系，然后再共进退。这种共进退的发生，多数是因为投资者的能力或意愿发生改变导致的，能力指的是投资者手上的钱增加或减少了，意愿则指的是投资者对大盘或某个板块或某只个股的态度变化了，比如看到了某种技术突破带来的光明前景，比如因为亲戚朋友在股市里发财引起的羡慕嫉妒恨，也会让人买股票的意愿变得强烈。

当一轮牛市要起来的时候，所有股票的估值都会上升，军工股作为天然估值最高的，理应充当侦察兵的角色，先开拔。必须先等军工股从50倍涨到80倍。然后医药股、环保股才有上涨空间，从40倍涨到60倍，再后来软件股才能从30倍涨到50倍，接着是旅游股从20倍涨到30倍。也就是说，军工股给大家起到的作用，是打开估值的天花板，既然给它的定位是天花板，就该有天花板的自觉性。总之，这个顺序不能太离谱，比如旅游股先从20倍涨到60倍去了，把军工股的估值压着，这种就不常见，除非出现极端利好（见图5-5）。

历史上，军工股的确都是先涨上去的。2005年是这样，以

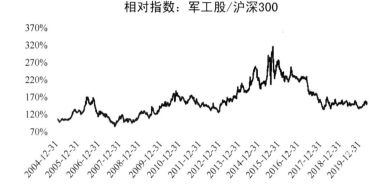

数据来源：Wind。

图5-5　军工股在每轮行情中都是领先的

洪都航空为代表的军工股在2006年就基本完成了那一轮牛市的主升浪。在2009年春节的时候，大盘才刚刚脱离1664点而已，很多军工股都翻倍了。在2012年12月创业板见底585点，到2013年的春节，又有很多军工股翻倍了，一直持续至2014年年底。

从历史经验来看，如果看到军工股在无厘头地狂涨，那就说明牛市很可能要来了，至少是熊市结束了。反过来，如果确信是牛市要来了，不知道买什么，买军工股就对了。 如果这个逻辑失效了，那大概率是军工股的估值天花板地位不再了。

第九节　股市的羡慕嫉妒恨

这里先从大家追求的幸福讲起。幸福应该有两个维度，一个是横向幸福，一个是纵向幸福。

先说纵向幸福是什么意思。老百姓今年过得比去年好，员工的工资今年比去年高，小孩子成绩有进步了，就会开心、幸福，这种幸福就是时间维度上的纵向幸福。这也是中国一直要坚持设定 GDP 增长目标的原因，目的就是让老百姓能感受到这种纵向幸福，有获得感，这是基础。

如果大家去境外，去曾经的亚洲四小龙看看，它们的 GDP 增长经常是两三个点。虽然其 GDP 增速这么低，但是老百姓都很安居乐业，社会也很和谐。为什么是这样子呢？因为存在横向幸福。

记得第一次去台湾旅游的时候，当时团队的导游有 18 年从业经验，毕业之后一直在从事导游工作。他说他的同学也都是差不多的工作，有开出租车的，有在酒店工作的，收入都差不多，反正这些年也都不怎么涨。如果大家都在散步，速度比较慢的话，彼此间拉不开差距。如果大家都在奔跑，那每个人都不敢停下来休息，因为也许喘口气的工夫，就会被拉开差距了。

在经济高速增长的地区，越高的增速就越容易拉开彼此间的经济差距。90 后现在可能参加工作时间不久，还处于同学聚会频繁的阶段。每次同学聚会时可能会发现，同学之间的差距越来越大。毕竟我们还得承认人与人之间的能力是有差别的，至少智商有差别、颜值有差别。最终结果就是，时间越长，同学之间的差距越大，有的当处长了，有的买了别墅，有的移民了，等等。差距出来后，一个圈子里面的，只有少数人会感觉幸福，其他人感受到的其实是不幸福，正所谓幸福是比较出来的，不幸福也是比较出来的。不幸福怎么办？那就有动力与压力去弥补这个差距。

在现实中，横向比较往往带来的是更多的不幸福。**这里就存在一个悖论，在经济增速高的时候，纵向幸福感较高，但同时对于大多数普通百姓来说，这时的横向不幸福感也是较高的，只有少数优秀者是纵向与横向都幸福的。**

回到老百姓炒股票这件事情上，其实对于一个老百姓来说，中国首富到底是马云还是王健林，这个事情跟大家其实没什么关系，老百姓对此也没那么关心。对于普通老百姓来说，什么是大事？隔壁老王最近炒股赚了 30 万元，同事小王最近买基金赚的钱比年终奖还多，这才是大事，必须开家庭会议，研究讨论是否也要开户入市。正是在这样一波一波的横向不幸福驱动下，新增股票开户源源不断地进来了，如果牛市结束，或者说牛市见顶了之后，这种强迫或者说压力就不大了。

总结一个词来代表老百姓炒股票的内在驱动力，就是羡慕嫉妒恨。**一旦股市的行情在老百姓心里激起了羡慕嫉妒恨，那储蓄搬家、跑步入市就可能成为趋势。**

只要股市产生了赚钱效应，激发了羡慕嫉妒恨，老百姓就会跑步入市，这个逻辑一直是存在的。问题是，涨多少才算产生赚钱效应呢？是大盘先翻倍带来赚钱效应，然后散户进场指数再涨？还是散户先进场然后股市再涨？这看起来像是一个先有鸡还是先有蛋的问题。

从历史经验来看，是市场在局部产生了赚钱效应，激发了老百姓心中的羡慕嫉妒恨，然后才是老百姓跑步入市、储蓄搬家，最后市场创下新高。局部的赚钱效应，一般是由那些连续一字涨停板的股票带来的，而不是由那些市场自发的牛股产生的。

先看一个 2020 年年初的妖股星期六，该股股价从 7 元左右起步，一个月出头的时间涨到36元，5倍的涨幅按说足够产生赚钱效应了。但这直线上涨的26个交易日，有效换手率超过8倍，即股东差不多换了8遍，基本上就是3天流通股东全换一遍，平均下来每位投资者赚3个涨停板，盈利33%左右。这是只看上涨阶段，如果把后面的下跌也统计进来，平均收益率就明显低于33%了。那种能从7元一直持有不动赚足5倍的投资者，可谓凤毛麟角。

再看三六零借壳江南嘉捷的案例，股价从8元涨到50元的过程中，18个无量涨停板，换手率可忽略不计。这就意味着，所有的投资者收益率都是500%多，这样的收益率才有可能激发起大家的羡慕嫉妒恨。

从历史行情看，赚钱效应最明显的就是那些停牌复牌的资产重组股票，靠产业资本介入，停牌锁定换手率，然后复牌让股价一步涨到位，这样的机会相当于是送钱给流通股东。从羡慕嫉妒恨的角度来看，老百姓一般不会对马云、王健林这种靠自身奋斗出来的富豪心生羡慕嫉妒恨，而会对那些靠运气发财的人产生羡慕嫉妒恨。比如买中了江南嘉捷就属于运气，而持有星期六赚5倍的人，首先是少，即使有，那靠的也是胆量和毅力，而不是运气。

总结一下，运气带来的赚钱效应，最容易激发羡慕嫉妒恨。而这种赚钱效应，普遍是靠资产重组的停复牌带来的。

在2007年的牛市之前，出现的是股权分置改革，控股股东通过赠送流通股东股票的方式换取流通权，这种直接送钱带来的赚钱效应，引来了后面的储蓄搬家。2012年召开了第四次全国金融工作会议，主基调是市场化、自由化、国际化、创新。随后五年时间，股市出现了如火如荼的产业资本介入浪潮，直到 2017 第五次全国金融工作会议，全面终止。

所以，历史上能激发散户群体性羡慕嫉妒恨的行情，多数是由产业资本带来的，只有产业资本大面积入场，才有可能促使后面的散户入市、储蓄搬家。

第十节　三类投资者

前面说过股市中最重要的角色是司机，而且有不止一个。有主导各个产业运行的司机，有主导宏观运行的司机，其中有一个是主导 A 股运行的司机，就是 A 股的运行机理。前面章节讲的周期是属于宏观运行机理的一部分，宏观运行机理影响的是股票的 EPS，而影响股票 PE 的则是股市的运行机理。

以工业为基础的经济周期，是宏观运行机理的一部分，这种运行的主体是消费者、企业主与宏观当局，他们的各自行为共同决定了经济周期的运行轨迹。对应到如何理解股市的运行机理，也可以从股市的参与主体入手来分析，因为市场参与主体正是影响资金流向与估值的主体。

这里可以把 A 股投资者分成三类：

第一类是专业投资者，主要是基金、保险、社保等专业机构投资者，它们的主业是投资，而且是时间套利的投资，职业的游资也可以算入这个范畴。

第二是产业投资者，就是上市公司、大股东、PE、VC 等离产业比较近的投资者。它们就不算是时间套利的投资，而是在时间套利的市场上进行空间套利的投资，比如将一级市场的资产拿到二级市场来套现。它们有自己的主业,股价涨跌跟它们息息相关,好听点的说法就是产业、资本双轮驱动。

第三类就是业余投资者,即个人投资者或散户。他们的本职可能是医生、老师、公务员、司机等,股市与他们本来毫无关系,他们只是把股市当作业余赚钱场所。

如果把股市看作是一个景区,那这三类市场参与主体,就特别像景区的三种人,即景区的原住民、商人和游客。

原住民对应的就是第一类的专业投资者。商人就是在景区摆摊的、卖纪念品的、开餐馆的人,对应的是第二类的产业投资者。游客对应的就是业余投资者,主要是给市场送钱的,以填补现金消耗者造成的现金缺口。

在这个形象的类比中,游客花掉的钱,都是给商人的。原住民在这个过程中更像是看热闹的,他们赚的钱跟商人相比可忽略。按照之前统计现金缺口的计算,业余投资者亏掉的钱,与产业投资者从市场拿走的钱,是同一个数量级的,都是万亿级,简单说就是,业余投资者来股市亏的钱,都给了产业投资者。以公募基金为例,全行业的权益管理费在百亿级,而上市公司的融资,单笔动辄百亿起,这都是专业投资者从市场拿走的钱。

如果用现金消耗者从市场拿走的现金口径来统计投资者的亏损,那么投资者每年向现金消耗者提供了上万亿元的现金,由此也带来了上万亿元的账面亏损,对这些亏损唯一的补偿方式就是股价上涨,如果股价上涨够多,则账面亏损可以变成盈利。

第十一节 风险偏好

从 3~5 年的时间维度来看,市场存在着明显的投资者迁移

第五章 估　值

痕迹，尤其是产业投资者、业余投资者的潮汐式迁移，是A股牛熊最大的驱动力量。这种迁移的结果，是估值的潮起潮落，是风格的不断轮换。当产业资本入场时，市场画风切换为炒消息；当业余投资者入场时，市场切换为炒政策。投资者的迁移，不光会带来资金规模的变化，同时还影响着市场风险偏好的变化。

分析师们经常拿市场风险偏好当作一个框，来解释股票市场的涨跌，哪些因素会影响风险偏好呢？那就是之前提到的"已知的未知"。美联储的动向、证监会的监管政策等都在影响市场风险偏好，一场疫情更是会使风险偏好下降。但这些解释的缺陷在于，首先这些事件本身是不可预测的，其次是这种影响多数也是在短期幅度层面的。

从投资者结构和投资者迁移角度，可以将风险偏好分解为个体风险偏好与整体风险偏好。单看投资者的个体风险偏好，长期来说是相对稳定的，如果用100分制来描述大家的风险偏好值，这个值大概跟英语考试时，答不出的题差不多，有的人稳定在30分，有的人稳定在80分，只是偶尔会出现波动。而个体之间风险偏好的横向差别，主要由财富与知识决定，呈反比关系，也就是投资者的财富与知识越多，风险偏好越低，比如欧美、日本、中国香港市场的投资者风险偏好比较低。

截至2019年，中国境内具有大专及以上学历的毕业生是9800万人，本科、专科各一半，如果计算家庭数的话，那就再少一半，因为这里假设每户家庭出一个股民。那么潜在的大专及以上学历股民，满打满算是5000万，再剔除最近几年毕业的，大概不到4000万投资者具有大专及以上文凭，而个人投资者数量现在有1.5亿了，占比差不多1/4。大胆猜测一下，有将近3/4

的大专以下学历的投资者，与前面所述的业余投资者存在高度重合，代表着高风险偏好群体。

如果看长期变化，美国、日本、中国香港、中国台湾的股市也都疯狂过，随着投资者的知识越来越多，财富也逐渐增加，他们的风险偏好出现了不可逆转的下降。A股早晚也会有这么一天的，随着2000年扩招的大学生到了70岁左右，那时A股的风险偏好就会跟成熟股市接轨了。

看中期风险偏好变化，就看高风险偏好人群的权重，也就是业余投资者或游客的权重。对应到A股市场，如果游客上山，高风险偏好的投资者权重上升，市场整体风险偏好自然是上升的，在这个阶段，牛鬼蛇神、群魔乱舞的事情都会发生。

看短期风险偏好变化，那就看试卷了。风险偏好在80分值的投资者，可能会在70~90分之间波动，比如疫情一来，这题太难，大家都不会做，于是个体风险偏好和整体风险偏好都会短期降低一下。随着疫情等突发事件结束，个体与整体的风险偏好又会回归均衡水平。

从长、中、短三个时间维度看风险偏好，短期的预测难度高，性价比低，长期的预测没有现实意义，只有中期的风险偏好具有预测的可行性与现实意义，因此从投资者迁移角度看风险偏好是比较有效的方法。

第十二节　景区牛市

对于南方大多数的名山大川来说，一年四季淡旺季分明，冬季的时候只有原住民在山上，等到春季的时候，春暖花开，这时商人会先上山把摊支起来，然后坐等暑期旺季，游客上山送钱。秋去冬来的时候，也是商人下山的季节，这就是一个景区的四季轮回。

一轮估值层面的牛市，也是从冬天开始的。在底部的时候，往往只有专业投资者在场，然后随着产业投资者陆续进场，带来赚钱效应之后，业余投资者开始批量进场，这时开户数增加、储蓄搬家都是伴随的现象，估值达到最高点。

从投资者主体来看历史上的牛市，是由一种投资者增加为两种，再增加为三种的过程，顺序是从一开始只有专业投资者，到后来增加了产业投资者，最后业余投资者也来了。一轮熊市，则是由三种投资者减少为两种，再减少为一种的过程。顺序是业余投资者最先离场，而后产业投资者离场，最后只剩下专业投资者（见图5-6）。

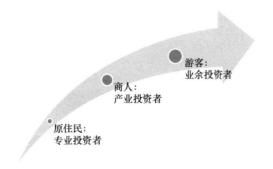

图5-6　不同类型投资者的迁移主导着市场的画风

专业投资者的特点是聚焦基本面、聚焦企业利润，通过深入的研究挖掘成长股、价值股等优质标的，俗称炒业绩。产业投资者的特点是擅长资本运作，通过收购、兼并、注入资产等方式进

行跨市场套利。按照 A 股的监管规则，它们的入场一般需要符合停复牌规则，所以伴随着它们的往往是停牌、复牌，而二级市场投资者对待这种投资机会，一般俗称炒消息。**业余投资者的特点则是炒政策**。因为他们不具备任何投资所需的逻辑框架，也没有信息优势，但选股、选时的问题还得解决，结果就只能通过最公开的渠道，获取传播范围最广的信息。所以，业余投资者入场后的市场风向会逐步被政策牵着走。

各界在批评 A 股的时候，往往是说炒股不就是炒消息吗？炒股票不就是炒政策吗？说 A 股就是消息市，是政策市，也对，也不对。其实在 A 股也有炒业绩的时候，A 股在这三者间存在轮换规律，一般专业投资者（即原住民）在的时候炒业绩，产业投资者（即商人）来了就炒消息，最后业余投资者（即游客）上山了，换成炒政策。

从这里的投资者主体就能很清晰地看出，在只有专业投资者主导市场的冬天，市场以业绩为主要驱动因素，即炒业绩。2012—2013 年就是典型的专业投资者主导的阶段，那个时候市场追捧的是业绩，主动权益基金在那两年也显著战胜了指数基金。2018 年以质押爆仓为代表的产业资本离开市场后，2019 年市场回归到专业投资者主导的阶段，同样也是主动权益基金显著战胜指数基金的年份。

上市公司进行资产重组，其实是产业投资者在进行一二级市场的套利，更直接点就是上市公司高价接盘非上市资产。上市公司支付的溢价部分，在财务上就得处理成商誉，所以统计上市公司的商誉，就可以看出产业投资者的动静。截至 2019 年三季度，A 股全部上市公司的商誉合计是 1.38 万亿元。进入 2019 年后，每个季度的合计商誉都是同比下降的，这代表着产业表一直在离场。从数据可以看出，2013—2015 年是商誉增速上升的阶段，对应的是产业投资者大踏步进入二级市场的阶段（见图 5-7）。

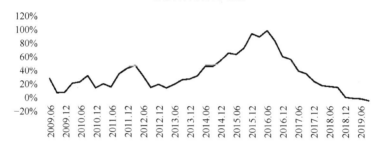

图 5-7　商誉的变化反映了产业投资者的足迹

因为当产业投资者入场之后，要频繁停复牌，并且这些停复牌可以带来可观的赚钱效应，这个时候市场的画风就会切换成炒消息，投资者都在不断寻找下一只会停牌的股票，真假消息满天飞。就像 2014 年产业投资者入场，市场画风就跟着变，因为必须停牌，一停牌一复牌，股价就会涨停，而且会出现连续涨停。所以 2014 年产业投资者入场高峰的时候有多达 20% 的股票停牌，这时候市场焦点变成哪家会停牌、会重组。那个时候小市值成了受追捧的对象，市场的口号往往是消灭多少亿元市值以下的股票。那个时候市场上最强的股票，就是各种资本系的股票，知名的有复星系、明天系、海航系、中植系等。2014 年还有诸如硅谷天堂、和君、九鼎等纷纷打出市值管理的旗号，也为产业投资者入场做了注解。

最后业余投资者（即游客）上山后，他们的资源禀赋决定了不炒消息，因为他们打听不到靠谱的消息。他们也不炒业绩，因为不具备研究财务报表、商业模式的能力。客观现实决定了他们喜欢、擅长炒政策，2015 年政策最强音就是"一带一路"、国企改革，所以才会出现"中国神车"。

还有一个游客最偏爱的板块是军工股，军工股是群众基础最好、人气最旺、逻辑最简单粗暴的政策股。如果一轮游客上山的牛市要来了，不知道买什么的话，那就买军工股。反过来，如果投资者看到军工股在可涨可不涨的情况下乱涨，那就得重视了，说明大概率是游客开始上山了。这就像 2014 年二、三季度军工股集体翻倍一样，2006 年军工股就率先取得了大幅超额收益。

如果牛市结束，熊市开始，从投资者主体来看，最先下山的还是游客，他们把钱留在了市场，然后离开。从 2015 年的股灾开始，进入了游客最惨烈的下山过程，连滚带爬地下去。这个过程持续了很久，高潮是 2015 年年中开始的三轮大股灾，2016 年之后还有若干轮小的股灾，这个过程一直持续到 2018 年，这点从市场保证金余额的变动中可以看得出来（见图 5-8）。在游客下山的过程中，游客偏爱的股票就会受到持续的抛压。还是拿军工股为例，2017 年即使是有航母下水、大飞机上天、阅兵等重量级的利好，军工股愣是一动不动，涨幅倒数第一。这个时候市场不待见军工股，无关乎业绩，无关乎消息，就是因为游客下山造成的。从军工股的走势可以看出，游客下山的过程持续到 2018 年年初才结束。

游客下山之后，市场就剩下商人与原住民了，接下来就该轮到商人下山。2017 年前后出现商人被动下山的情况，这种被动

数据来源：Wind。

图 5-8　从保证金余额变动看业余投资者的进退

体现在了商誉普遍计提，质押融资纷纷爆仓，以至于 2018 年年底需要政府出面来纾困。至此，说明游客、商人全部下山，后来是下无可下，因此这就是景区模型的底部。那个时候我写的一篇《贫贱夫妻百事哀》的文章，就是论证底部的逻辑。

在商人下山阶段，商人的股票最惨。这个时候，投资者对各种资本系的股票有多远躲多远。像复星系、明天系、海航系、中植系等，在 2018 年都是在风雨飘摇中度过的，随时跳出的一个谣言都能让旗下股票跌停。更别提像硅谷天堂、和君、九鼎这些二线梯队了。这个市场相对公平，也相对不公平。从横向来说是公平的，之前上市公司揩油太容易了，这样的惩罚也是对称的。

从 A 股非金融企业的资产减值可以看出（见图 5-9），在 2018 年突然飙升到了 5500 多亿元，再结合前面的商誉金额从 2019 年开始一直同比下降，说明 2018 年算得上是产业投资者下山最惨烈的年份，也是恐慌情绪的洪峰。2019 年开始进入尾声阶段，虽然仍有像康得新、康美药业这种不法商人被揪出来，但 2019 年产业投资者下山就基本结束了。至此，市场上的主导者再次回归到了专业投资者,因此从这个角度也说明了 2018 年之后市场跌无可跌的原因,因为该下山的都下完了,估值层面不会再下台阶了。

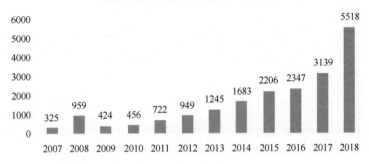

数据来源:Wind。

图 5-9　2018 年是产业投资者进行资产减值的高峰年

商人下山的逻辑也简单,因为游客下山了。随着国庆黄金周过去,旅游旺季结束,游客越来越少,这时商人再努力摆摊促销也没用,不像旺季时随便搞个 10 送 10 股价立刻飞涨。到了淡季,商人再怎么促销还是没人捧场了。主动点的商人,会自己拆摊子下山,原来搞并购、转型的现在也不搞了。另一种是被动下山的商人,每一轮旅游旺季结束以后,都是一堆的抱怨和投诉,对监管层来说该怎么办?查不法商贩呗,全面整顿那些妖精、害人精。

下一次这种因投资者渐次入场带来的估值牛市,得等下一批商人上山,重启一轮新的投资者进场带来的估值抬升。

2020 年的情况是,前一批商人还在家疗伤呢,没有上山的可能,从商誉统计数据看得出来应该还会继续下降。从一般经验

第五章 估　　值

来看，资产负债表、利润表、现金流量表的修复，按照一年修复一张表的速度，也得三年，如果商誉同比下降三年，预计最晚会在2022年进入新一轮商誉上升期。这是考虑上市公司主体不变的情形，但值得注意的是，上市公司主体在快速扩容中，新的监管层上任，正在全面拆除上山的篱笆，为下一轮上山创造了条件，储备了新鲜血液。

2015年股指5178点之后，IPO的公司数量也有1200号左右，占A股数量的1/3了，这也为下一轮重新上山储备了足够多的新商人。如果考虑到这一批生力军进入资产重组高峰期，预计商誉回升可能会提前到2021年。

现在A股有3900多只股票，按照上市时间的远近，可以分为三批。第一批是2007年6124点之前IPO的股票，数量大概是1400只；第二批是2007年6124点到2015年5178点之间IPO的股票，数量大概是1300只；第三批就是2015年5178点之后IPO的股票，有1200只左右。

第一批股票显然是享受了两轮牛市的，尤其是独享了2007年的牛市，也可以说2007年的牛市是第一批股票的牛市。第二批1300只股票则享受了2015年的牛市，也可以说2015年的牛市，其实就是第二批股票的牛市。第一批的1400只股票，在2015年其实算不上主力，涨幅远远落后于第二批股票，前者的代表指数是上证，后者的代表指数是创业板。只有第三批股票还没有经历过牛市。很显然，如果未来还会有牛市，这批股票必定是主力。

一只股票能成为大牛股，必定是天时、地利、人和的加持。历史上那些五倍十倍的大牛股，后来很多年其实都不需要关注了，就是因为经历过牛市，所有利好都被透支过了，估值都透支到五六年后，之后能再造辉煌的是百里挑一。

第一批的1400只股票，普遍是重资产、强周期的重工业股票，在那个时候冒出很多大牛股的背景有加入世贸组织、股改、电力短缺、基础设施短板等，很多因素未来不会再现了。第二批的1300只股票，与它们的前辈相比，则可以算得上是典型的制造业了，智能手机、安防、定制家具等，也有当时很多的时代背景，难以再现。第三批的股票，更是偏重研发、服务等领域，轻资产、弱周期特点明显，在未来经济下行压力较大的时期，这类公司受到的影响最小。下行压力越大，转型的希望就越是需要这类企业来承担。

简而言之，前两批股票都经历过牛市，里里外外都被挖掘透了，如果还会有牛市，必定是第三批股票的牛市，一夫当关，万夫莫开。

熊市不炒政策

前面说到A股是在炒业绩、炒消息、炒政策这三个模式中不断切换的。也就是说，A股确实在某些阶段是个政策市，炒股就要跟着政策，尤其在2015年的牛市阶段，以中国中车为代表，集"一带一路"、国企改革两大政策概念于一身，最终封神。

但市场也有政策不灵的时候，无论牛熊，自股灾以来的这么多年时间里，政策类的概念股，走势明显比不上科技类的概念股，究其原因，仍然在于投资者结构的丰富性。

> 牛市的上涨过程，是投资者逐步进场的过程，投资者结构由底部的专业投资者主导，变成个人投资者主导。之前提到过A股投资者中大约1/4具有大学学历，意味着大部分的新增投资者的知识储备是不足以进行深入分析的，也缺乏对政策的分析辨别和质疑能力，偏向于相信政策的效果。默认状态是假设政策都会成功，于是政策受益类的股票在增量投资者进场的行情中最为受益。
>
> 相反，熊市的下跌过程，是个人投资者逐步退场的过程，边际上的定价权回归到专业投资者一侧，而专业的机构投资者由于学历较高，知识储备足够，对各种理工科技专业、政策都具备一定的辨识能力。这样的背景下，机构投资者偏向于质疑政策后续效果，默认的状态是假设政策执行的效果会打折扣，于是，在政策类概念股稍微上涨之后，机构投资者普遍会选择卖出。
>
> 所以说，在政策概念股的投资中，投资者知识越多越容易踏空，这就是所谓的熊市不炒政策。

第十三节 牛市的三阶段

有效市场假说（Efficient Markets Hypothesis，简称EMH），是芝加哥大学教授尤金·法玛最早在论文《股票市场价格行为》中提出的。根据法玛的论述，在资本市场上，如果股票价格能够充分而准确地反映全部的信息，便称其为有效市场。

直白点说，如果出了利好股价会涨，出了利空股价会跌，那么我们就可以说市场是有效的。如果涨跌与利好利空没有必然关系，比如2015年上半年，不管是出现利好还是利空，股价都是涨，公司复牌公告重组失败，也涨，这时市场就是无效的。等到股灾开始，不管出现利好利空，股价都在跌，即使采用大股东增持、上市公司回购等措施，都没用，股价通通跌，这个时候投资者也会抱怨说市场是无效的。

对于股价在一个大趋势中的上涨和下跌，大体上可以分为三个阶段（见图5-10）。在股价上涨的过程中（即牛市），第一阶段反映的是过去利好，是价值回归；第二阶段反映的是当下利好；第三阶段反映的是未来利好，也就是泡沫阶段。熊市下跌的时候，也分为三个阶段，分别反映过去利空、当下利空和未来利空。

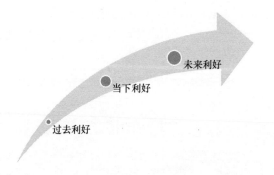

图5-10　上涨过程中的不同阶段反映不同利好

比如2018年下半年的行情，就是典型透支未来利空的熊市第三阶段，这个阶段的利空都是自己吓唬自己的。2019年出现的踏空式上涨的行情，则是典型的牛市第一阶段，反映的是过去的利好，即2018年下半年攒下来的利好，集中在2019年上半年释放了。2015年的上涨行情，是典型的牛市第三阶段，无限透支未来利好，而后连续出现的几次股灾，则是熊市第一阶段，反映的是上涨过程中积攒的利空而已，并不是这半年多时间里股灾真实发生的利空。

结合市场有效性来看，市场在牛市的第二阶段、熊市的第二阶段是有效的，因为在这两个阶段里，有利好会涨，有利空会跌，这就是简单粗暴的解释。而在牛市第一、第三阶段，有利好利空都在涨，在熊市第一、第三阶段，有利好利空都在跌，可以说市场是无效的。

简单来说，市场在大概1/3的时间里是有效的，而在另外2/3的时间里是无效的。牛熊的起落如果像一座山的话，那就是在山腰的时候是有效的，在山谷和山顶都是无效的。

可以借用有效市场假说来解释股市与经济或基本面的关系，每一次股市跌的时候，都是全然不顾好的一面，只顾着拿利空来吓唬自己卖出股票，表现出来的就是熊市里的信息只有两种：利空、非利空。股票价格只有两种状态：跌、不跌。反之，在牛市里的信息也只有两种：利好、非利好。对应的股票价格也只有两种状态：涨、不涨。

那么，已经发生的客观利好，什么时候会反映在股价里呢？比如2018年很多公司基本面也还不错，但股价跌跌不休。经过长期的思考，得到了一个很尴尬的答案，就是看图，看趋势图。

看到一个趋势向上的股价走势图，投资者总是会自觉不自觉地去解释、猜测为什么涨,然后就会不断去找利好,如果找到了更多利好,上涨的趋势就会得到更多人的认可,股价自然会更上一个台阶,这就进入了良性循环。这个时候,树上的花一旦盛开,心中的花必开,甚至树上的花还没开,心中的花也都会开,这时就是泡沫。

反之,看到一个趋势一路向下的股价走势图,投资者就会下意识去找是不是有什么利空,毕竟,哪只股票还找不到几个利空呢,这就会进入到恶性循环中。这个时候,树上的花即使开了,心中的花也开不了,那么股价也就涨不了,这时股价就被低估了。

如果说树上的花是客观存在,那心中的花就是主观存在。心中的花开不开,主要就是看当前股价的运行趋势。如果股价的运行趋势向上,那只要树上有花,心中必开花,树上无花心中也有可能开花,开的是未来之花。如果股价的运行趋势向下,那树上开花了,心中也不一定开花,如果树上没花,心中必定没花。

这就是客观到主观转化的问题,所以有人总结 A 股的主流投资方式,一直是基于价值的趋势投资。对于价值与价格的关系,投资者的共识是价格围绕着价值上下波动。可以用一只小狗和主人的关系来说明。主人代表着价值,小狗代表的是股价,小狗一直跟在主人附近,一会儿在主人后面,一会儿在主人前面,但距离不会太远。

基于此,可以观察到一只大牛股的演变会经历三个阶段,第一阶段是反映过去利好,第二阶段是反映当下利好,第三阶段是反映未来利好。所以很多大牛股在经历了一大波涨幅后,虽然业绩可能会继续上升，但股价会休息好多年，失去投资价值。比如2013年前后很牛的歌尔声学、大华股份、长城汽车，后面七八年间股价只剩下波动了。威孚高科在2010年前后完成主升浪后，后面企业经营利润虽然仍旧翻倍了，但股价波动了十年。这些股票经历了一个共同的牛市第三阶段，对未来透支过多，如果后续利润没有再上两个台阶的话，其股价可能就此平平。

第十四节　哪些股票能等来泡沫

股票估值的波动，包含了大盘估值、板块估值与个股估值，板块估值受前面说的投资者结构迁移的影响。比如福耀玻璃有的时候上涨，仅仅是因为这是一只白马股，跟它是造浮法玻璃还是造汽车玻璃暂时关系不大。除此以外，还有一个是个股估值，即投资者买这只股票，不是因为想买股票，也不是因为想买白马股，就是冲着这家公司的业务或管理层来的，这种特定偏好带来的估值上升或下降，可暂时称为个股估值。

像恒瑞这种医药龙头股的上涨，就比较清晰体现了个股估值的逻辑。为什么这些股票的估值能够波动如此之大？反映在股价上就是，在医药、食品、汽车、家电等公司的股价波动中，估值占主导地位，而对于钢铁、水泥、煤炭、航空、电力、养殖等公司，股价波动则主要靠盈利驱动，很难看到这些股票的估值出现大幅波动。

这就涉及投资者经常提到的拔估值、杀估值。一只股票的估值，是股价对利润的锚定，股价是当下的，而利润可以是去年的、今年的、明年的、后年的。**大家书面或口头提到的估值，默**

认是锚定当年利润计算出来的，但事实上，股价在高估的状态下，其实是锚定了明年、后年甚至大后年的利润，而股价在低估状态下，锚定的利润可能是去年的。

这就像是大树与影子的关系，当太阳正当午的时候，影子就在树根下，当早上或傍晚时，影子可以投射到很远的地方。估值也一样，如果投资者悲观的时候，那最多也就是锚定当前的利润，就像正当午的太阳。当投资者对一只股票乐观的时候，股价可以锚定明年的利润，甚至五年后的利润，就像日落斜阳。一般来说是树高影子长，当估值可以投射到很远的地方时，反映在当前的估值就会特别高。

在一轮上涨的大趋势中，股价通常会经历三个阶段：第一阶段是反映过去利好，即价值回归阶段；第二阶段是反映当下利好；第三阶段是反映未来利好，也就是泡沫阶段了。与之对应，股价锚定的利润，则从锚定去年利润过渡到今年，然后再过渡到明年的利润。

那我们如何去展望明年的利润呢？除了从需求角度外，还有一个是从供给角度出发，即企业未来会推多少产品，建多少产能，其实从现在的经营行为就能知道。比如车厂明年的车型，现在已经在研发了；药厂的新药，现在也在临床试验了。所以，锚定明年利润其实就是在锚定今年的研发，这就是医药股用在研产品进行估值的依据。

比如上汽与广汽，合理估值都是 10 倍 PE。现在如果根据各自的研发进度，可以知道广汽明年有 5 款新车上市，销量预计增长 50%，而上汽的研发进展表明明年没有新车上市，销量预计不增长。那么，投资者就会锚定广汽、上汽明年的利润进

第五章 估 值

行估值,同样都是 10 倍 PE。那体现出来的结果就是,看起来广汽今年是 15 倍 PE,而上汽是 10 倍。表面上一个高估值,另一个低估值,其实锚定的是同一年,锚定的是研发环节。从这可以看出,有的企业估值是锚定销售环节,有的是锚定研发环节。

从企业的经营链条看,钢铁、水泥、煤炭、航空、电力、养殖都是单链条的,从供给端无法对未来进行合理的展望,所以这些公司的估值锚始终是在当年,或者是在销售环节。而对医药、食品、汽车、家电等公司,由于有采购、研发、生产、销售等环节,估值的锚可以在这些链条之间摆动,低估时锚定当下的销售,高估时锚定当下的研发,锚定研发其实就是在锚定未来的利润。其结果就表现为股价围绕当年的利润算出来的估值水平在大幅波动,其实是锚定的业务链迁移造成的。

现实中发生过的,就是有色金属股票在高点的时候,股价锚定的是探矿权,是储量。市场曾经对西部矿业的铜矿、铅矿、锌矿储量进行估值,得出结果是价值 5000 亿元,结果现在市值不到 200 亿元,而在其市值高点时真的已经快 2000 亿元了。相比之下,钢铁、水泥就没这个命了,因为没有矿,所以在大牛市里,没矿的显然不如有矿的。当然,水泥、钢铁股票在高点时,也会有各种估值理论提出来,比如用吨市值。这时投资者就要当心了,因为这意味着估值从锚定销售转变为锚定产能,发生了锚定迁移。

这个思考的现实指导意义在于,可以知道那些业务链条长的公司,存在锚定链条迁移的可能,投资者一直拿着这些股票是可以等到泡沫的。而那些业务链条单一公司的股票,是永远等不到泡沫的。

第十五节　贫贱夫妻百事哀

　　投资者与上市公司的关系，老百姓与政府的关系，在一定程度上与男女关系有相似之处，都是一方弱势一方强势，弱势一方选择了看似强势的一方，买你股票、选你、嫁给你，都希望能过上好日子。如果过的日子不怎么样，女人免不了就会有怨言，虽然这种抱怨只是因为某件小事引起的，但只要抱怨起来，就会不断翻旧账，历数男人的种种不是，过往的过错都会被揪出来数落一遍，而不会仅限于那一个导火索。这就是典型的负面情绪进入到恶性循环的轨道，难以自拔，这个时候男人说什么都没用，就算据理力争地解释每个过错，那也都是苍白无力的。

　　2018年的股市也是如此，投资者买了股票，明明是想赚点钱过点好日子，可现实过的都是什么日子啊，面对一个个空头排列的股价趋势图，投资者免不了去找原因来解释。就像在女人的怨言面前，有哪个男人经得起苛责呢？每家上市公司都能有点利空，也都能找到点利好，无奈趋势向下，投资者就更倾向于把那些利空翻出来说事，这跟女人生气时只拿过错说事是一个道理。

　　相亲的时候是理性的状态，关注的是对方当下的工作、收入、学历等。但吵架的时候谁还管这些啊，可能吵的就是对未来的担忧，也可能是对过去的清算。

　　随着投资者的不断挖掘，找到的利空增多，股价就进一步强化了下跌的趋势，这个时候，就算是有点利好，也于事无补。这种股价不断透支利空而忽视利好的阶段，算是典型的熊市末期，

第五章 估 值

与不断透支利好而忽视利空的牛市末期遥相辉映，都是投资者非理性情绪主导下的必然结果。

炒股票其实不一定是炒未来，炒未来也不一定是炒利好。 A股这种情况更为明显，2011年是炒当下利空，2012年炒未来利空，2013年炒过去利好，2014年炒当下利好，2015年是炒未来利好，2016年炒过去利空，2017年炒当下利空，2018年炒未来利空，2019年炒过去利好，2020年炒当下利好……

过去十年，市场大概就是在这样一个轮回中不断往返的。

从信息到股价的传导过程中，大家最常用的一个研究方法是预期差，这是典型的理性预期学派的衍生方法，仅在投资者理性状态下适用，在牛市末期与熊市末期都是无效的。这就像女人在情绪正常的状态下，你给她讲个笑话她会笑，但在满腔怒火不断翻旧账的状态下，讲个笑话换来的也许是个悲剧。在2018年市场低迷的时候，社保改为税务征收也可以成为一个巨大的利空，后来官方不断强调正在研究社保降费率，保证不增加企业负担，有什么用呢？消息出来第二天股指还是高开低走，无法自拔的负面情绪主导就是这样子。牛市里也是同理，有些公司重组失败后复牌，也能有几个涨停板，就是因为投资者都在乐观情绪中，低于预期的事不能算利空，利空不影响股价涨。

那女人最终如何走出这种无法自拔的恶性循环呢？主动的办法是拿出一个大钻戒，一个不够那就两个。被动的办法就是让时间去解决，俗话说，夫妻没有隔夜的仇，除非真的不过了，不然隔一个礼拜，情绪肯定能平复。

对于下跌市中的投资者，如何走出无法自拔的恶性循环呢？

同理，一个办法是遇见真金白银的大利好，比如特朗普说不搞贸易战了，或者出台有诚意的减税措施。如果没有，那就靠时间解决了，通过低位的充分换手，把带有负面情绪的套牢盘充分换手为带有正面情绪的获利盘，后者会自发去挖掘股票的利好，如果确实有基本面的支持，那股价在这种天时、地利、人和的背景下，就有可能走牛。

第十六节　非理性之外的被动状态

传统的观点认为，市场大部分时间是运行在理性状态，偶尔会被非理性情绪主导。2018年国庆前后的股指走势表明，市场应该还有第三种状态，暂且称之为被动状态，市场进入这种状态的概率比进入非理性状态的概率更小。

如果用时间分布来表述，可以说市场90%的时间是运行在理性状态下，9%的时间是运行在非理性状态下，还有1%左右的时间是运行在被动状态下。

与被动状态相对应的是主动状态，即市场在理性、非理性状态下，交易指令仍旧是投资者出于主观意愿而发出的，而被动状态下，交易指令的发出并非投资者的主观意愿，而是受外界力量驱动，比如客户赎回、融资爆仓、分级基金下折等被动交易行为。股价在最底部和最顶部都比较容易进入到这种状态，比如在阶段性高点的时候，某指数基金来了100亿元申购，平安和茅台按权重应该各买10个亿，如果说平安日成交20亿元而茅台是100亿元，那显然平安会涨得比茅台多，因为指数基金建仓占到平安成交额的50%，自然会出现被动拉抬股价的情况，这时平

第五章 估　　值

安就相当于进入到了顶部被动状态。

这三种状态很像是两口子过日子，90%的时间里夫妻双方是和睦相处的，还有9%的时间里会吵吵架、拌拌嘴，还有1%的概率会真去办手续。

如果说2018年国庆节前的行情处于非理性状态的话，那节后行情就是典型的被动状态。理性的投资者经常教导我们，应该在别人恐惧时贪婪、在别人贪婪时恐惧，指的就是如果市场处于非理性状态的话，那我们就应该理性地与其做相反的操作。如果告诉大家非理性状态之外还有一个被动状态的话，那很显然，这个时候就是最佳的逆向投资机会了，无论是顶部被动状态还是底部被动状态。

延续前面说的投资者与上市公司的关系，当弱势一方的情绪处于非理性状态，无非是弱势一方希望强势一方给个态度、给个诚意，然后弱势方的情绪就会自然脱离非理性状态，进入到理性状态。2018年10月底一行两会领导连续表态，加上刘鹤副总理的讲话，以及习近平主席在民营企业座谈会上的讲话，这样的态度与诚意，足够让投资者摆脱非理性状态了。事实上，市场也正是在那个时候，基本上就此迅速从被动状态恢复到理性状态了。

第十七节　A股估值锚的缺失

在国际货币体系中，不同货币之间自由浮动又相互联系，这种关系很像一个航母舰队，而美元就像是舰队里的航母，其他货币则是舰队中的巡洋舰、驱逐舰、护卫舰等，比如欧元就像巡洋舰，日元像驱逐舰，人民币像是护卫舰。

在这个体系中，黄金则是陆地，岿然不动。对所有货币来说，黄金是可以依靠的港湾，是货币币值的基准所在。在这样的一个双重锚定体系中，美元与黄金锚定，币值相对黄金浮动，全球各国货币与美元锚定，币值与美元实行浮动或固定锚定。

投资者可以借用这个双重锚定体系来理解金融市场的关系。比如在美国的金融市场中，也存在类似的双重锚定机制，其中现金是陆地（类似黄金），债券是航母（类似美元），其他金融资产则是舰队中的其他舰船了（类似各国货币）。**锚定关系是，首先债券与现金锚定，金融资产（如股票）与债券锚定。**

其中现金起到了陆地的作用，是所有金融资产的计价基准，债券与现金的关系，则是依靠债券利率来维系的，一般来说，债券利率与一国基准利率基本同步或被视为基准利率。股票的价值，则是将股票对未来的股息分红，通过基准利率倒算回来的。比如在5%利率下，明年的1元分红，相当于今年的0.95元，如果未来预期每年都分红1元，加起来相当于今天的20元，于是股价就会围绕着20元为中枢波动。20倍的市盈率也就是这么来的，等于5%利率的倒数。

为什么A股的估值体系如此紊乱呢？不少股票常年有几百几千倍估值，同时还有四五倍估值的银行股，这种估值差异竟可以如此巨大。其中猜想的原因是，A股因为流通股东所得的分红太少，每年流通股东得到的税后分红不到3000亿元，还不够交给财政部和券商的交易成本，尤其跟融资每年上万亿元的规模相比，可忽略不计，使得国内的资产锚定不是双重锚定。也就是说，中国的债券是与现金锚定的，锚链就是债券利率，但 A 股与债券之间缺乏股息率这个锚链，使得 A 股并没有以债券为核心，组成一个航母舰队，而是各自漂浮在茫茫大海，随波漂流，有多远漂多远。**所以在 A 股，谈一只股票值多少钱，这话本身就缺乏理论支持，就是因为估值锚的缺失。**

第六章 从商业模式看企业价值

2020年一场疫情的发生，使得经济出现暂时停摆。有悲观的企业主担心疫情冲击带来的永久性损失，有乐观的企业主则认为，只要店还在、客户还在，等疫情结束了一切都会好的，短期无非相当于放了个长假。

在乐观的理由中，客户还在，等于是需求还在，店还在，员工还在，相当于是供给还在。供给和需求都在，那么生意就会继续，这个店的价值就还在。一家企业也是如此，如果客户没了，那有再多的厂房、设备、员工，都成了拖累与包袱，就像12306上线之后，火车票代售点的价值就几乎归零了。同样的例子还有以前国道边上的很多旅馆很是赚钱，后来随着货运被高速公路分流，国道旅馆生意一落千丈，即使房子还在，价值也大打折扣了。

如果客户还在，但员工走了，对于某些商业模式的企业来说，价值也大打折扣。比如面向儿童的外教英语兴趣班，由于疫情或其他原因，外教师资没了，客户可能就不能接受，那对于这些培训机构来说，企业价值同样折损。

第一节　供需决定企业价值

一家企业的价值，包括了它买来的资源，比如厂房、设备，也包括了每个月花工资租来的人力资源，比如优秀的师资、普通员工、管理层、客户资源等。员工利用厂房、设备创造商品的同时也创造了价值，形成了供给端。客户成为需求端，供给与需求实现匹配，达成交易，企业才能实现价值，这就是马克思说的从商品到货币的惊险跳跃。企业的价值，既体现在供给端，又体现在需求端，是供给端与需求端的交集所在，缺一不可。就像GDP的定义中，也是最终实现销售的生产成果，才纳入统计，否则就是无效生产。这样就清晰了，**衡量一家企业的价值，也必须从供给端与需求端出发。**

从供给端，看企业提供有效供给的能力，来评估企业的价值，有效供给简单说就是能卖出去的、受客户欢迎的商品。如果市场都进化到5G了，企业还只能生产3C产品，这样的供给就相当于是无效的。从供给端来评估企业的时候，不是评估商品本身，而是评估一种能力，一种满足客户需求的能力，这种能力体现在研发、生产、销售、采购等各个业务层面。企业的这些供给端能力，多数记录在了财务报表上，尤其是企业购置的厂房、设备、软件等，但不包括企业雇用的员工，所以企业财务报表普遍低估了服务业的价值，比如教育、娱乐、基金等智力密集型企业，报表是体现不出这些企业的人才价值的。

从需求端，看的是企业的客户数量、客户质量。一家企业的客户数量越来越多，企业价值自然是增加的，如果客户的购买力越来越强，那企业价值也是增加的。传统的财务报表连员工价值都不体现，更不会记录和体现客户的价值了。但客户确实是企业价值不可或缺的一环，所以对于那些供给端财务报表记录不全的企业，主要是轻资产的服务业，以及互联网行业，在评估企业价值的时候，就不应该只盯着代表供给端的财务报表，而应该更多关注需求端的客户价值。对互联网企业来说，因为每个用户都会记录下来，所以在评估企业价值的时候，具有天然便利性，可以直接根据注册用户数或访问量来计算企业价值。

对于那些无法准确记录客户信息的企业，则会根据企业的品牌知名度，来推测潜在的客户群体规模，从而评估企业价值，这个时候通常称为品牌价值，其实就是客户价值的另一层含义。也有人将企业的这种品牌价值称为竞争力或护城河，这样的理解只是停留在表面，用一个结果解释另一个结果而已。实际上就是，有品牌的企业有客户，没品牌的企业没客户，虽然客户不像互联网用户那样登记在册，但客户一直记在心里，这个更牢靠。

互联网公司分两类，一类是必须注册有账户才能使用的，比如腾讯、阿里巴巴、美团等；另一类是不需要注册账户也可以用的，比如百度、新浪等。在这里，注册账户之于互联网公司，就很像是户口之于一个城市。没账户，就像是没户口一样，这个客户的价值自然是打折扣的，因为这个客户逛完就走，不会在这里置办家业。这种缺乏账户体系的互联网公司，就像是旅游城市，即使转型也是很艰难的，这方面比前者具有先天的劣势。

在衡量一家企业价值的动态变化，或者对一个行业规模进行分析的时候，首要的问题就是行业需求，准确来说是对该行业内厂家提供的商品或服务的需求，在未来的变化趋势。有一种行业规模的变化是由外界需求驱动的，还有一种行业规模的变化是由供给驱动的。

先说第一种，即需求驱动的成长，指的是相关的产品供给一直存在，下游需求的增长带来了行业规模的增长。比如宝马、保时捷的供给一直都存在，老百姓收入低的时候这些豪华车的销量自然不高，随着老百姓收入增长，对豪华车的需求同步增长，结果就是行业销量增长。更直接反映这种需求驱动的例子是轮椅、剃须刀，随着老龄化来临，轮椅的需求及销量自动同步增加。剃须刀也是类似，供给一直存在，就等着需求的增长来驱动销量规模的增长。

还有一种是需求一直都存在,但迟迟没有好的产品供给发明出来,使得这种需求没有机会转化为销量规模,直到相应的产品被发明出来,驱动对应的销量规模上升。比如说人类100年前就对移动通信存在需求,但在大哥大面世之前,这种需求无法转化为某个企业或行业的销量,直到摩托罗拉推出大哥大,移动通信的需求才得以释放,行业规模才爆发。在余额宝出现之前,老百姓对于兼具高收益、高流动性的现金管理需求也是一直存在的,无奈货币基金或活期存款都无法胜任,直到余额宝出现,使得这种需求被快速释放,也促进了基金行业的规模快速增长。

无论是需求驱动的行业增长,还是供给驱动的行业增长,共同点都是要需求与供给匹配并实现交易。

第二节 企业家与商人

企业的本质,是通过组织和协调资源,向客户提供商品或服务,赚取收入和利润。**这里说的资源,是从业务链条角度看,主要指研发资源、生产资源、供应链资源、销售渠道资源、融资渠道资源等。**企业家在企业经营过程中的主要任务与内容,是组织协调研发部门、生产部门、供应链部门、销售部门、财务部门等,能够配合顺畅、高效运转。这种组织、协调能力,就是通常说的企业家才能。

通俗点说,如果把一家企业看作是一台印钞机,那企业家的任务,就是设计、制造出一台能够正常运转的印钞机,并不断提高印钞机的生产能力与效率。

按照这个框架，可以根据企业组织的资源是内部资源还是外部资源，分出两种商业模式，一般称为企业家模式和商人模式。

企业家模式指的是企业组织的是自身具备完全掌控权的研发、采购、生产、销售等资源，诸如华为、长城等大企业，自己组建研发团队，建设生产基地，组织零部件供应链，搭建销售渠道，相当于所有业务链条都内部化。

商人模式指的是企业组织、协调的对象是一些外部资源，常见的就是中介型业务，比如房屋中介、婚姻中介，复杂点的就是那些靠某项资源拉来的项目型公司，或者并购业务。最常见的是那些喜欢连环念 EMBA 的小企业主，总觉得在外面多找点资源，对企业发展会有莫大的帮助。

从投资的角度来说，企业家模式是显然碾压商人模式的，因为商人模式对外部资源的掌控力存在不确定性，这从根本上否定了这类企业长期发展的确定性与预见性。前几年那些并购型的上市公司，普遍都落入了这样的陷阱中。2018 年有一篇学术文章研究基金经理的脸型方不方，与业绩有相关性。跟我提这篇文章的是一位老师，我回答说，别研究那些乱七八糟的东西，好好研究一下，那些念了 EMBA 的上市公司高管们，他们的股票是不是最近都在爆仓。因为 2015 年牛市出现了大量的并购交易，也催生了一大批所谓的外延式增长牛股，只不过这批股票在 2018 年集中迎来了清算时刻。

因为企业家模式对各个业务链条的资源具备足够的掌控，是基于这些资源进行组织、整合而成的商业模式，其确定性和可预测性比商人模式要高多了。

通俗来说，企业家模式的企业，可以引入职业经理人，各司其职,进行分工与合作,使得企业能够有效顺畅运转下去。而商人模式的企业,因为资源都是外部的,使得这种模式对能够维持这种外部关系的个人形成了高度依赖,无法像企业家模式那样引入职业经理人,从而分工合作。相反,商人模式还容易被跳票,当这个维系外部关系的个人不是老板自己的话,这个人很容易自己单飞。

在 A 股的各行各业中,大部分的所谓实体产业,都还算是企业家模式。商人模式的上市公司,常见的特点是资本运作、并购重组、跨界转型。

另一种常见的商人模式企业,是近些年出现的基于模式创新的创业企业。经常见到一些创业者在讲述其创业模式的时候,提及资源整合,包括渠道整合、供应链整合、产业链整合等。**如果创业需要的资源依赖外部,依赖方越多,就注定了成功概率越低。**不管是老板还是职业经理人,都是作为一个代表在支配着某些资源的,每个代表都会优先站在自己的立场、自己组织的立场去实现利益最大化,如果不是共赢的事情,很难轻易接受资源共享。

这种商业模式划分方法,也可以用来分析资产管理行业自身。

对于一家资产管理公司来说,无论公募还是私募,需要组织包括供应链、生产、销售、研发等链条上的资源。其中传统意义上的研究部,其实对标的是一家标准企业的供应链部门,将外部卖方的研究资源,消化吸收后为投资部门服务。而基金经理所在的投资部门,更像是订单型企业里的生产车间,将销售部门拉来的订单,保质保量地交货。基金公司的产品部门决定的是下一步推主动权益、债券基金、指数或其他，因此说产品部门才更接近于一家标准企业里的研发部门。销售方面，基金公司基本上是代销渠道为主、直销为辅的模式。

因此，对于一家基金公司来说，麻雀虽小却五脏俱全，供应链、生产、研发、销售几个链条也都得有。但是，其多个业务链资源都是外部的，其中供应链环节对应的资源是外部的，集中在卖方研究所。销售链条对应的资源是银行、券商、电商等代销渠道，也是外部的。研发链（即产品设计），对于公募基金来说，由于监管上实行的是备案制，研发链条算一半依赖监管、一半依赖自身部门的前瞻布局。公募基金只有对生产资源（即基金经理）是完全掌控的。对于私募来说，其实是不需要研发环节对应的产品设计部门的，因为绝大部分的私募，都是单一产品类型的，绝少有横跨多类型产品的。严格意义上说，每家私募手上，其实只有生产资源（即基金经理）。而公募基金，手上掌握的资源是全部的生产资源加上半个研发资源，对于有战略产品部门的基金公司，算是掌握两个链条，而那些没有战略产品部门的基金公司，可能就只能算有一个半链条了。

不管公募还是私募，这样的商业模式又决定了几个链条都是齐全的，才能正常运转。结果就是私募负责人在做好投资之外，必须去不断组织、协调好外部的研究资源、渠道资源，以确保公司的正常运转。这就决定了私募更接近于商人模式，而不是企业家模式。尤其是从公募转型私募的基金经理，去私募后才发现，慢慢变成了一个商人，需要到处化缘了。

其实，对公募基金来说，供应链、销售渠道也都是外部的。比私募好一点的是，在产品备案制的制度面前，研发链（即产品设计）是内部的，这是在商业模式角度公募优于私募的地方。但公募因为研究、销售需要依赖于外部，使得公募的模式仍存在很浓重的商人模式成分，小基金公司尤其如此。

第三节　单链条与多链条

在古装影视剧中的战争场景中，常见到经典的城池攻防战，如果观察这样的攻防可知，对于进攻一方，攻下任何一个门就算赢了，对于防守一方，必须守住四个门才算赢。对于两方来说，难易程度存在区别，套用到商业模式上，可以简单将商业模式分为两种，一种是易攻难守的，另一种是易守难攻的。

根据前面对企业本质的描述，企业是通过组织和协调资源，向客户提供商品或服务，赚取收入和利润。如果组织的是外部资源，属于商人模式，组织的是内部资源，是企业家模式。现在则将企业家模式再进行细分，根据企业内部资源的不同，常见的是供应链资源、研发资源、生产资源、销售资源等，即采购、研发、生产、销售几个部门。

同样是卖 iPhone 8 手机，苹果公司组织的是研发资源，富士康组织的是生产资源，苏宁组织的是销售资源。也就是说，虽然面向的消费者是同一个人，卖的产品也是相同的，但组织的资源不一样，背后体现的，则是卖的资源不一样。因此商业模式出现了根本性的区别，苹果、富士康、苏宁可以分别称为卖研发的、卖产能的、卖渠道的，分别属于研发驱动型、产能驱动型、销售驱动型的商业模式。也就是说，看起来商业模式不同的企业，其实背后是因为构成企业运行的资源不一样，有的是单一资源，可能是研发、生产或渠道；有的则可能这几个资源都同时存在，比如前面举例的华为、长城汽车。

这里先从资源链条的多寡维度，简单分出两种商业模式，分别是单链条模式与多链条模式。

单链条模式，指的是企业本质上兜售的只是单一资源，常见的是钢铁、水泥、养殖、电厂、航空公司等，比如钢铁厂，虽然也有研发部门、销售部门、采购部门，但地位并不那么重要，尤其是跟生产部门相比。比如养殖企业，也有研发、采购、销售部门，但职能相对简单，玉米采购是随行就市的，生猪销售也是随行就市的，管理层的精力基本都是花在生产环节。将生产链条做到最好，成本降到最低，应该是每一家生产链条企业的最核心目标。在调研企业管理层的时候，应该先问问对方的精力投入，如果一家钢铁厂董事长的精力，不是放在生产而是放在销售或其他事情上，那就得当心一点。

多链条模式，指的是企业本质上兜售不止一种资源，而是真正在组织、协调多种资源，从而形成有效产品提供给客户。

比亚迪刚上市时，有人不看好这种垂直一体化的模式，王传福解释说，当时的首要任务是造出一台合格、能开的车给消费者，所以比亚迪必须同时整合供应链、研发、生产、销售资源，做专业化外包需要等到成本是主要矛盾的时候。大多数工业制造业，包括汽车、医药、家电、电子等行业，基本都是多链条模式。就拿汽车厂来说，研发重要吗？当然，这是决定企业长期竞争力的。销售重要吗？当然，决定了每个月的现金流。生产重要吗？供应链重要吗？都重要，这就是典型的多链条模式。相比之下，单链条模式只有一个重要链条，其他链条起辅助作用。

在多链条模式的行业中相对容易出现强者恒强的马太效应，即这种模式是易守难攻的。而在单链条模式的行业中则相对容易出现逆袭，马太效应不明显，这种模式属于易攻难守的。

以汽车行业为例，对于海马这种小车厂来说，大的经销商集团都是优先卖宝马、奔驰、大众等品牌，那谁在帮海马卖车？好像销量最大的经销商是贵州的。同样，福耀玻璃这样的供应商，当然是优先供应大众、宝马这样的品牌，即使会供应海马，那顺位也是靠后的。在这样的产业格局下，当然就注定了海马的未来是江河日下，所谓的一个好汉三个帮，对于这种多链条模式的企业，龙头企业才真正是上下游各方共同帮衬出来的。上市公司高管们是真心觉得供应商、经销商是他们的合作伙伴，对待供应商、经销商的态度，跟对待投资者的态度，有比较大的区别。也许在上市公司高管们的眼里，觉得融资是监管批给他们的，不是投资者给的吧。

虽然每次汽车股有行情的时候，大家都会惊呼自主品牌崛起。其实自主品牌都快倒闭光了，从北往南数，哈飞、奔腾、华晨、黄海、夏利、双环、中兴、英致、通家、华泰、风行、江淮、奇瑞、昌河、力帆、青年、众泰、陆风、东南、海马……这些车企与其说是被消费者抛弃的，不如说是被供应商、经销商抛弃的，因为它们是先被供应商、经销商、员工抛弃，然后才被消费者抛弃。自主品牌中的广汽传祺就属于近些年的攻城胜利方，而观致、英致、通家就属于攻城阶段就失败了的汽车品牌。

长城、吉利、长安这几个自主品牌则属于成功守城的，因为它们建立了完整、有机的体系，在研发、制造、销售、市场、品牌等各个链条上都不掉链子，才会在竞争激烈的汽车行业站稳一席之地。

为什么有些企业在攻城阶段成功后，在守城阶段会失败呢？因为没有迅速建立一套严密、有机的防御体系，不是在研发上有短板，就是在渠道、生产上有短板，才会出现漏洞被人攻破。

而对于那些单链条模式的企业，其实不太需要那么多人帮衬。比如航空公司，只要拿到牌照、买飞机、招飞行员、买航油、卖机票，就有现成的交易市场，随行就市即可。养猪也一样，玉米随行就市买，生猪随行就市卖，自己负责养就好。对于这种单链条模式的行业，投资者买龙头的必要性就没有了，小企业崛起的概率一直存在，只要在关键链条上做得比对手好，那胜算就还有，比如航空公司，只要运营上控制好成本，也不用求着供应商、经销商，就能活得很好。

养殖业也是如此，牧原说要做大，温氏拿它一点办法都没有。而汽车厂不一样，蔚来想做大，没经销商帮它投资建4S店，供应商嫌它规模小，不愿意供货，资深技术人员嫌工作不稳定不愿意出力，在这种环境下创业，自然处处受制。

第四节　坐商与行商

单链条模式，可以具体分为研发驱动型、产能驱动型、销售驱动型、采购驱动型等模式。 在前面举的iPhone的例子中，苹果公司就是典型的研发驱动型公司，苹果公司的每一轮增长都是由新产品带来的，从iPhone 4到iPhone 8，从iPod、iPhone、iPad、iWatch到AirPods，而不是由销售区域扩大带来的。富士康属于典型的产能驱动型，业绩增长看产能就够了，从深圳龙华工厂到成都工厂，再到郑州工厂。而苏宁则是典型的销售驱动型，当年从走出南京到走出江苏，再走向全国的过程中，造就了其成为大牛股，当全国的门店饱和而不再扩张渠道时，它就不值得再研究了。

A股常见的单链条模式的企业，多数是产能驱动型、销售驱动型两种，研发驱动型、采购驱动型的不多见。这里就重点讲一下产能驱动型与销售驱动型，这两种企业可以用更为通俗的名字来代表，分别是坐商与行商。

坐商与行商，是经商的人常用的说法。典型的坐商是酒店、机场、景点、医院等，坐等客人上门的行当。典型的行商则是保险、基金、电信、广告、游戏、电影、互联网等，是主动出门去寻找客户的行业。

从经济学的供需角度来看，坐商是属于供给端完全刚性，即完全没有弹性的行业，供给曲线呈竖直状态（见图6-1）。比如酒店有100个房间，住满了就不再接受预订，飞机坐满了就不再卖票，景点达到接待能力上限后就会限流，医院也会通过限号来应对供给瓶颈。

图6-1 供给曲线完全弹性的行商与完全刚性的坐商

行商，则属于供给端具备无限弹性，从图形上看供给曲线是一条水平的线，即供给几乎没有上限，俗话说就是管够。比如余额宝，你想买1万亿元都没问题，如果不限制，10万亿元的余额宝也不是没可能。还有保险，你基本想买多少都管够，就怕大家钱不够，联通的通信服务也是，以及各种互联网应用，稍微知名的都是为上亿人服务的，比如微信、百度、淘宝。

从企业价值的角度来看，属于坐商的那些行业，想找成长股其实很简单，就是找供给扩张的就行了，也可以说是产能驱动型成长。比如酒店，100个房间变1000个，公司的收入、利润肯定大幅上升，而现有的那几只酒店股，多年不见它们的固定资产增加，显然算不上成长股。生猪养殖公司也是，一是看固定资产，二是看生物性资产，分别代表了猪栏和母猪，这都是产能，这个在快速增长时才值得进行下一步研究，比如看养殖周期。化工股中有很多成长股，其实也是产能驱动型的典型，比如万华、扬农等。

对于行商的行业，公司想成长起来，就要看营销能力了，要看怎么卖。要想让客户都涌过来，就需要提供好的服务、体验，要有性价比高的产品或服务。这里就要稍微分一下，对于同质化的服务，那比的就是价格，比如通信、宽带、快递、航空公司等服务，在购买之前就基本知道得到的是什么了，所以价格是竞争的主要手段，这个时候看的就是谁家的效率高、成本低。所以看快递的话，大家重点都是看顺丰，航空公司都是看吉祥、春秋。

而对于差异化的服务，比如游戏、广告、保险，则看的是产品的综合性价比，游戏就明显是看体验。还有基金经理、医生、老师、艺人、律师背后的基金公司、医院、学校、影视经纪公司、律所等单位，差异化就更大了，一般都直接看个体而不是公司。同时由于公司在个人面前的议价能力偏弱，本身也不太值得长期投资。

如果将服务业分为消费型服务业和生产型服务业，那消费型服务业多数是差异化的服务，要看体验，看综合的性价比。而生产型服务业中的物流行业，则是完全供给刚性的坐商，看产能就行了。金融行业、信息流行业则是典型的行商，看销售能力，而销售能力背后是激励，这就涉及机制了。

第五节 单链条模式从投入看产出

企业的本质，是组织和协调资源，向客户提供商品或服务。也就是说，可以从投入产出法的角度来分析企业的经营结果，在企业的财务报表中，资产负债表反映的是企业投入的资源，利润表反映的是经营的产出。**如果想预测利润表的产出端，从资产负债表的投入端来着手是一个简单有效的办法。**

这个方法比较适合于单链条模式的企业，因为单链条模式的企业投入端相对单一，投资者保持对投入端的跟踪，就有了提前预测产出端的抓手。比如，对于产能驱动型的单链条模式的企业，其产能情况可以从资产负债表里的固定资产科目进行跟踪，再加上在建工程，就可以对未来的产能增长情况进行预测，这样对产出端的预测就有了相对可靠的领先指标。

比如，养殖公司牧原股份自上市以来，就不停扩张其固定资产，从2013年年底的13亿元，扩张到2018年的135亿元，足足扩张了10倍。这是典型的单链条模式的企业，固定资产是其最重要的投入端。牧原上市以来的20倍涨幅，最有力的解释理由就是产能大幅扩张，而且是有效扩张。为什么提有效扩张呢？因为有些企业的扩张是无效的，产能扩了，等到投产的时候，赶上了全行业的产能过剩，最后这些扩张的产能变成了包袱。钢铁、煤炭行业是这种无效扩张的常见领域，有的时候投资者会期盼着以量补价，这就要具体情况具体分析了，看周期下行的幅度有多大，以长期投资牧原的经验来看，在猪价下行阶段，以量补价的逻辑很难占便宜。还有一种无效扩张是类似雏鹰农牧那种，这就是自身管理能力跟不上的问题了，不多见。

前面提到的酒店、景点、高速公路、机场、码头、航空公司等重资产服务业，也可以理解为固定资产出租行业，天然适合用投入产出法来分析其成长性，即供给端驱动的成长。自从春秋、吉祥上市后，很多投资者一直将这两家视为成长股，主要原因就是这两家还处于产能扩张较快的阶段，这点从固定资产很容易对比出来。

对于钢铁、煤炭、水泥、有色金属、化工等价格型周期行业，也适合用投入产出法来分析其供给端的成长性，有助于找出在景气度上行阶段中量价齐升的股票。如果遇到行业景气度下行，最后落脚到股价的时候，投资者需要注意区分成长性、周期性之间到底谁是主导地位，切不可陷入以量补价的陷阱中。

除了产能驱动型和销售驱动型这两种主流的单链条模式外，还有研发驱动型、采购驱动型的单链条模式。研发驱动型的单链条模式在国外见得多一些，比如那些研发后收专利费的企业，就是典型的单链条模式的公司，这种在A股不多见。单纯的采购驱动型企业也不多，像中信出版这种市场化的出版公司，增长靠的是扩大签约作者的群体，确保有足够的版权来源，算是采购驱动的单链条模式。

总之，单链条模式的投入端依赖某一种单一资源，如果谁具

备这种资源，那就具备了在这个行业创业的条件。对于已经是行业内的企业，只要扩张这一个链条的资源，即可实现产出端的扩张，对外界其他的资源依赖度较低，使得在这样的模式下，对于进攻的一方比较友好，而对防守的一方就不友好了。前面举例的这些单链条行业，非龙头企业的阶段性扩张，往往比较容易见效，比如牧原想要长大的时候，温氏一点办法都没有，同样正邦说要长大，温氏、牧原拿它也没办法。春秋航空、吉祥航空上市募集到了资金，只要能申请到航线和时刻，就可以扩张了，三大航完全没有压制的手段。不像前面举例的汽车行业，大的4S店集团、大的零部件供应商，都在间接帮助大车企压制小车企。

单链条模式的易攻难守特点决定了，买龙头的必要性不强，反而非龙头逆袭的机会更多，所以投资者有必要认真分析资产负债表的投入端。也就是前面说的，强者恒强的逻辑存在于多链条模式中，并不存在于单链条模式中。

现实中的一个案例是建设机械，其主营塔吊租赁业务，简单说就是买塔吊出租给工地，本来是个简单的单链条模式。公司具有明显领先的规模优势，随着客户的认证门槛逐步提升，公司在销售链条也开始有了优势。公司上市之后，在融资链条也有了优势。同时公司自己还进行一些后装的研发，就这样不断延展业务链条，逐步把一个单链条的商业模式，升级为多链条了，从而也具备一定的强者恒强特点。

第六节 多链条模式的竞争格局

关于多链条商业模式的竞争格局，有六个值得注意的地方：

一是临界值。

二是防御体系。

三是协同度。

四是发起链条。

五是穿越周期。

六是退出门槛。

临界值指的是在多链条商业模式里的一条规模生存线。产业链上下游在建立合作关系的时候,天然存在对大企业优先的倾向,比如零部件商会优先供应大车厂,经销商会优先代理大车厂,那么对于车厂来说,就存在一个规模上的临界值。当规模在临界值以下的时候,供应商嫌弃,经销商嫌弃,员工嫌弃,银行嫌弃。反之,规模超过临界值时,供应商、经销商都排着队来争取合作,员工也是削尖脑袋想进去,银行就更是嫌贫爱富的典型了。总之,各方资源朝着龙头集中。

最后的结果,就是马太效应,大者恒大,强者恒强,在这种多链条的商业模式中,小就是原罪,就像蔚来、威马、小鹏等造车新势力,这是它们创业最大的挑战,因为它们是带着这种原罪出生的。也可以说,这种多链条模式的行业,天然不适合创业,别提这些造车新势力了。智能手机也是一个多链条的商业模式,决定了早入局做大规模者才有可能站稳。过去20年时间里,还有若干非车企进入造车行业,基本都偃旗息鼓了。

经常见到一些创业项目的商业计划书,都表示要整合这个那个资源,打通这个那个链条,投资的时候都得谨慎对待,链条越多,失败概率越大。所以现在有一些创业企业,高举高打,通过巨额融资来快速迈过临界值。

多链条模式，易守难攻，也就是说，这种多链条模式，存在一个规模上的临界值，在临界值以下时，被各方合作伙伴嫌弃，只有迈过这个临界值后，各方合作伙伴才会笑脸相迎。对于规模临界值以下的小企业，只要有事，多数情况都不是好事，比如 2019 年证监会开始发放买方投顾牌照，显然，大基金公司拿得到，占到先机，小基金公司又被拉开差距了。2020 年基金业协会发文说公募基金经理可以兼任专户经理，这对于大基金公司又是好事，对于小基金公司，则是人才流失的考验。朱门酒肉臭，路有冻死骨，体现在商业社会的人情冷暖大抵如此吧。临界值以下的小企业主们，夜深人静的时候，也许会感叹一句，为什么全世界都与我作对？员工不听话，银行不通融，供应商不配合，客户不理解。

在多链条商业模式中，龙头企业建立起来的防御性的竞争体系，在解释竞争优势的时候，甚至比体制更有说服力。

前几年被保险公司举牌的万科、格力、伊利等企业，在各自行业都是非常优秀的企业，与它们优秀的同行恒大、美的、蒙牛等企业相比，在竞争力上完全不输。这未必都能用体制解释得清楚，反而用体系更能解释清楚，严密有机的防御体系，比漏洞频出的体系，显然会好很多。只是这几家企业，在强势的创始人带领下，建立了这样一套有效的防御性的竞争体系，不管是机缘巧合还是高瞻远瞩，总之，只要建立起来了这种多链条防御体系，那么龙头优势也就容易确立了。非龙头企业想要挑战龙头企业，不光是在挑战企业本身，而是在挑战生态链，围绕着大企业上下游形成的默契配合，有点像是官官相护。

多链条模式还可以用于解释协同度，在企业扩张的过程中，有的是通过新产品扩张，有的是通过渠道扩张，有的是通过产能扩张。在分析一家企业的扩张动作成功的概率时，需要考虑到新业务与老业务之间的协同度，而这种协同度就可以用链条来衡量。

比如长城汽车新推一款 H7 车型，对于这个新业务来说，研发、生产、销售、供应链这几个主要链条，H7 与 H6 都完全重合，研发是同一批人，生产是同一条生产线，销售是同一个经销网络，零部件商是同一批厂家，这样协同度可以算是 100%，供给端失败的概率极小，只需要关注需求端的风险就行。

而潍柴动力去做新的英致乘用车，首先发动机研发人员派不上用场，生产线也借用不了，经销网络肯定不能共用，零部件厂也是大部分不重叠。看起来好像潍柴在汽车界非常优秀，但对于它来做乘用车，新老业务之间的协同度其实几乎没有，那么这种产品都不用看需求端，需要担心的是供给端，能不能造出一台有性价比的车都成问题。反倒是乘用车企业去做电动车，经销商、生产线可以完全共用，研发人员也可以大部分共用，供应链有部分区分，总体算下来的协同度还是很高的，所以大部分乘用车企业来造电动车，供给端风险不大。

还有像三棵树想从涂料进入防水材料行业，只有销售体系的协同度高，其他几个链条的协同度都不高，所以从供给端来说，最好的方式是收购，而不是自己从头开始做，这样风险会小很多。

投资者也可以从行业进入门槛与退出门槛，来看多链条模式中的龙头企业优势。比如在一轮经济下行中，小的啤酒厂、牛奶厂可能会因此关门，小煤窑、小钢厂也会关门，这样大的企业份额就会自动上升。但在下一轮经济复苏时，小煤窑、小钢厂很容易复产，因为只要生产链条复产就行了，门槛低。而小啤酒厂想复产，需要重新招聘销售人员，重新铺渠道，小牛奶厂还得重新寻找稳定的奶源，这就使得复产难度显著高于小煤窑、小钢厂。

所以，每一轮经济周期带来的洗牌，在多链条行业都造成一批厂家永久性退出，带来龙头企业份额不可逆的上升，这是多链条模式的行业龙头能穿越周期的原因所在。其实并不是消费品行业能穿越周期，而是消费品行业的龙头能够穿越周期，这是一将功成万骨枯的逻辑。而单链条模式的行业洗牌就不那么彻底，龙头难以享受这种份额上升，像钢铁行业的龙头宝钢，就只能通过合并武钢的形式来守住龙头位置。

退出门槛，体现在多链条模式的表现为，如果退出门槛低的话，龙头扩张份额时比较轻松，对龙头扩大份额非常有利。

第七节　地利的重要性

如果从天时、地利、人和的角度来分析一家企业，那些起起伏伏、周期性波动的外部需求，可以视为天时，也就是大家经常说的风口。对于具体企业的管理团队，如果碰上优秀的，就算是人和了。一级市场投资者评估投资标的的时候，顺序一般是看谁来做？怎么做？做什么？而二级市场投资者评估企业的顺序，一般是先看做什么？再看怎么做？最后才是谁在做？尤其是买 ETF 的投资者，基本只关心做什么，也就是天时或风口，放弃了后两件事。比如买芯片 ETF 的投资者，就管不了企业团队是谁了，至于是做设计还是封装，也都不关心。

其中的怎么做，就是接近于地利的因素，是指除了天时、人和以外的，关乎企业在产业链上瓜分利益的能力，瓜分能力越强者意味着地利越佳。就像这些年很多企业看好新能源汽车，但切入进去的时候，有人做整车，有人做充电，有人做电池，有人做材料，这里的区别，就可以视为地利的区别。它们面临的天时是一样的，但地利不同，决定了结果大不相同，因此地利也是投资中需要考虑的重要一环。

这里结合多链条模式，来分析与地利的关系。在各种多链条商业模式中，各个链条在业务上有先后关系，比如医药公司就是先研发、再采购、生产、销售这样的顺序，汽车公司也是如此，而牛奶公司就是先建工厂，再采购、生产、销售。**其中第一个业务链条，可以称之为发起链条，在整个产业链中，一般发起链条具备利益分配的权力，决定着利益在产业链的分配比例。**

比如汽车产业链中，就是整车厂负责分配产业链利润，决定让经销商赚多少钱，零部件商赚多少钱，剩下就是自己的。而牛奶厂，则是制造厂来决定奶农赚多少，经销商赚多少。而对于宜家这种，则是销售方来决定椅子的设计者赚多少，代工厂赚多少，在这里，椅子的发起链条就是宜家，宜家来决定卖不卖，卖什么样式的椅子。开发商也是如此，施工方、设计院、代理商都是被分配方，开发商才是主宰者。

很明显，在多链条的商业模式中，业务链条的第一环节为发起链条，具有决定产业链利益分配的权力，是产业链的主宰者。 通常，就可以称这个链条的企业是占据了地利的，比如汽车产业的整车厂，医药产业的原研药厂，牛奶产业的制造厂，家居用品产业的大卖场，分别主宰着各自产业链的利润分配，结果自然是自己吃肉，别人喝汤。

比如，在 2018 年智能手机销量下滑的时候，A 股的苹果产业链中的股票，跌得比苹果公司股票惨多了，而之前或之后智能手机销量好的时候，涨得最好的还是苹果公司，而不是那些产业链中的股票。苹果公司作为智能手机产业链的研发端，显然是发起链条，也是利益主宰者，才会出现行业好的时候，作为主宰者的苹果公司，让那些零件厂赚个成本加成的优先收益，剩下的肥肉归自己，相当于劣后。在行业不好的时候，苹果公司换成了优先位置，保住自己的利益，要亏先亏那些零件厂的。总之，主宰者就是那种好事占尽、不会吃亏的角色，这一切都是因为占尽了产业链的地利。

将多链条的利益分配者角色，扩大化到所有产业中的所有角色，再来重新定义占据地利的企业，通常指那种具有强大议价能力的企业，它们通常具有如下特点。

一是具备挑选客户的能力。比如宁德时代、恒立液压、浙江鼎力等。浙江鼎力的董事长说过一句话，最好的竞争手段就是把差的客户推给竞争对手。这种企业能够将风险、坏账推给竞争对手，而将利润留给自己。有一年双林股份业绩不好，公司给出的原因是，配合长安汽车开发了几套模具和生产线，结果长安汽车那几款车型销量不好，双林的相关资产只好计提减值了，这就是碰到差客户的结果。有了挑选客户的能力，现金流都会表现得比同行要好很多。

二是毛利率高。毛利率高低代表了企业在产业链中瓜分利润的话语权，毛利率高则代表这个链条的企业都具备最强的议价能力，这是地利优势的根本。有的产业毛利率最高的企业出现在上游核心技术或材料环节，比如芯片产业，有的出现在下游渠道，比如腾讯的游戏业务，一般只给游戏开发者喝点汤。

三是具备抵御波动的能力。苹果产业链就是典型的例子，汽车里的代表是上汽集团，背后的上海大众、上海通用都是具备产业主宰地位的企业，能够将产业下滑的风险转移给那些地利差的企业承担。地利差的企业，就像是站在悬崖边经营，稍微有点风吹草动，这种企业就先掉下去。航空公司也是典型代表，在波音、空客、机场、油价面前都毫无议价能力，也就不具备抵御波动的能力，结果就是自身承担了几乎所有的波动风险。

四是业绩弹性大。是在需求扩张的阶段，这种企业能瓜分掉增量需求的大部分利益，实现超越产业链的利润增长。比如挖掘机需求好的时候，液压件成了瓶颈，那么在增量利益的瓜分中，液压件企业就成了最大的赢家。这种超越产业链的利润增长，并不来自于传统的规模效应，而来自于产业链上下游的让利，或者说利润转移。比如汽车行业需求向上的时候，整车厂是最受益的，零部件和经销商都很一般，就是因为在车厂面前，零部件和经销商普遍都没话语权可言。当然，核心的零部件则属于比整车更具有地利优势的，因为它们具备挑选客户的能力，比如宁德时代、潍柴动力，基本上产业链的利润都集中在这种企业上了，整车厂更像是台式计算机时代的攒机商。

占据地利的公司，像黑洞一样吞噬着产业链的利润，成为产业链最大的赢家。从这个角度，也可以看出美国股市与中国股市的差别。从产业链的角度看，主宰者多数都在美国上市，比如波音、特斯拉、迪士尼、谷歌、辉瑞、星巴克、麦当劳、苹果等，而A股的很多公司，多是被这些主宰者支配的公司，这也可以部分解释两个市场的长期走势差距了。

第八节　基金行业的变迁

基金行业本身也是一个多链条的商业模式，不管公募还是私募，都是多链条模式的。其中传统意义上的研发部门，其实对标的是一家标准企业的供应链部门，将外部卖方的研究资源、消化吸收后为投资部门所用。而基金经理所在的投资部门，更像是订单型企业里的生产车间，将销售部门拉来的订单，保质保量地交货。基金公司的产品设计部门，决定的是下一步推主动权益、债券基金、指数或其他，因此说产品设计部才更接近于一家标准企业里的研发部门。剩下就是包括代销、直销在内的销售部门了。几大链条共同构成了基金公司向客户提供的资产管理服务能力。

飞机产业的发展，在产品层面一般存在梯队式的安排，任何一个时点，都是生产一代，设计一代，预研一代，三代依次滚动推进。对应到基金公司，应该是销售部门负责生产，产品设计部门负责设计，投资部门负责预研，这才是一家基金公司发展的正确路径。

公募行业的狭义资产管理业务，尤其是主动权益管理，在过去十年，极少出现逆袭的公司，十年前的一线公司如今还是一线，基本没有掉队的。十年前的三线如今还是三线，鲜有逆袭成功的，中欧基金这种算是个案。因为，一家优秀的公募，是靠大的销售渠道、大的卖方研究所帮衬出来的。当一家小公募想要逆袭的时候，首先面临的是恶性循环，大渠道进不去，大卖方不提供研究支持，各个链条不断掉链子。当然，也有能够高举高打、一步到位迈过临界值进入良性循环的基金公司，比如睿远基金。

表 6-1 统计了各家公司的权益持仓规模。2007 年有权益持仓的基金公司为 57 家，规模前 10 基金公司的权益规模，占全行业规模的 49.1%，2018 年有权益持仓的基金公司增加到了 129 家，规模前 10 基金公司的权益规模，占全行业的比例上升到了 50%，这说明新增了 72 家基金公司，没有从前 10 家里抢到一点份额。

表 6-1 历年基金主动权益持仓规模前 20 名

	2009 年		2011 年		2013 年		2015 年		2017 年		2019 年	
1	华夏	7.9%	华夏	8.0%	华夏	7.8%	汇添富	6.7%	易方达	5.8%	易方达	6.7%
2	博时	6.2%	嘉实	5.0%	广发	5.4%	易方达	6.1%	嘉实	5.8%	汇添富	6.1%
3	广发	5.1%	广发	5.0%	嘉实	5.4%	嘉实	5.5%	汇添富	5.6%	兴全	4.9%
4	易方达	4.8%	易方达	4.7%	易方达	4.9%	华夏	4.8%	华夏	4.4%	嘉实	4.7%
5	大成	4.0%	博时	4.6%	博时	4.3%	富国	4.8%	东方资管	4.1%	中欧	4.1%
6	嘉实	3.6%	南方	3.5%	景顺	4.2%	工银	4.7%	广发	3.7%	华夏	4.1%
7	南方	3.6%	大成	3.5%	南方	3.2%	中邮	3.2%	富国	3.5%	广发	4.0%
8	华安	3.6%	华安	3.3%	汇添富	3.1%	华商	3.2%	国泰	3.4%	景顺	3.9%
9	交银	3.1%	富国	2.9%	富国	3.0%	广发	3.1%	兴全	3.4%	富国	3.6%
10	银华	3.0%	鹏华	2.9%	大成	3.0%	宝盈	3.0%	南方	2.9%	东方资管	3.3%
11	鹏华	2.9%	景顺	2.9%	华安	2.9%	博时	2.9%	工银	2.8%	交银	3.2%
12	中邮	2.9%	汇添富	2.7%	上投	2.6%	上投	2.5%	博时	2.7%	华安	3.2%
13	富国	2.9%	诺安	2.6%	银华	2.5%	南方	2.4%	中欧	2.5%	南方	3.1%
14	景顺	2.9%	银华	2.6%	交银	2.5%	中欧	2.3%	华安	2.5%	工银	2.5%
15	华宝	2.7%	交银	2.2%	鹏华	2.5%	华安	2.2%	上投	2.4%	博时	2.4%

(续)

	2009 年		2011 年		2013 年		2015 年		2017 年		2019 年	
16	汇添富	2.6%	华宝	2.2%	华宝	2.4%	华宝	2.2%	银华	2.2%	银华	2.3%
17	诺安	2.5%	工银	2.1%	华商	2.2%	景顺	2.1%	景顺	2.2%	国泰	1.9%
18	兴全	2.2%	上投	2.1%	诺安	2.1%	融通	2.0%	交银	1.9%	上投	1.5%
19	长城	2.2%	长城	2.1%	光大	2.0%	银华	1.8%	大成	1.8%	鹏华	1.5%
20	光大	2.2%	国泰	2.0%	长城	2.0%	兴全	1.7%	华商	1.6%	融通	1.3%

数据来源：Wind。

如果看排名靠后的基金公司，2007 年，规模排名后一半的基金公司为 29 家，权益持仓规模占比是 14.3%。而 2018 年，排名后一半的基金公司为 65 家，总共的权益持仓规模占比只有 1.8% 了。基本上印证了前面说的，虽然新增了 72 家公募基金，权益份额一点没抢到，这可能也是近些年监管审批公募越来越慢的原因。虽然都是牌照，早一年发放和晚一年发放，价值完全不同。

易方达基金就是典型的多链条龙头的成功案例，在研究、投资、销售、产品等各个链条上，易方达都一直在完善。2019 年新发的买方投顾牌照，易方达又是每一步都领先。值得注意的是，易方达所在的广州，并不是基金业的重镇，但正是因为这样，反倒成就了它的防御体系，因为人才流动性低。反观真正的基金重地陆家嘴，因为员工普遍住在附近，办公更是集中在小陆家嘴，跳槽实在是方便。

如果 2015 年看易方达基金的化工研究员，可能从业经验是三年，陆家嘴某家公司可能也是三年，但到了 2020 年，很可能易方达的化工研究员已经有八年经验了，陆家嘴公司的还是三年，因为一个没跳槽，另一个已经跳槽走了，新来的才三年经验。对于这种不存在技术变革的行业，需要的是熟能生巧，需要的是时间沉淀下来的经验，如果一家公司能长期保持人才队伍的稳定，自己争气，外部资源也会优先支持。

所以在资管行业，从职业选择的角度看，如果去买方，尽量不考虑小机构，如果去卖方，则可以考虑去小卖方，因为卖方研究所的模式注定了是个易攻难守的单链条模式，逆袭相对容易成功。事实上，过去这些年，不断有新的卖方研究所如雨后春笋般冒出来，而龙头则常常是变换大王旗（见表6-2）。

表6-2 历年券商研究所佣金份额排名前20名

	2009年		2011年		2013年		2015年		2017年		2019年	
1	申万	6.7%	申万	5.7%	中信	5.8%	招商	5.3%	中信	5.2%	中信	7.1%
2	中信	6.5%	中信	5.5%	海通	5.0%	中信	5.2%	长江	4.9%	国信	5.2%
3	中金	6.3%	国君	4.2%	申万	4.7%	海通	4.8%	广发	4.6%	招商	4.6%
4	国君	5.8%	国信	4.2%	招商	4.6%	宏源	4.7%	招商	4.6%	广发	4.6%
5	国信	4.3%	东方	4.0%	国君	4.6%	国信	4.7%	海通	4.2%	长江	4.5%
6	招商	4.3%	海通	3.8%	建投	4.4%	安信	4.6%	建投	4.1%	东方	4.3%
7	海通	4.3%	招商	3.7%	银河	4.0%	国君	4.5%	天风	4.1%	华泰	4.1%
8	安信	4.0%	中金	3.7%	广发	4.0%	广发	4.5%	兴业	3.8%	建投	3.9%
9	华泰	3.5%	华泰	3.6%	东方	3.6%	银河	4.4%	中泰	3.6%	中泰	3.8%
10	国金	3.5%	广发	3.4%	长江	3.5%	建投	4.3%	东方	3.5%	海通	3.7%
11	高华	3.2%	银河	3.2%	光大	3.3%	兴业	4.0%	光大	3.5%	国君	3.4%
12	银河	3.1%	兴业	3.1%	国信	3.2%	东方	3.7%	银河	3.4%	兴业	3.2%
13	建投	3.0%	安信	3.1%	国金	3.1%	华泰	3.4%	国君	3.1%	光大	3.2%
14	中银	2.8%	长江	2.9%	中金	3.0%	光大	3.4%	中金	3.1%	申万	3.1%
15	广发	2.5%	光大	2.6%	兴业	3.0%	长江	3.0%	方正	3.1%	银河	3.1%

(续)

	2009 年		2011 年		2013 年		2015 年		2017 年		2019 年	
16	长江	2.5%	中银	2.5%	安信	2.5%	国金	2.8%	申万	2.7%	中金	2.8%
17	光大	2.4%	建投	2.5%	民生	2.1%	中金	2.7%	国信	2.7%	方正	2.8%
18	长城	2.4%	国金	2.3%	长城	2.1%	方正	2.4%	华泰	2.7%	天凤	2.5%
19	东方	2.1%	中泰	2.0%	中银	1.8%	中泰	2.3%	安信	2.5%	国盛	2.2%
20	兴业	2.1%	瑞银	1.7%	中泰	1.7%	华创	2.0%	国金	2.5%	安信	2.0%

数据来源：Wind。

第九节　销售费用与管理费用

我们建立各种商业模型与财务模型，找出各种规律，落脚点是预测企业未来的收入与利润。**利润是利润表的最底下一行，收入是利润表最上面一行，逻辑上来说，预测收入是枢纽，比预测利润更重要。**收入是企业供给与客户需求匹配之后，达成交易的结果，所以预测收入需要从企业供给端、客户需求端两个方面去看。

与企业的投入产出动作相对立的，是客户的需求。客户是否会购买企业生产出来的东西，受到了客户自身的约束，尤其是现金流的约束，最常见的就是客户的效益周期性波动，会带来需求的周期性波动，客户的年龄变化会带来需求的变化，生活状态和方式的变化，也会带来需求的变化。所以，投资者从需求端来预测企业收入，是与供给端并列重要的一项工作。

简单来说，预测一家企业的收入会如何变化，应该去看客户的支出会如何变化。这个时候，传统方法多是在预测客户的收入波动了，比如预测钢铁企业收入的时候，会去研究汽车的销量，这是总量方法。还有是看结构，也就是看这家企业的收入是客户的什么支出，因为汽车厂有不同的支出，波动属性，是不一样的。比如在汽车销量下滑的阶段，车厂对钢铁、机床的需求会下降，但研发费用不一定会减少。

在前面章节中重点解释了周期行业，提出了企业支出模式的框架，如果一家企业的收入是客户的固定成本支出，那就必须接受销量的波动，属于销量型周期行业；如果收入是客户的可变成本支出，那就必须接受价格的波动，属于价格型周期行业，这隐含的逻辑就是要看客户的支出。

无论是客户的固定成本还是可变成本，只要一家企业的收入是客户的成本支出，那就是有周期的，这就是对周期行业的定义。企业收入是否有周期，看给客户提供的是什么产品，而不是看企业的下游行业是不是周期行业。这就引申出了非周期行业，按支出类型的定义，如果企业的收入是下游客户的费用支出，包括管理费用、销售费用，那就是非周期的了。

这里就需要开始理清管理费用与销售费用的区别了。根据对企业的作用来区分的话，管理费用是帮客户省钱省精力的，而销售费用是帮客户赚钱赚面子的。

销售费用型商品包括两类，对于"To B"类的产品，包括广告、白酒等，客户买过去是能够直接得到订单的，投多少广告有多少订单，这之间存在直接的对应关系。对于"To C"类的产品，比如普拉达、卡地亚等奢侈品，是能够直接给客户赚来面子的。赚钱赚面子这是通俗说法，严格来讲销售费用型商品最大的特点，是埋单者与使用者不是同一个人，是分离的。比如买广告的人，肯定不是为了自己看，而是让潜在客户看；买茅台的人，肯定不是自己独饮的，对方喝得越多越好。买奢侈品的也是如此，比如买了个路易威登的包，自然不会放在柜子里而要出来秀，买了块百达翡丽的手表肯定是要戴的，至于这个表针走不走？准不准？这都不重要，重要的是得让人知道咱也有名牌了。

管理费用型商品就相对简单了，购买者和使用者是同一主体，购买者在消费决策的时候，原则是省钱省精力。比如购买可口可乐、娃哈哈、肯德基的时候，主要就是因为这些品牌能够帮消费者节约精力，用不着每次消费都要货比三家。这些对应管理费用的产品，消费者购买后自己默默使用就行了，用不着非得有人见证，也就是购买者就是使用者，使用者就是购买者，这是跟销售费用型商品最大的区别。

从投资的角度，管理费用型商品与销售费用型商品最大的区别，在于能否长期提价。 销售费用型商品的价格长期上升是常态，无论是广告还是奢侈品，可以完全脱离成本来定价，价格长期趋势与 M2 相当，因为 M2 可代表消费者剩余上升的空间。而管理费用型的商品，价格长期跟随成本波动，摆脱不了成本这一地心引力。那些销售费用型的商品，比如央视广告、茅台、路易威登不提价是新闻。而管理费用型的商品，比如肯德基、海底捞、西贝、娃哈哈，则提价是新闻。

从品牌的角度，也存在管理费用型的品牌和销售费用型的品牌，像麦当劳、可口可乐、康师傅、中华牙膏这样的品牌，基本上都是为了方便大家记住，免得每次都货比三家，这种品牌一旦形成是有价值的。那些奢侈品品牌，则主要是炫耀用的，一般喜欢拔高品牌高度。

第十节　小地方出大企业

有的人的成功经验表明，专注是成功的必要前提；有的人的成功经验又表明，与时俱进的人才会成功。

如果看沃尔玛的成长故事，大家都会注意到一点，就是它的总部一直在阿肯色州的本顿维尔小镇，这也是沃尔玛最早起步的地方。其实，美国有很多的大企业，总部都是在不知名的小城市，而不是在纽约、洛杉矶这样的大都会。

下面简单列举了一些美国500强企业的总部所在地，主要还是一些中国人耳熟能详的企业，看看有多少是小城市。比如西雅图作为美国并不那么大的城市，是微软、星巴克、亚马逊的总部所在地，最大的石油企业埃克森美孚的总部是在得克萨斯州的爱文市，宝洁的总部是在俄亥俄州的辛辛那提，而俄亥俄州的阿克伦是轮胎巨头固特异的总部，新泽西州的莫里斯镇则是霍尼韦尔的总部，另外玩具反斗城的总部在新泽西州的韦恩市。伊利诺伊州有两家知名的大企业，分别是皮奥利亚市的工程机械巨头卡特彼勒，以及欧克布鲁克市的麦当劳，而吃麦当劳时一定要喝的可口可乐，其总部则是在佐治亚州的亚特兰大市。还有耐克的总部在俄勒冈州的比佛顿市，这里也有阿迪达斯的美国总部，不过阿迪达斯的全球总部是在德国巴伐利亚州的黑措根黑拉赫市，另外知名家电商惠而浦的总部是在密歇根州的本顿港，杜邦的总部则在特拉华州的威尔明顿。

中国也出现了越来越多的大型企业在非一线城市崛起的现象，比如顺德的美的、珠海的格力、宜宾的五粮液、宿迁的洋河、保定的长城汽车、潍坊的潍柴动力、芜湖的海螺水泥、广东云浮的温氏、烟台的万华、襄阳的骆驼、漯河的双汇、江阴的海澜之家,等等。

为什么这些传统行业的大企业会出现在小城市,而非一线城市?尤其是现在的北京、上海,经过市场拼杀而崛起的大型企业不多,有的话也是以高科技为主。从共性来讲,无论中国还是美国,这些来自小地方的巨头,所处的行业基本都是不存在技术变革的。

根据企业所处的行业是否具有技术变革趋势,可将企业分为技术变革企业与技术稳定企业两大类。那些处于技术持续变革行业的企业,如果位于资讯不发达的小城市,那么抓不住行业新趋势的概率是非常大的,这样的话就会被技术淘汰从而在竞争中落败。而对于那些不存在技术变革的行业,比如白酒、白色家电、食品、服装等行业,持续、专注地提高企业竞争力,成为龙头的概率是非常大的。因为这些行业的竞争焦点,在于综合效率与成本,在小城市的优点,除了表面成本优势以外,更重要的是人员流动性低,员工频繁更换带来的摩擦成本低。

第十一节 十种收入模式中最优的是白酒

我们研究上市公司的时候,重点是预测上市公司的收入,如果将上市公司的收入与客户的支出,建立一个简单的对应关系,即一家公司的收入,是下游客户的支出。也就是说,投资者想要预测这家公司的收入变化情况,先去预测下游客户的支出变化,就有了方向了。

企业的支出主要有五种,包括两种成本与三种费用,成本分别是固定成本与可变成本,三种费用则包括了管理费用、销售费用、财务费用。根据下游客户是个人还是企业,可以将个人消费者的支出也分为五种,因此,我们根据客户支付划分企业收入模式,可以分出十种收入模式来(见表6-3)。

表6-3 根据客户支出划分的十种商业模型

客户支出	客户	代表行业	特点
固定成本	企业	机床、工程机械、船舶、高铁、重卡	销量型,中周期
	个人	住宅开发、汽车、家电、手机	销量型,早周期
可变成本	企业	石油化工、煤炭、有色金属、钢铁、水泥	价格型,晚周期
	个人	农产品、养殖	价格型,供给周期
管理费用	企业	轻工业、文具、家具、信息产业	龙头强者恒强
	个人	食品、服装、零售百货、医药	双寡头居多
销售费用	企业	广告业、高端白酒、传媒、互联网	价格提升
	个人	奢侈品	价格提升
财务费用	企业	银行、信托、租赁	宏观周期
	个人	证券、保险	资本市场周期

在这十种收入模式中,从长期成长性角度来看,最优的是高端白酒和奢侈品,A股白酒股较多,而奢侈品股票偏少,中国国旅算是半个吧,所以这里从白酒展开,重点讨论一下销售费用型商品的特点。

白酒的消费场景多是招待宴请,白酒公司的收入,对应的是客户的销售费用型支出。这一类公司有一个显著的特点,就是价格能够持续上升,也就是具备提价能力,这是国民经济中一种稀缺的商业模式,因为另外四种支出模式对应的企业都不具备这样的能力。

至于为什么以白酒为代表的销售费用型企业,其产品价格可以持续上升?前面说过,购买者和使用者不是同一个人,买白酒主要是为了办事,而且有点类似于通常说的"花别人的钱办自己的事"。比如大家平时买茅台酒,大多是为了招待重要客人,自己喝不喝,喝多少,都不要紧,要紧的是客人喝好了没有。类似的还有广告,去百度或央视买个广告位,一定是为了让别人看到广告,肯定不能光给自己人看。广大女士买的各种名包,不能放在家里让人不知道,而且还要那种写满了LV字母的,这样就达到效果了。更有甚者将那些几十万的瑞士名表戴在手上,走不走,准不准,都不要紧,关键是必须让别人知道自己有这么个身份象征。这几类商品都有个共性,就是自己埋单,别人消费。

白酒正是因为有了持续提价的能力,在量和价两个维度上,已然比绝大多数只靠跑量的行业胜过一筹了,这个应该可以解释为什么白酒股从长期来看能跑赢大盘,尤其是能彰显身份与诚意的高端白酒,价格越高越好。在定价模式上,也不遵守常见的成本加成,而是尽可能逼近消费者的心理底线,从经济学原理来说,这就是生产者在无限榨取消费者剩余。

从经济学的效用理论来讲,销售费用型的产品,其消费者剩余大部分或全部让渡给了生产者。基本上是消费者出得起多少钱,生产者就会要价多少钱,生产者不会依据自己的成本去定价,而是不断试探消费者的承受能力,依此去定价(见图6-2)。比如 个用户在电视台做 个广告,能实现100元的收入,那电视台收70元,广告主会给的,电视台要90元,广告主还是会给的,广告主完全没资格跟电视台说,你这广告成本才2元啊,怎么卖 90 元呢。谷歌和百度的竞价广告就是这种定价模式，央视每年的标王也是如此，茅台酒的价格也是如此。

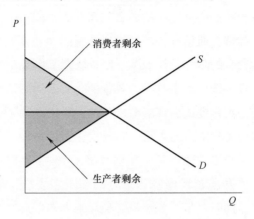

图 6-2　消费者剩余与生产者剩余

这种无限榨取消费者剩余的商业模式，还出现在奢侈品领域。那些动辄上万元的名包、名表，成本可能就 500 元，但是这些奢侈品在定价的时候，不会参考成本，成本到底是 500 元还是 2000 元，消费者管不着。厂家说卖 5 万元就是 5 万元，你不买，别人就买了。这种销售费用型模式，站在股东或老板的角度是非常好的一种模式。反过来，像卖方便面的，你卖 3.2 元，那我卖 3.1 元，当这种公司的股东就太苦了。

第十二节　双寡头格局的必然性

经常见到一个有意思的说法，老大和老二打架，老三没了。比如王老吉与加多宝打架，和其正没了，可口可乐与百事可乐打架，非常可乐没了，统一对康师傅，今麦郎没了，等等例子还有很多。

很多行业的确存在这样的双雄格局，常见的有肯德基、麦当劳，伊利、蒙牛，苏宁、国美，格力、美的，如家、汉庭，青啤、燕京，福特、通用等。

站在消费者的角度，在预算一定的前提下都会追求效用最大化，也就是花小钱办大事，当然要货比三家才行。消费者手中的钞票，就是一张张选票，谁家的性价比高，就投票给谁。在这个投票过程中，不管是优中选优，还是矮个里选高个，都是在做相对比较，先在心里默默建立一个参照系，然后拿每个选项与参照系做比较，比参照系差的就放弃，比参照系更好，那就投票给它，买下了。同时，参照系也就更新到最新品种，标准也就提高了。下一次投票的时候，就该跟这个新的参照系进行比较了，直到参照系没有提高的空间为止。这就解释了为什么参照系不会过多的原因，也就是老三必然被淘汰的原因。

这是一个简易的投票模型。消费者在购买可乐的时候，就会从性价比角度，将眼前的可乐跟可口可乐、百事可乐、非常可乐做对比，如果比不过任何一个可乐，那就放弃购买。然后在三个可乐里，非常可乐比不过可口可乐，那放弃非常可乐，直到最后可口可乐、百事可乐的性价比不相上下，达到均衡了。

对于单次投票，参照系不是必备的。比如高考选专业时，没有参照系，只能全面考量未来的前景、自己的分数、自己的兴趣等，这种情况即使有参照系，其作用是一次性的，也没有机会和必要去更新参照系了。同样的情形适用于婚姻、买房、买车、择校等，正是因为都属于一次性选择，缺乏参照系，最后都极大消耗了人们的时间和精力。这个过程跟股票的绝对估值很像，每次对股票进行 DCF 估值是个费时费力的事情，所以大家更愿意用 PE、PB 这些相对估值的方法，这样就可以借用类似股票作为参照系了，比如建行 PB 回到 1 了，那工行、农行自动会去对标。

对于连续投票，参照系就是必备的了，这样在时间和精力上是个极大的节约。开篇说的那些行业双雄格局的形成，共同点就是这些企业提供的产品，对于消费者来说都是连续投票。**如前面分析，连续投票一方面需要参照系，另一方面是，只需要最新、最高标准的那一个参照系。**

这样就可以理解，那些消费者需要经常购买的商品，即必选消费品，必然需要一个参照系，而且一个就够了，所以必然会出现双雄格局。方便面行业除了统一、康师傅，其他方便面就可以忽视了，伊利、蒙牛以外的乳品企业也可以不覆盖了，至少踏空的风险是很小的。

第十三节　破坏性创新

随着人类科技进步，人现在的大部分需求，比如吃住行游乐娱，都能得到满足。比如出行工具陆续出现了马车、自行车、摩托车、汽车、火车、飞机、高铁等，通信工具也有电报、电话、手机、互联网等越来越先进的选择。

但历史上并不是每一件新发明出来的东西，都会被普及开来。比如 20 世纪 90 年代摩托罗拉公司推出的铱星电话，四川长虹力推的背投彩电，索尼推出的 MD 音乐播放器，最后都被埋没在历史尘埃中了。这些例子尚且还算是留下了身影的，还有更多不知名的，压根没来得及被人们了解，就被迫退出了。

第六章 从商业模式看企业价值

每一件新的发明，其实在出生那一刻就有天然的竞争对手，就是那些它想替代的旧事物。比如铱星电话是想替代固定电话和大哥大（即蜂窝电话），背投彩电是想替代传统显像管彩电，MD是想替代随身听。旧事物成了新发明最强大的竞争者，新发明必须表现出更好的性能，或者更低的价格。

总之，新发明必须在性价比层面能够战胜旧事物，才有继续存在并替代旧事物的可能。 铱星电话、背投彩电、MD的性能也许比对应的固定电话、CRT彩电、随身听更好，奈何价格实在太贵，算起性价比就不那么划算了。也许它们本可以等待规模效应带来成本的下降，通过持久战来战胜旧事物，就看是否有足够的时间。很明显，它们不是一个人在战斗，偏在同一个时代，新发明层出不穷。这些新发明们有着共同的竞争对手，这颇有点像王朝末期的群雄并起，最终鹿死谁手，比的是性价比，而不是看出现的时间早晚。

铱星电话、背投彩电、MD还在努力的路上，来跟它们抢地盘的新发明陆续出现了。蜂窝电话、液晶彩电、MP3的出现，为老百姓带来了性价比更高的选择。于是，更新一代的发明，陆续将固定电话、CRT彩电、随身听送进了历史。

这种新旧交替式的产业变化，核心关注点是新旧事物的性价比。如果新发明的性价比超过了旧事物，那就存在新旧交替的可能，而且要看这种性价比优势有多强。很明显，性价比优势越强，替代的速度就越快。

这样的成功例子还有很多，余额宝就是典型。余额宝本来就是一只普通的货币基金，按说在这之前也有很多货币基金，为什么没有火起来呢？就是因为性价比没那么突出。虽说货币基金利息比活期存款确实高很多，但毕竟申购赎回很麻烦，就算那个时候在基金公司办公室可以直接购买，不用去银行网点，好像我也很少买。总之，货币基金综合下来的性价比不算高，但货币基金接入支付宝后，买卖变得非常便捷，体验大幅提升，综合下来的性价比明显优于活期存款，火爆也就成了必然。

　　前面说了失败与成功的例子，再说一个当下仍存在变数的电动车案例。电动车出现后的竞争对手是汽油车，但由于加装电池带来的首次购置支出过高，以及使用环节充电等不便，使得其整体的性价比仍比不上汽油车。为此，电动车需要补贴来弥补其性价比上的劣势，以达到至少不差于汽油车的性价比。如果套用前面讲的新旧性价比标准，电动车明显更接近于铱星电话、背投彩电、MD，而不是蜂窝电话、液晶彩电、MP3，财政补贴在其中的作用更接近于拔苗助长。

　　所以，观察一件新发明是否有替代旧事物的潜力，有一个很简单的指标，就是看是否需要财政补贴。更通用的一个观察角度，是看是否有明确的受损者。按照熊彼特的创新理论，那些成功了的新发明，大多符合"破坏性创新"的标准。一件新发明能够立足，很多情况下是因为赶跑了旧事物。

　　今天我们看到的高铁替代绿皮火车、智能手机替代功能机、微信替代短信、移动支付替代现金，都是典型的破坏性创新。人类的进步与发展，就是这样一个不断推陈出新的进程。

　　像这些年出现的二维码、滴滴、摩拜、微信支付、小程序、无线耳机、云服务器，都属于此类破坏性创新，都给人们的生活带来了极大的便利，或者极大提高了工作效率。这些新事物的出现，都有明确的旧事物受损，比如二维码让炒作域名变得不热门了，滴滴让出租车司机叫苦不迭，摩拜让黑摩减少了，微信支付更是替代了现金，小程序也让很多App没必要开发了。它们战胜了各自的替代对象，均是通过老百姓用行动投票决定的。

第十四节　需求背后的人性

2013年6月13日，余额宝正式上线。我是在第二天体验了一下，很快就意识到这个新事物的神奇之处。明明自己在基金公司待了五年，却很少买货币基金，主要是嫌麻烦，即便那个时候可以在办公室刷卡购买。

这明明就是只货币基金，收益率一直是活期存款的几倍甚至十几倍，为什么之前没能替代活期存款呢？变成余额宝之后有什么变化？

前面讲了，判断这种新发明是否有前途的指标是性价比。这里隐含了一个重要的假设，即人是贪婪的。贪婪会驱使人们寻找性价比更高的选择，公众通过钞票来进行投票，最终将性价比最高的商品选出来。那么，在余额宝之前的货币基金面前，老百姓就不贪婪了吗？

这里还有另一个重要假设，即人也是懒惰的。老百姓不愿去银行买货币基金，或者用当时的银行网银购买，都是因为麻烦。为了货币基金那点收益，来回折腾的动力不强。这个时候，是人的懒惰战胜了贪婪。而在余额宝面世之后，购买货币基金变得如此便捷，于是人的贪婪开始战胜懒惰了，愿意为了每天几元钱的利息打开App划几下。

总结一下，这里需要接受一个重要的假设，即人之初，性本恶。这是天主教教义所提，但丁在《神曲》中按照轻重排序分别是：色欲、暴食、贪婪、懒惰、暴怒、妒忌、傲慢。所谓的性本恶，即人的本性同时具备了这七种恶。

在余额宝出现的前后，老百姓对货币基金的态度经历了从懒惰战胜贪婪，再到贪婪战胜懒惰这两个阶段。

之前强调了新发明的性价比一定要比旧事物高很多，才能启动新旧交替。比如电动车加上补贴后，综合下来确实比某些汽油车划算，但人们习惯了汽油车的便捷，普遍懒得切换到电动车。可以说，人们的懒惰本性，才是电动车普及的最大障碍，当然，人们的贪婪本性，又是电动车普及的最大动力。

类似的还有奢侈品，那些名牌包都很贵，动辄几万甚至几十万元，体现的就是人的妒忌战胜了贪婪，好面子的本性使得女人们不断升级军备竞赛。茅台也存在类似的逻辑，请客喝酒面子最重要，必须花的钱就得花。这种情况，其实就是人性的一种恶，战胜了另一种恶。总之，从人性本恶的角度，可以从根本上对各种原生需求进行分析，尤其是供给驱动的需求。与原生需求对应的引致需求，就不适合从这个角度分析了。

既然提到了性本恶，与中国传统观念中的性本善是对立的，那就有必要稍微解释一下。所谓的人性本恶还是人性本善，其实是不冲突的。在不损害其他人利益的前提下，人的本性是恶的。比如前面说的七宗罪，无论是妒忌还是傲慢，或者贪婪或者懒惰，都不会直接损害他人的利益。而在不损害自己利益的前提下，人的本性是善良的，这体现在国人每次面临抗震、抗洪、抗疫等情形，都表现出极大的善良本性，其实都是在不损害自己利益的前提下，愿意尽其所能去帮助别人。当然，那种愿意损害自己利益去帮助他人的行为，就有资格被视为伟大。

人的这种天生的本性，不光体现在消费行为、投资行为上，其实存在于现代社会的方方面面，包括我们每天面对的一切。在工业设计、产品设计专业有一本入门教科书，是唐纳德·诺曼所著的《设计心理学》，书中就提出了人性善恶的观点，设计一个需要交互的产品时，从心理学出发，要考虑到的是人的懒惰、急躁、喜新厌旧等恶，所以需要顺应人性去进行设计，让人们可以以最懒的姿势、最快的速度，看到最新的动态。我们为什么每天要无数次打开微信？而不愿意打开支付宝？就是因为打开支付宝不会有新的动态，而微信有，而且都在朋友圈里。

基金经理与产品经理的相通之处，就在于需要深刻洞察社会，洞察人性，紧紧抓住对方的人性弱点。股市本身是个照妖镜，将人性中的恶彻底释放，七宗罪中的五种，基本上主导了人在股市中的行为。首先是妒忌，妒忌隔壁老王最近发财了，所以自己也要入市炒股，至于自己懂多少就无所谓了。某次是懒惰，不愿花精力去学习提高，如果赚了钱，那就开始傲慢，觉得自己是股神，于是继续贪婪。总有一天会遭遇套牢，或者踏空，于是暴怒，继而装死，逃避现实，等等。真是够有趣，也够残忍。

第十五节　薪酬压力下的增收不增利

站在投资者角度看，企业的本质是组织和协调资源向客户提供商品。我们可以从外部需求与内部供给来看企业的价值变化，除此还有一个角度，是从这些资源的角度，如果企业所需要的资源越来越便宜，那企业的价值就会相应上升，反之则企业价值下降。比如油价下降之后，航空公司的价值看起来就是上升的。

企业的收入主要是流向员工、股东、政府、原料商，分别是薪酬、利润、税收、成本四项。这里特别值得一提的是员工薪酬，在当下中国人口红利逐渐消退，劳动力薪酬上涨成为很多企业难以回避的经营难题。很多商业模式，想轻易将劳动力薪酬上涨的压力转嫁出去，是存在困难的，这种情况下，企业价值就将势必下降。

事实上，上市公司薪酬占营业收入的比例算是薪酬率的话，可以发现这个指标的中位数在2007年之后一直持续上升，从7%上升到了将近13%。而同期净利率的中位数则稳中有降，2018年只有7.7%了，创2007年以来的新低。薪酬率代表员工能从企业收入中分多少，净利率代表股东能从企业收入中分多少，这两个指标在2011年开始分道扬镳，2018年分别是12.7%和7.7%，裂口已经达到5个百分点了（见图6-3）。

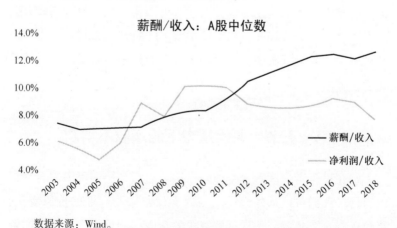

数据来源：Wind。

图6-3　薪酬上涨持续挤压上市公司净利率

从薪酬与利润的关系也能看出，从 2011 年开始，A 股上市公司的合计薪酬增速就一直高于利润增速，结果就是薪酬占利润的比例，从 2010 年最低的 73% 上升到了 2018 年的 115%。员工从上市公司拿到的钱，从 2015 年开始已经超过了股东拿到的钱，而且越来越多（见图 6-4）。

数据来源：Wind。

图 6-4　员工薪酬已经超过了股东利润

对于 2011 年之后薪酬与利润的反差，或者说薪酬上涨的原因，主要是人口红利的消退。之前在讨论互联网对股市改造的时候解释过一次红利，这里再解释一遍人口红利，尽管都是人口红利，但经济含义不相同。

由于历史原因，整个中国在 20 世纪 40 年代一直处于战乱状态，婴儿出生率和存活率都很低，使得现在的 40 后，或者说 70 多岁的老人总数明显少于其他年龄层。而 1949 年年底全国安定之后，人口出生率和存活率在 1951 年开始大幅上升，也就是 50 后人口数量是远多于 40 后。而 1951 年出生的人口，在 2011 年正好 60 岁，无论是按规定还是按习俗，这一代人都开始退出劳动力市场。如果将劳动力总量看作一个蓄水池，那水池的来水量是由90后决定的，排水量则是由40后、50后决定的。这个蓄水池在2011年以前，由40后人口数量决定了流出量比较少，从2011年开始流出劳动力蓄水池的50后人口数量开始井喷，就如同60年前的婴儿潮一样。来水量由90后人口数量决定，稳中有降，从80后的2400万年出生人口降到00后的1600万年出生人口。因此，劳动力的拐点不可避免地在2011年出现了，50后的人口数量变化是主要原因，90后是次要原因。需要重视的是，整个60年代是比50年代还高的一个婴儿潮，意味着2020年之后会迎来更大的劳动力退出洪峰（见图6-5）。

数据来源：Wind。

图6-5 以60后为主体的退休潮即将到来

说起90后的新增劳动力，其实也是杯水车薪。一方面是GDP每年绝对额增加7万亿元，对劳动力的需求量就是一个很大的数字；另一方面是GDP中服务业占比已然过半，服务业对劳动力形成了高强度消耗。最近几年电商和外卖的快速发展，每年需要劳动力超过120万人，而每年由90后提供的劳动力是1600万人，其中800万人考上大学，考不上大学的男生有400万人，那么其中就有120万需要填补外卖和快递行业的缺口，占比达到了30%。每年卖1600万套房子,按照几家物业公司的数据,平均80套房子需要一个保安或物业人员,这样每年新增房子又需要20万人。每年的新增重卡保有量,需要消耗20万名司机,每年新修1万千米高速公路,沿途收费站、服务区需要消耗1万人的劳动力。这些算下来,其实每年新增的90后劳动力也挺紧张的,更别说50后还在加速退出。这样的结果就导致劳动力紧张,薪酬持续上涨这就需要通过要素价格的上涨来清除一些低端产业和劳动力密集产业。

研究薪酬的目的,一方面是寻找劳动力替代的机会,另一方面更是为了规避风险。事实上,A股存在这种风险的上市公司,不在少数,如果用"薪酬/利润"来代表一家公司在面临薪酬上涨时的压力,那A股薪酬压力系数统计出来的分布情况,可参考表6-4。按照2018年的年报统计,压力系数超过2的上市公司占比达到了33.5%,如果考虑到还有11.7%的公司亏损,这个比例就快将近一半了。

表6-4 A股"薪酬/利润"的上市公司分布

区　　间	占　　比	公　司　数　量
>10	5.7%	217
5~10	6.4%	243
3~5	10.0%	382
2~3	11.4%	434
1~2	23.9%	910
0~1	30.9%	1177
<0	11.7%	447
合计	100%	3810

数据来源:Wind。

薪酬压力系数超过2，意味着员工薪酬上升10%，股东利润可能下降20%，在劳动力薪酬确定上升的时代，薪酬压力系数过大的上市公司，极有可能面临增收不增利的尴尬境况。

这里分散挑选了一些有代表性的公司，从2011年到2018年的利润与薪酬数据看，如果简单看薪酬数据，都是非常完美的线性增长，但看利润数据就尴尬了（见表6-5）。像中国联通、中兴通讯、比亚迪这种公司，员工太多、包袱太重，基本没有反转的机会。连大秦铁路、日照港这种员工数量一直稳定不变的公司，利润都慢慢被薪酬反超了，未来利润保持在这个水平的压力也不小。蓝思科技、歌尔股份、博彦科技看似科技公司，实则劳动力密集，以后存在的价值主要就是解决就业问题。跟这三家相比，广联达更接近于科技公司，即使把云业务预收加回来，还是敌不过薪酬增长的压力，这主要是因为公司所在地周围有太多互联网高薪企业，遇到了与联想类似的境况。

表6-5 部分上市公司的薪酬与利润对比

（单位：亿元）

		2011	2012	2013	2014	2015	2016	2017	2018
中国联通	薪酬	264	285	306	327	365	375	412	447
	利润	14	24	34	40	35	2	4	41
中兴通讯	薪酬		134	130	116	124	155	177	197	208
	利润	21	-28	14	26	32	-24	46	-70
比亚迪	薪酬	74	76	89	98	126	141	155	188
	利润	14	1	6	4	28	51	41	28
大秦铁路	薪酬	81	96	116	132	141	144	158	182
	利润	117	115	127	142	126	72	133	145

（续）

		2011	2012	2013	2014	2015	2016	2017	2018
蓝思科技	薪酬	12	24	29	43	49	51	64	74
	利润	12	20	24	12	15	12	20	6
青岛啤酒	薪酬	24	29	34	38	40	43	43	46
	利润	17	18	20	20	17	10	13	14
江淮汽车	薪酬	15	18	19	25	34	39	41	42
	利润	6	5	9	5	9	12	4	−8
福田汽车	薪酬	27	31	32	35	34	32	40	45
	利润	12	14	8	5	4	6	1	−36
歌尔股份	薪酬	3.7	6.9	10	14	20	27	36	42
	利润	5.3	9.1	13	17	13	17	21	9
博彦科技	薪酬	4.6	5.6	9	10	12	13	16	21
	利润	0.7	1.0	1.3	1.7	1.8	1.2	2.2	2.2
广联达	薪酬	3.4	5.0	6.4	8.5	10	11	14	17
	利润	2.8	3.1	4.9	6.0	2.4	4.2	4.7	4.4
永辉超市	薪酬	11	16	20	26	31	37	46	61
	利润	4.7	5.0	7.2	8.5	6.1	12	18	15
日照港	薪酬	3.3	4.8	6.7	8.3	7.8	8.6	8.6	9.3
	利润	4.8	7.9	8.0	5.7	3.1	1.8	3.7	6.4
江西长运	薪酬	3.1	3.6	4.2	4.8	5.7	6.2	7.0	7.2
	利润	1.3	1.3	1.4	1.5	0.8	−1.0	0.2	0.3

数据来源：上市公司年报，Wind。

传统制造业的青岛啤酒、福田汽车、江淮汽车在薪酬压力面前，基本上喘不过气，只能眼睁睁看着利润被侵蚀。典型劳动力密集的永辉超市，虽然这些年在快速扩张，但增收不增利的趋势还是很明显的。最惨的可能是江西长运了，尽管这些年薪酬也是年年涨，但1.6万名员工2018年税前薪酬为7.2亿元，人均才4.5万元，其中还包括了企业代缴的社保和公积金等，可见未来员工流失或涨薪压力依然较大，公路客运业务又面临萎缩，要想保壳只能靠非经常利润了。

在这种压力面前，有的企业可以将其通过提价转嫁给客户，而现实情况是，大部分企业并不具备这种能力。因为劳动力市场与商品市场是两个独立的市场，现在涨薪压力的根源在于劳动力供给的减少，而商品市场上，大多数都是全球定价，东南亚大量国家的更廉价劳动力正在等着产能转移，这种情形与近20年前加入WTO时中国的情况差不多，只是角色变了而已。

用最近流行的一句话来说，时代的一粒尘，落在一家公司上，就是一座山。当然，人口红利时代的逐渐消退，在劳方与资方之间，天平开始明显倾向劳方。无论对个人还是国家这都不是坏事，国家也在推动产业转型升级，但对某些企业就是坏事。我们统计薪酬的问题，对研究A股的帮助更多体现在排雷，这个雷倒不是指那些财务出现重大问题的，而是避免抓错主要矛盾而误判企业价值，将时间价值耗费在这些股票上。**因为从薪酬角度看，A股有将近一半的企业正在沦为员工的企业，这些企业的存在意义更像是解决员工的就业，而不是为股东创造价值。**

第十六节　从商业模式看职业

企业有商业模式，个人也有商业模式。站在个人角度看待职业发展，也可以从商业模式的角度入手。这里就从股票投资的角度讲一类相对不错的职业，包括基金经理、医生、老师、律师、演艺人员等。

这些职业的共同点是，顾客在进行消费决策时，对自己所能得到的结果是不确定的。一般消费者在进行消费决策时的依据是性价比，但在进行这类特殊消费时，对所能得到的性能是不确定的，比如买了基金，却不知道未来会赚会亏，找了医生却不知道是否能治好病，请了老师却对自己能否考过没把握，聘了律师却对最终能否打赢官司没有信心。也就是说，在决定花钱的那一刻，是不知道自己能买到什么东西的。

在这种不确定性面前，消费者为了提高确定性，能做的就是出尽量高的价格，以提高确定性。比如请名医、名师、名律师、金牛基金经理等，这样能从概率上改善自己的获得，虽然价格高一点，但性能也会更高，性价比也可能不低。

涉及这些职业的行业，作为劳方的从业人员，在与资方谈判时的议价能力就变得越来越高，消费者为了提高确定性而额外付出的溢价，大部分被劳方拿走了，资方更多的就是赚个吆喝。结果就是，律所行业的资方干脆退出，全部由劳方以合伙人形式合作，老师与医生在中国由于体制所困，无法市场化，民办医院也普遍不容易赚钱，但在国外医生与老师是非常有社会地位的职业。国内公募基金和私募基金也越来越多实行合伙制、事业部制。

所以，在选择股票的时候，要尽量回避此类上市公司。影视类公司也有这个问题，在明星面前的议价能力太弱，这几年出现的替身、抠像拍摄都可作为注解。简单说就是，如果你要当老板，最好回避这几个行业，因为你剥削不了员工。如果你要打工，建议选这几个职业，因为老板剥削不了你。

除了服务效果的不确定性之外，规模经济也是职业前景出现差距的一个原因。

全国14亿人口，如果每个人给我捐1分钱，我就成千万富翁了。这是一句经常听到的玩笑话，却真真实实发生在一些常见的职业上，体现出一种特别的规模效应。

我去过一个小国的图书馆，他们的杂志专业细分程度，让我很诧异，原来他们这么少的人，还会出版这么小众的专业杂志，会有几个人看呢。心里暗暗佩服写这些文章的作者，明知道写出来可能就几十个人看，但还是怀着热忱去写。杂志社也一样，有些杂志的发行量，怎么算都很难上千，甚至发行量就几十本的估计也不少。可想而知，不管是杂志社还是作者，经济上肯定是没有利益的。看其电视台广告，制作也很精美，如果算收视量的话，可能也就相当于国内一个城市电视台规模。

可想而知，不管是写杂志文章的作者，还是广告明星，他们从中获得的经济利益与受众人口数量高度相关，人口总数基本上限定了经济利益的天花板。如果换成在中国，14亿人口对应的杂志发行量、广告曝光量大概是那个小国的100倍，那么杂志作者、广告明星获得的收入，理论上也是100倍的差距。这就可以解释为什么国内的明星们收入居高不下，一方面拜庞大的人口基数所赐，另一方面是这些特殊的职业存在受众的规模效应。毕竟，拍个广告给 1 亿人看，跟拍个广告给 100 万人看，价格肯定不一样。

具有受众规模效应的职业，在以前的工业经济时代并不多。工人不用多言了，商业服务机构也很少存在规模效应。比如餐馆、理发店、出租车司机等服务行业，必须现场服务，决定了很难扩张受众，包括新兴的外卖也不存在规模效应。目前来看，存在受众规模效应的前提条件，不能是现场服务，不能是提供具体实物。杂志、电视、互联网等媒体恰恰不受这些约束，使得围绕着这些平台，出现了受众的规模经济。

也许这就是与工业经济相区别的知识经济吧，因为它们传递和贩卖的是信息或者知识，边际成本极低，且不受现场受众数量的约束。这也就使得全国每人贡献 1 分钱，成了一个可行的商业模式。在互联网时代以前，典型的规模效应出现在影视明星身上，即使不考虑广告收入，他们唱一首歌也可以轻松卖几百万张碟。那些港台明星如果不进军大陆的话，唱片发行量肯定少两个数量级了。除了影视明星外，现在涌现的大量直播、网红、自媒体，算是这种受众规模效应的典型。在影视明星涌现之前的 20 世纪 80 年代，写书也是小富的机会之一。到了互联网时代，这种规模效应就大量出现了，比如网络游戏、在线教育。以前考研培训班人多的时候，都是在体育馆上课，但人数还是受限的，现在搬到网络上，数量级立刻不一样了。

小结一下，前面的服务不确定性，从博弈的角度解释了如何分蛋糕的问题。而受众的规模效应，解释了蛋糕大小的问题。明白了这种受众规模效应，就可以相对容易判断出，哪些行业或职

业符合这种条件。那么，无论是择业还是选股，对投资者都是大有裨益的。

第十七节　互联网的平台模式

在之前介绍的供给端组织资源的商业模式之外，互联网时代出现了一种平台模式，这是一种相对特殊的商业模式，具备一定的社会属性，并不是简单的供给端组织资源的模式。

一、用户与客户

一家典型的平台企业，至少有两类不同的用户围绕着自己，平台的作用是为这两类用户之间的交流提供服务。最简单的双边平台就是婚介所，男女双方在婚介平台交换信息，婚介所居中做媒，一般向男士收费，对女士免费。很多类似的信息中介都是如此，包括家教中心、劳务中介、房屋中介等，供需双方在平台进行信息交换，完成信息流、现金流、物流交换的第一步，或者两步，也可以是全部。

大家日常接触的互联网企业，大部分是平台企业，比如淘宝是买家、卖家交易的平台，前程无忧是服务求职者与招聘企业的，美团是服务餐馆和食客的，携程是服务旅客与酒店的，百度是服务网民与广告主的。

实体企业中也有不少平台企业，比如各信息中介、百货商场、展览馆、机场、电信公司、微软等操作平台企业、银联、Visa卡组织等。百货商场是服务专卖店与顾客的，通过向专卖店抽成盈利。展览馆是服务观众与厂商的，一般专业性展览是向厂商收费的，也有向观众收费的，典型的就是车展。机场是服务航空公司与乘客的，机场通过向航空公司收费来盈利。电信公司为百姓之间通信提供便利服务，一般向呼出方收费，接听方免费。微软的平台有点意思，它是为应用软件开发者与个人使用者提供服务的平台，软件商在 Windows 平台上开发软件，一般是免费，但用户买 Windows 要付费。银联作为典型的多边平台，为持卡人、商户、发卡行、收单行四方提供清算服务，通过向商户收费来盈利。

围绕平台的参与方可以按照是否交费，分为免费的用户与付费的客户。通常来说，个人往往是平台的用户，企业才是平台的客户。比如我们每天用百度，但我们从来没给过百度钱，所以只能算是百度的用户，广告主才是百度的客户，大概不到 100 万家。旅客是机场的用户，航空公司才是机场的客户，比如旅客每坐一次摆渡车，航空公司要交 40 元给机场，如果走登机桥，那么航空公司就要交 80 元给机场。

用户与客户的关系是相互依赖，平台存在的目的是方便用户与客户的交流与交易。比如乘客依赖司机，司机也依赖乘客；旅客依赖酒店，酒店也依赖旅客。

二、网络外部性

平台通常是个很好的模式，面向客户的议价能力强，盈利稳定。但平台之间的竞争也是残酷的，多数情况下只能剩下一家存活，互相竞争不是良性的，而是颠覆性的，是你死我活的。完全不像前面提到的单链条模式易攻难守，容得下逆袭，即使是日常消费品，尚且还能容得下双寡头。

平台最大的特点是网络外部性，即每增加一个用户，对其他用户是一种价值的增加。平台对于用户的价值，也就取决于平台上另一类用户的多少了。比如说世纪佳缘上每多一个女士，对所有男士来说，平台的价值就增加了那么一点。世纪佳缘与珍爱网，对于一个男士来说，哪个网站的女士更多，这个平台对他的价值就更大，因为选择更多了。

由于网络外部性的存在，随着平台用户的增长超过某个临界点后，会吸引越来越多的客户，而客户增加会反过来吸引用户，形成良性循环，促进平台壮大。而在临界点以下，客户会离去，从而用户也会流失，陷入恶性循环。因此，平台企业在创业阶段，普遍采用烧钱买用户的方式，来快速迈过临界点。从早年的淘宝免费到近年的滴滴红包，都是如此，也有微信这种依靠QQ而赶超米聊的成功案例，都是在争取快速迈过临界点。

网络外部性的特点决定了，平台企业容易形成自然垄断，出现马太效应，大者恒大，最终形成一家垄断型企业，赢家通吃。

互联网以外的平台中，值得一提的是电信运营商和微软。对于用户来说，电信运营商提供的是一个交流网络，如果移动和联通是两张独立的电信网，互相之间不能打电话，也就是说移动号码只能打给移动号码，不能拨打联通的号码，这样的话，显然所有人都会放弃联通而选择移动，所以在电信运营业，互联互通是一个最基本的规则。而当年QQ与MSN就无法互通好友，使得大家不得不同时打开两个软件，最终的结果就是大家慢慢放弃MSN了，这就是自然淘汰或自然垄断。

2000年左右，围绕微软的关键词是垄断、开源等问题，微软提供操作平台是为了让电脑用户更方便使用各类应用软件，比如玩游戏、看电影、上网等。所以微软面向软件商开放开发接口，供其开发软件，结果自然是这种软件只能在Windows上运行而不能在Mac上运行。如果想要在Mac上也有同样体验，那软件商就得重新写一套基于Mac系统的，开发量翻倍。其实目前的安卓与iOS系统也是如此，开发App的公司都要同时开发两套。而当时还不像现在有安卓抗衡苹果，那个时候，还没有操作系统能与Windows抗衡，结果各大应用软件商完全被微软牵着鼻子走，为了降低开发工作量，一致呼吁微软开源，微软显然不能同意，因为这样的话其他平台就容易生存了。

三、平台的天花板

以滴滴为代表的网约车就是个典型的平台，帮助司机与乘客通过平台达成交易。

这里需要注意的是，对于司机来说，每天可以拉的乘客数量有上限，比如20个订单，超过这个数量，平台上有再多的乘客，对于司机来说都没有价值了。所以滴滴这种平台，对司机来说，其价值与平台上的乘客数是个分段函数，低于20单时，平台价值与乘客数量成正比关系，超过20单后，价值不再上升，相当于涨停了。而对于淘宝卖家，如果货源不缺，顾客当然是多多益善,平台价值在卖家眼里不存在天花板。对滴滴司机来说,意味着平台价值存在天花板,而且这个天花板还很矮,持续增长的乘客数量并不会对司机产生更大的吸引力。这就使得司机基本上都会同时申请滴滴、快的、优步、易到、神州、首汽等多个平台,同时接单。也就是说网约车这种平台,由于价值的天花板,难以出现自然垄断,滴滴难以通过提升自身价值来排挤竞争对手,最后不得不通过持续的收购来消除竞争。

滴滴提供的服务是标准化的,这也是一个致命之处。乘客如果打开滴滴叫车时平台反馈慢,马上会打开神州、首汽、曹操或者高德去叫车,只要能叫来车,具体是哪一辆,乘客并不在乎,反正车都差不多,价格也有标准。如果企业提供的是标准化服务,这对于乘客来说,再多的车,于我何干,弱水三千我只取一瓢。结果就是,对于乘客来说,一个网约车平台的价值,仅限于叫到一辆车就够了,多了不要。

类似的还有美团,每个餐馆的接待能力与外卖提供能力有上限,使得美团也存在滴滴这种天花板问题,但它的天花板高一点,毕竟餐馆的供给不像司机那样刚性。但美团提供的外卖并不是标准化服务,而是种类丰富的。对于个人用户来说,却是多多益善,这是美团比滴滴好的地方。也就是说,滴滴在司机端、乘客端都存在明显的价值天花板,而美团只是在餐馆端存在一定的天花板,个人端不存在天花板。

滴滴的平台价值,对于司机来说天花板比较明显,对于乘客来说,天花板也很明显。这种模式决定了其不具备自然垄断性,如果想行垄断之实,代价会很大。实际上,对于乘客与司机来说,滴滴更像是一个工具,跟其他互联网平台相比,瑕疵比较明显。互联网 VC 圈有个说法，工具型企业值十亿美元，平台型企业值百亿美元，生态型企业值千亿美元。从滴滴的平台价值的天花板来看，如果说滴滴是工具型企业，那它的估值就有点尴尬了。

那些用户价值没有天花板的平台，消除竞争就不用这么麻烦。当年腾讯拍拍、百度有啊挑战淘宝，都是不了了之，卖家是很少会同时去开通几个店铺的，即使在拍拍上开店了，几天不来一个咨询，卖家也就不会上心，买家也就慢慢发现了服务不太好，来得就少了。同样，阿里巴巴、百度做梦都想做一个聊天软件，腾讯根本不用出手，对手就都不了了之了。

四、差异化收费

平台的盈利模式是差异化收费，用通俗的一句话总结就是：绑架一方，去要挟另一方交费。一般是绑架用户，去找客户收费。具体来说，收费对象符合两个特点：一是在用户与客户的供需关系中处于弱势地位，二是有现金流入。

在成熟市场的供需双方关系中，普遍是供给方处于弱势地位，也就是常说的买方市场。平时看到的大部分互联网平台企业，都是面向个人免费而对商家收费的，商家弱势是一方面，另一方面也符合有现金流入这个特点。

一个典型案例是机场，其平台上有航空公司与乘客，机场就是坐拥一个城市的所有乘客，才具备向航空公司漫天要价的能力的。因此机场的各种收费名目都被政府严格管制，非常详细。比如前面提到的，摆渡车是 40 元一位，登机桥就是 80 元一位，安检还另收费，大概有十几项收费，不同级别机场价格不一样，都是有关部门严格规定好了的，就是为了防止漫天要价。因为航空公司在机场、飞机、燃油这几大支出上完全没有谈判能力，只能被动接受，这再一次解释了为什么航空公司的盈利是个世界级难题。

其实，作为平台的客户，也就是被收费的那一方，基本处于被平台压榨的状态，处于为平台打工的境地。不光是航空公司，还有滴滴平台上的司机、淘宝上的卖家、携程上的酒店、腾讯上的游戏、百度上的药企。在前面分析销售费用型模式时，讲到消费者剩余被榨取，无限让渡给了生产者。那么，在平台型企业面前，这些商家作为消费者，也是将自己的消费者剩余让渡给了作为生产者的平台。

另一个比较有意思的例子是招聘网站。在人才市场，供需关系与商品市场相反，个人是供给方，是现金流入方，企业是需求方。那么按照平台模式就应该向求职者收费而对企业免费。但事实上，招聘网站普遍是向企业收费而对个人免费，这样的结果就是至今招聘网站决不出一家龙头企业出来，可能大家都猜不到招聘网站中收入最高的是58同城。招聘网站算得上是全行业弄反了盈利模式的，究其原因，可能是因为银联成立时间太晚。智联招聘、前程无忧都是成立于20世纪90年代中期，而银联是2002年成立的，使得招聘网站在早期不具备向个人收费的技术条件，只能先向企业收费，路径依赖又使得其模式至今未变。事实上，线下的各种大型招聘会，就是向求职者收取门票的。

向现金流入一方收费的原则，其实与税收原理是一致的。中国的税收普遍是流转税或流量税，只有在有现金流动的情况下收税，而且是向流入方收取，比如个人所得税、企业所得税、增值税等。在没有现金流入的情况下，收税是件极其艰难的事情，这也就是为什么至今房产税迟迟出不来的原因。几千年的历史，一直没习惯交人头税，使得中国的互联网企业也很少有直接向网民收费的成功案例。

五、 三种平台

互联网平台大体可以分为三大类：广告平台、交易平台、社交平台。对应的三个典型平台分别是百度、阿里巴巴、腾讯。这不是因为有 BAT 而先入为主，分出这三类平台的。事实上，恰恰是因为平台就是分为这三大类，然后在各自领域内出现了垄断龙头，互联网出现三国鼎立的格局是注定的，至于为什么是这三种平台，是这三家，只能说是必然中的偶然，时代选择了它们。

在平台的差异化定价模式中，用户一般是免费的，交费的是客户。存在于用户与客户之间的依存关系是不一样的，大体上可以分出三种：一是客户在乎用户，二是用户在乎客户，三是用户之间互相在乎。

客户在乎用户，典型的就是广告主在乎观众，而观众不在乎广告主，形成了广告平台。衍生出来的平台包括了几乎所有的媒体，比如广播、电视台、报纸等，在互联网平台中，典型的就是新浪、百度、今日头条等。这类广告平台，对广告主的议价能力，取决于其对观众的吸引力，而吸引力又取决于其提供给观众的内容。在内容提供方面，又可以分为广度、深度、速度。百度胜在广度，新浪胜在速度，还有一些垂直门户则胜在深度，比如豆瓣、虎扑、汽车之家。上周的娱乐八卦在这周基本吸引不了观众，这点使得做时事新闻的新浪对用户的吸引力没有想象中那么强大，简单来说就是一条信息贩卖次数有限。

用户在乎客户，这类就是交易平台了，也就是常见的买家找卖家，旅客找酒店。这类平台包括了淘宝、携程、前程无忧、蛋卷等。借用商业上有坐商、行商的说法，广告平台上的广告主是行商，用户去哪里就跟到哪里去，而交易平台上的卖家，则是坐商，坐等顾客上门。这个情况下，如果携程向酒店收取佣金，酒店是不能不给的，而且还会抢着给，因为不给的话，这门生意就是竞争对手的了。

用户互相在乎，这类就属于社交平台了，这类平台典型的特点是用户之间互相依存，互为关注。微博、微信、QQ、陌陌、豆瓣、雪球皆属于此类，也就是常见的扎堆。社交平台的盈利模式与之前两种有所区别，社交平台是将用户打包起来去要挟客户交钱，也就是所谓的变现。

第十八节　生　态　圈

对于平台企业来说，如何防范同类平台的颠覆，是竞争战略的核心所在。基于平台的商业模式是在用户与客户之间进行差异化定价，要想留住客户，就得先留住用户。**因此，平台的竞争出发点应该是如何锁定用户。在这方面，各有各的招，初级的是做好用户体验，高级的就是做个生态圈。**

通过提升用户体验来留住用户，这是让用户主动留下，舍不得走。比如抖音、谷歌就是通过不断提升搜索体验来留住用户，电视台在观众面前也是尽其所能做好节目，让观众舍不得换台，这样广告价格就可以卖高点了。从这可以看出，广告平台普遍是通过提高用户体验来锁定用户的。

交易平台、社交平台则更倾向于打造生态圈来锁定用户，让用户被动留下，想走也走不了。怎么理解通过生态圈来锁定用户呢？**就是通过搭建连环平台，让用户同时是多个平台的用户或客户，使其同时获得跨平台价值。**比如阿里巴巴除了给卖家提供买家之外，还提供 1688 的批发服务，让卖家进货和销货同时在大阿里生态圈里的两个平台完成，这样生态圈对卖家的价值就有两种了，相比之下的拍拍则不能提供批发渠道，对卖家的价值就少了一块。总之，两条腿比一条腿更好，这种策略与前面说的在单维度上做到价值最大化有所不同。

菜鸟不自营快递业务，而引入三通一达，也是在卖家与快递之间形成了一个新的平台，卖家的角色又多了一重，在快递面前成了买家。这就意味着在这个生态圈里，一个卖家至少在另外两个平台上是买家（即在快递与批发商面前）。这种通过多角色来锁定卖家，让卖家离开阿里巴巴之后去其他电商平台的损失过大，从而使得其他电商平台无法与淘宝竞争，因为这个时候拍拍、京东等电商平台与阿里巴巴的竞争，已经是平台与生态圈的竞争，而不是平台之间的竞争了。

腾讯也是个典型的生态圈，QQ、微信的用户在这个生态圈里，除了充当社交用户贡献内容外，同时还在线下商家面前充当买家，在游戏平台中充当玩家。套用前面说的平台盈利模式，就是生态圈会绑架 A 去向 B 收费，又同时将 A、B 绑架起来向 C 收费，甚至有可能将 A、B、C 同时绑架起来向 D 收费，这种嵌套式的关系，形成的是牢固的关系链，这就是生态圈。

可以说，平台是简化版的生态圈，生态圈是升级版的平台。如果想打造生态圈，最好是先有一个平台，如果连平台都没有，那离生态圈就更远了。历史上，A 股很多公司都致力于打造生态圈，但前提是需要有平台。像乐视网本身就算不上是平台，所以离生态圈就更远了。

如果将基于互联网平台建立起来的生态圈视为狭义生态圈，那现实生活中就存在不少广义的生态圈。比如围绕燃油车形成的生态圈，就包括了零部件、整车厂、经销商、加油站、公路、停车场等细分行业。围绕手机形成的生态圈，包括了手机生产商、电信运营商、电信设备商等。围绕着高铁有高铁的生态圈，围绕着绿皮车也有绿皮车的生态圈。

从广义生态圈的角度看，从固定电话向移动电话迁移的时候，需要重新建一个全新的移动生态圈，其中基站必须全新，设备厂商与终端厂商也要有一些新的，只有运营商是同一批主体，但在国外运营商也是新的。当年移动电话出现的时候跟固定电话生态能够实现互联互通，这就使得移动电话生态圈的建立比较容易。在这样的一个迁移过程中，新生态的建立如果能依托原有生态，那难度和成本就会小很多，比如在 3G 基础上切换到 4G，在固话基础上切换到移动通信。否则就会出现过高的门槛和成本，导致新生态有失败的可能。

从绿皮车向高铁切换的时候，也是基于原有生态，所以相对容易，如果要切换到磁悬浮生态，那就借助不了原有轮式轨道，难度较大。腾讯从QQ迁移到微信的时候，也是借用了QQ的关系链，使得微信虽然没有占据先机，却可以后来居上。

对于电动汽车，其实也是在建一套新的生态，只有整车组装环节可以借用旧生态，而电池、充电环节都必须新建。这是电动车生态形成慢的原因之一，因为这并不仅仅是电动车与燃油车的竞争，而是两个生态圈的竞争。关于汽车还面临一个新的生态，即自动驾驶或无人驾驶，这更是一个崭新的生态，尤其是在使用环节，所以这个生态来临的时点更为遥远。

生态圈再往上升级，就是国家了。可以说国家就是一个超级生态圈，而生态圈就是一个国家在各个领域的具体存在形式。所以很多生态圈的盈利模式很像税收模式，比如腾讯的游戏是典型的消费税，愿意多交点就多交点，没钱不交也行，只是玩起来不那么过瘾。实际生活中的消费税征收对象是烟酒、化妆品、汽车、燃油等，也都是有钱人交的。淘宝则是典型的营业税，按营业额的一定比例收取。百度的则是增值税，客户一单卖1000元，但利润为100元，那就交20元给百度，按增值部分交，而淘宝则不看增值看流水。

因此，生态圈在赚钱的同时，实际上也承担着相应的社会管理职能。互联网涌现出以谷歌、Facebook、微信等为代表的超级生态圈。这是工业革命以来，继公司这个物种之后，出现的又一新物种。其给人们带来巨大便利的同时，也带来了更多的问题，比如税收殖民、垄断等，都有待理论学者的继续探索。

第七章 投资风险与方法论

金融专业的学生，或者广大的个人投资者，往往好奇基金经理每天是怎么过的。基金经理跟大部分 A 股投资者的日常都很像，每天天下大事袭来，需要迅速决定买还是卖，买这个还是买那个。

大家除了在投资上需要不断做决策，人的一生也是一个不断决策的过程。只是股票投资的决策更像是实验室的实验，错了可以不断再来，而人生却往往无法重来。时光一年年流逝，每个人做的事情大体可分为两种，一是决策，二是执行。高中三年都是在执行，报考那一刻是决策，报文科还是理科？报计算机还是金融？报武汉还是北京？这都是决策，是选择。从结果来看，有时候是考得好不如报得好，干得好不如嫁得好。论对未来影响的重要性，决策是远远大于执行的，可以把决策视为战略层面，而执行是战术层面的。

其实，人的一生就像一棵大树，不论之前出身如何，从成年起，就像是从树桩开始，人生的路就不断分叉。高考要决定未来的大部分去向，大学毕业又面临出国、考研或是工作的决策，工作又面临体制内还是体制外的选择。体制外是证券公司还是基金公司？进了基金公司做销售还是投资？投资债券还是股票？股票是主动还是量化？

总之，每个人都能在这棵树上找到属于自己的那一片树叶，最后落叶归根，这就是人的一辈子。

决策的结果或效果，往往在未来才能看得到，在决策的当时是无法知道结果的，但又必须进行选择，所以就有选错的风险。如果说方向错了，勤奋就是放大器，那世界观错了，年龄就是放大器。建立一个科学、正确的世界观，是降低决策风险的不二手段。

第一节 致命的自负

股价的波动本身具有很强的博弈成分，尤其是 A 股，主要是因为参与者众多，且参与者的水平参差不齐。所以大家经常拿股票与打牌、下棋等博弈类游戏来类比，这里就重点说一下棋牌游戏中的确定性与不确定性。

最常见的博弈就是棋牌游戏，其中棋与牌又存在区别。棋与牌的最大区别，在于信息是否对称、公开。象棋、围棋、军棋、跳棋等游戏，双方棋子相同，且互相知道对方的每一步棋，特点是公平、公正、公开，比的是棋手的推算水平，谁算的步数多谁赢。而斗地主、拖拉机、德扑、麻将等牌类游戏，参与方互相不知道对方的底牌，游戏的核心是猜测、算计对方的牌，比的是底牌及牌技。

由于下棋的结果完全由棋艺、段位决定，没有运气成分，没有不确定性。所以基本没有人拿象棋、围棋、军棋、跳棋这些游戏来赌博，而是拿来锻炼智力。而打牌的结果在很大程度上取决于底牌，其次才是水平，短期的一局牌很可能取决于底牌，输赢概率都有，这种不确定性就是赌博的魅力所在，所以斗地主、拖拉机、德扑、麻将中的每一种都可以拿来赌博。但其实多来几轮，打了成百上千局，该输的人还是输，因为长期的输赢还是取决于牌技。

投资股票的核心是风险管理，大家往往把风险聚焦在投资对象的身上，也就是底牌上。 打牌输钱了，可以抱怨是牌不好，手气不好。股票亏钱了，会去分析公司基本面出了什么问题，宏观或监管又出了什么幺蛾子、黑天鹅，然后总结经验，下次注意规避。

其实长期来看，打牌输钱的最大风险就是牌技差，与手气无关，与牌也无关。毕竟短期来看每一把牌带来的是不确定性，但长期来看牌技带来的是确定性。长期来看，股票投资最大的风险是投资者的投资水平不够，而不是上市公司太差或太坏，或监管力度加大。

所谓的不确定性，就是有些公司确实有可能碰到贸易摩擦冲击，碰到疫情冲击，碰到监管政策变化的冲击，使得每一把牌都是不确定的。所谓的确定性，指的是参与者的牌技是确定的，有高低之分。**想提高投资的确定性，要提高的是研究预测水平，而不是找所谓的确定性股票，而且还美其名曰价值投资。**

基金行业经常会面临相对收益与绝对收益的对比，通常认为绝对收益投资者更注重确定性，包括选股时对公司的确定性，以及选时的确定性，当有不确定性的时候会选择不出手。而相对收益则不得不面对所有的行情，行情牛也好熊也好，仓位都很高。这两种风格的区别，有点像斗地主时的不同风格。有的人会等到手上牌特别好的时候，比如有王有炸才去叫地主，这样稳赚，这就是绝对收益的做法。相对收益则是牌好牌差都当地主，结果先不论怎样，但对牌技的提高绝对是大有裨益的，相当于是题海战术，这也是公募基金能锻炼人的原因所在。

打牌输钱了，不要怪牌烂，要怪就怪自己水平烂。正所谓，世上本没有烂牌，落到差的选手手上，什么牌都可以打成烂牌。世上本没有好牌，碰到高手，什么牌都可以打成好牌。

从这个角度看，投资最大的风险是技不如人而不自知，即所

谓致命的自负。

第二节　研究风险与交易风险

如果将股票投资界定为时间套利，是立足当下、面向未来进行的套利，那么未来到底会如何？这蕴含着巨大的不确定性，这种不确定性带来的有可能是风险，也有可能是机会。

按照从股价出发，到股价落脚的原则，在股价上亏钱就算风险，那么首先可以分为研究风险与交易风险。

研究风险简单说就是看错了，明明预测会跌，结果涨了；明明预测业绩增长的，结果却下降了，这些都算研究预测层面的风险。

要想避免研究风险，长期来说需要做的是提高研究水平，也就是扩大能力圈，从而提高预测的准确率。短期来说，就是固守在能力圈里面，陌生的领域不去，这样也可以提高准确率，但这样做的话，就必须放弃一些机会。

交易风险是指研究、预测都对，但结果却亏钱了，或者没赚到钱，套牢或踏空了。比如明明预测到了会涨，却没买，或者卖早了，或者买少了。抑或是预测到了要跌，却没有及时卖掉，或卖晚了，等等这些行为，都算是交易层面的风险。所以很多投资者会强调交易纪律，会设置止盈、止损点，买基金会采取定投方式，这都是降低交易风险的做法。

研究风险与交易风险可能都会导致投资上的损失，就像赛马的时候，骑手的发挥会影响成绩，马匹的发挥同样会影响成绩。要想获得好成绩，必须确保马与骑手同时不犯错。

第三节 研究风险

炒股票最大的风险是什么？很多人的第一反应是股价下跌。2015年6月18日，股灾刚刚开始，中午见了一位朋友，下午股指暴跌，收盘了之后朋友发过来一句心灵鸡汤："彼得·林奇：如何在暴跌时候克服恐惧心理。"然后我回复说对于下跌不恐惧，因为仓位不高，但恐惧的是不知道为什么会是千股跌停的形式。

这种对股价走势完全茫然，不知道究竟发生了什么，超出了自己的认知范围，才是最大的风险。

体现在股票研究上的风险，是跌了不知道为什么跌，涨了也不知道为什么涨，这就是研究层面的认知风险。认知风险，就是把赚钱与亏钱归到一个错误的原因上面。比如2015年四季度买力帆股份赚钱了，明明是政府出台购置税减半政策刺激带来的利好，却归结为是公司管理好，这就是在归因上出了风险。

一、归因风险

归因风险，就是把一件事情的原因归错了，明明是这个原因，把它说成了另外一个原因了。研究股票为什么会有这种风险呢？股票投资首先是一种金融行为，金融又是一种经济行为，经济行为是社会科学领域的事情。

社会科学和自然科学是相对应的，可以把科学世界一分为二。自然科学的事情，如果不明白，那就做实验，做1万次，做100万次，总能弄明白原因。而社会科学无法重复实验，为什么会出现股灾？有各种说法。为什么人民币要贬值？有各种解释。到底哪种解释是对的，那要不咱们再来一次？又不可能，只能继续编理由解释。

在社会科学的研究中，现实就是试验场，试验场就是现实，是合二为一的。加上时间不能倒流，导致现实往往无法复现，使得我们对已经发生了的现象，能做的就是去解释，我有我的解释，你有你的解释，经济学家有经济学家的解释，甚至十个经济学家有十种解释，其中只有一种是正确的，如果我们信了另外九种，那对不起，可能就错了。所以那些经常公开发言的经济学家，口碑都不会太好，言多必失。

经常有专家被大众调侃，称为"砖家"，能被调侃为砖家的学者，多数是社会科学领域的专家。自然科学的专家，他说RNA病毒是怎么回事，老百姓只能听，我们怎么知道RNA病毒是怎么回事，大众一般没有调侃自然科学专家的基础知识。但是社会科学的专家大众是可以调侃甚至批评的，因为大众普遍具备一定的社会科学背景知识。比如经济学家发表对股市的看法，股民当然可以有自己的看法，有时批评起来还有理有据的，这也是社会科学领域工作的一个特点与大环境。

如果将研究工作流程化，可以理解成是一个信息加上逻辑的过程。首先是收集各种信息，然后用逻辑去加工整理这些信息，最后得出一个结论。

所以在逻辑层面与信息层面都有可能出现风险。在逻辑层面的风险，就是归因风险，即把一件事情发生的原因归错了这是大部分策略研究员的通病。

如何降低归因风险呢？

第一个办法，就是要进行原创的一次研究，少用预期差理论。 在这里可以把卖方研究看作是一次研究，至少汇总了最多的信息。买方多数是在卖方研究基础上进行的二次研究，买方谈论的预期差，是在收集买方研究的基础上做的一个差的研究，算得上是三次研究。一般来说，离一次研究的距离越远，犯归因错误的可能性就越大。所以很多投资都得亲力亲为，无论多大年纪，即使如巴菲特、芒格那样，还是需要亲自研究，而不是完全委托下属。历史上出过很多归因风险，尤其是在量化、衍生品领域。

第二个办法就是定量研究。 定量研究是与定性研究相对应的，主要是收集、处理数据。其实定量研究本身就是一次研究，平时常说的拿数据说话，就是这个意思。

二、 信息风险

在信息层面，投资者也容易犯错。表现出来就是用了错误的、片面的、局部的信息来做决策。

一些研究员平时调研就容易出现信息风险，他们就着自己能够收集到的信息，来进行研究下结论，而不是看为了得出结论需要哪些信息，然后再去找。正确的做法是，先判断我们在进行的研究要什么样的信息，再去收集这方面的信息。比如想判断一家汽车公司未来的增长，最需要的信息是车厂未来的新车型计划，调研就需要围绕着这些信息，而不是听董秘讲汽车行业景气度就够了。

按照前面方向、幅度、时点的框架，如果没分清对应关系，用那些影响幅度的信息去预测方向或预测时点，用那些影响方向的信息去预测时点，同样也会出现信息风险。

降低信息风险的办法是，遵循从股价出发、到股价落脚的原则，确保能抓住主要矛盾，这样才能知道自己需要的信息是哪些了。

第四节　学术研究与证券研究

学术研究与证券研究最大的区别是，学术研究是研究清楚了一件事物发展的第一矛盾、第二矛盾，甚至第十八矛盾后都可以发论文、评职称，算成绩和功劳，只要结论本身没错就行。

证券研究必须抓住第一矛盾，才可能不亏钱。如果证券研究没抓住第一矛盾，而研究第三、第五矛盾去了，即使对第三、第五矛盾的研究结论本身正确，结果亏钱还是赚钱，都是偶然的，因为影响亏钱赚钱的是第一矛盾。

比如2017—2018年，市场一直热捧蓝筹股，如果以为真的是股民从此价值投资，导致科技股被抛弃，那就会在2019年犯大错。要命的是，证券市场的主要矛盾还经常变，2018年如果认为贸易摩擦是导致股指下跌的主要矛盾，那就会错过2019年的行情，因为2019年贸易摩擦已经不是主要矛盾了。2019年股指上涨的原因是什么？2020年的主要矛盾还是这个吗？可以明确说100%不是了。

在2015年7月第一轮股灾的时候，投资者都认为去杠杆是主要矛盾，尤其是清理场外配资导致的。正当大家都在跟踪清理配资的进度时，8月人民币突然贬值，而后第二轮股灾开始，大家意识到主要矛盾变成了汇率了，变成了人民币国际化。于是整个四季度，大家都在谈论 SDR，虽然不少人不知道这是哪三个英文单词的简称，但不妨碍大家把汇率当作主要矛盾来预测市场。结果刚过元旦股指就出现熔断，主要矛盾又变了。所谓思路赶不上变化，大概就是这种情况。

股市的不确定性，不是所谓的不知道贸易摩擦的走向，不知道配资清理的进度，不知道汇率的走向，因为这些只影响幅度。**真正的不确定性，是下一个主要矛盾会变成什么的不确定性，这才是影响方向的不确定性。**就像预测出租车去哪里，不知道乘客去哪里，更不确定的是，不知道下一个乘客是谁。大多数的证券研究，其实是在研究车上的乘客去哪里，少有人去研究下一个乘客是谁，也无从入手去研究，而主导市场的恰恰是下一个乘客。

所以，即使是不考虑交易层面，只在研究层面比较，学院派的金融学者也不一定会是好的投资者，因为学院研究的是偏静态的既定规律与知识，而市场需要的是动态判断能力，需要的是与时俱进的规律与知识。

投资实践讲究的是实事求是，需要的是务实面对的态度，而不是教条。当现实中主要矛盾变了，无论是决策还是执行，也都应该跟上。就像是疫情来临，这个时候主要矛盾不是 GDP 了，当然该管制的措施不得含糊。像那些管制不严导致重灾的国家，有些是客观上没意识到，更多的是主观上仍然把 GDP 看作主要矛盾，那问题就大了。

事实上，企业经营中也经常出现优秀企业犯低级错误的情况，究其原因，很多是因为 KPI 导向的问题。职业经理人主导的管理中，普遍以 KPI 为唯一导向，使得大家日常的脑子里一直绷着这么一根弦，凡事都要考虑 KPI。这样的导向，其不良结果之一是短视，更重要的是当危机来临的时候，主观上不会很快进行切换，而继续被 KPI 这根弦的惯性驱使，做不到实事求是。

如果将企业管理分为决策与执行两部分，其实决策者应该从 KPI 中跳出来，不应该被 KPI 牵着走。决策完了可以派 KPI 上场，但先派 KPI 任务下去，再来决策，就很难实事求是了。

第五节　群众史观与英雄史观

有一阵子网络舆论对联想进行口诛笔伐式的批评，冷静的人则问，到底是谁在黑联想。对于那些黑联想的内容，我没仔细去看，本来联想也不是 A 股，自然不在视野内。不过，关于谁在黑的问题，我倒是有点自己的看法。

首先，我认为黑联想的主力之一是在职员工及前员工。其次，为什么他们要黑？因为这些年跟着联想没过上好日子，从财务报表看得出，联想的平均薪酬不高，大概年收入十几万元吧。

从地理决定论来看，联想地处的号称硅谷的北京上地，在其周边方圆十几二十千米，近些来年培育出了百度、京东、小米、360、新浪、搜狐、美团、头条、滴滴、摩拜等众多的互联网新贵，这些企业的薪酬水平，完全是秒杀联想的，是年薪 20 万元与 100 万元的区别。这可能是联想这些年走下坡路的根本原因，在那一大片的程序员区域，联想承担的角色是向新贵们输出人才，留给自己的则是新贵们看不上的，虽然很残忍，但很可能这就是事实。

在这种大背景下，企业走下坡路就是无法避免的了，按什么样的轨道走下坡路，就看管理层怎么选择。基层员工看到的是，在一个下行趋势中的一件件具体的事例，好的或者坏的，组成了一波熊市。这跟股市的牛熊是相通的，大家总是将一波大牛走势，归结为几个具体的利好，好像没这些利好，股票就不会涨似的。

其实，趋势常常是由一些客观因素决定的，也可以说是由人民群众决定的，由那些抛弃联想奔向互联网新贵的一个个员工决定的，由那些舍不得离开联想的员工决定的。但人们却常常将个人英雄的作用过分放大，将杨元庆、柳传志的某个具体决策放大，以为这些具体事例是联想走熊的原因，好像没有这些决策，联想就不会走弱似的。

这就是历史观中，关于群众史观与英雄史观的争论，历史到底是人民群众决定的，还是个人英雄决定的。应该说，历史的方向是由人民群众决定的，而历史的时点是由个人英雄决定的。

对应到股市，就是股价到底是由群众决定的，还是由某些机构、某些资金主力决定的，显然，群众的力量远比主力大多了。**股价的方向，是由所有的参与者共同决定的，这是有必然规律可循的。**而具体哪天涨，有可能是由某个大资金决定的，这带有偶然性，无法预测，除非有内幕信息。

这种将股价的方向归结为一些影响时点的偶然性事件，归结为某些势力的主观行为，是常见的归因风险的案例，不利于找到真正影响方向的原因。

第六节　交易风险

基金经理（英文名称是 Portfolio Manager，简称 PM），这最直接地传递了一个意思，就是基金管理就是组合管理。

在投资流程的分工中，组合管理者需要做的是将研究员的研究成果，最大化地转化为组合收益。直白点说，就是该满仓时满仓，该减仓时减仓，该追的时候追，该割的时候割，该持有的时候持有。

投资在交易上有四个维度，即买卖时点（左侧或右侧）、个股仓位（重仓或轻仓）、持股期限（短期或长期）、板块配置（均衡或偏离）。对于追求相对收益的组合管理来说，好的交易能放大收益，不好的交易则效果相反。因此，在交易层面的风险，也可以从这四个维度来分析。

一、从买卖时点维度来看风险

在估值持续上行的趋势中，即常说的牛市中，交易上右侧追涨策略要优于左侧高抛策略，简单说就是牛市里追涨杀跌优于高抛低吸。反之，在估值不断下行的熊市里，高抛低吸优于追涨杀跌。如果投资者在这个维度没有匹配好买卖风格，就会出现牛市里高抛后踏空，或熊市里追涨后套牢的风险。

二、从个股仓位来看风险

一个组合有很多的股票，最终的收益率是由各只股票的收益率加权得出，可以用一个公式来表示：

$$组合收益率 = \sum_{1}^{n} W_i \times R_i$$

式中，R是具体个股在持仓期间的涨跌幅；W是个股的持仓仓位；n是统计区间内交易过的股票数量。

这个公式中，R与组合收益率的关系是简单的线性正相关，即每只个股涨幅越高，则组合收益率越高。简单点说，如果组合中的每只股票在持仓期间都翻倍，那组合收益率至少是翻倍的，如果持仓期间涨跌幅为0，那组合收益率也就为0了。

对于个股仓位（即W）来说，与组合收益率的关系比较复杂，不存在简单的几何图形。**简单说就是，要在正确的时间配置正确的股票，涨得好的股票要重仓，涨得少的股票要低配**。因此，个股仓位方面的交易风险，表现出来就是涨得好的股票仓位低，涨得少的股票仓位高。

三、从持股期限来看风险

由于持股期限与换手率存在直接的反向关系，所以投资者可以从换手率的角度看风险。**对于换手率较低的股票，投资者不适合进行持仓期限太短的操作，对于换手率较高的股票，投资者其实也应该跟随市场降低持仓期限，否则就容易陷入来回坐电梯的尴尬境地**。

简单说就是，投资者自己的持仓期限要跟随并适应股票自身的换手率，如果股票自身交易活跃，代表其他投资者也交易活跃，则持有人也应该适当活跃。反之，股票交易不活跃的话，那对于参与的投资者，就自己一个人在那频繁进出，实际效果会拖累收益率。在现实中，这方面的风险多体现的是交易习惯，有的人就是喜欢每天做T+0，可能就适合活跃股票，而不适合大秦铁路这种呆滞股,因为大秦铁路适合长期持有。

四、从板块偏离度来看风险

通常说的收益与风险成正比,这是一句普适的话,应用在组合管理中,则是相对收益与偏离的风险成正比。这里的偏离,主要是组合的板块配置与指数的偏离度,比如白酒板块在指数的权重是4%,投资者若看好白酒板块,至少得买8%的仓位,才算是超配,可以享受到白酒板块的超额收益。组合配置的白酒股越多,代表组合与指数的偏离度越高,比如仓位达到40%,那就能充分享受到白酒板块可能的超额收益。当然,如果预测错了,白酒板块最后跑输了大盘,这是属于研究层面的风险,而不是交易层面的风险。

其实,每年的公募基金收益冠军,最大的特点就是在板块上做到了极大的偏离,通俗说就是押对了板块。

第七节 科技对投资的改变

互联网最擅长的是信息交换,产生信息流。一笔完整的商品交易是由信息流、资金流、物流三个链条组成的。在互联网时代以前,我们需要到实体店内获取到相关产品的性能、价格信息,从而决定是否发起交易。有了互联网,我们就可以通过电脑、手机获取信息了。

对于工业产品来说,顺序是先生产,后交易,商品都是先由工厂生产好之后,摆放在商店销售。互联网最大的作用是在生产之后的交易环节,目前的互联网无法渗透到工业生产环节,无论淘宝、京东怎么吹自己的 C2B 定制,效果甚微,这方面还不如拼多多。即使如此,还是离厂内车间的生产很远。

对于服务业来说,顺序是先交易,后生产,跟商品交易的顺序是相反的。由于服务业没有物流环节,或者说这个环节与生产环节合并了,所以一笔服务交易的顺序是信息流、资金流、生产。比如我们是先订机票后去乘坐,先叫滴滴后乘坐,先订酒店后去住,先买门票后去看球,先交学费后去听课,这些与我们购买商品的顺序是相反的。这时,互联网的作用仍旧是在交易环节,能够帮大家订酒店、订机票、订出租车、订门票、交学费,但互联网替代不了开飞机的、开出租的,替代不了那些唱歌、踢球的,也替代不了老师。也就是说,在服务业的互联网化过程中,互联网依然替代不了生产环节,至少目前是,可预见的很久时间里都是。比如完全无人驾驶,至少不是单单互联网就能解决的。

金融属于服务业,与互联网的结合,同样是先交易、后生产,比如大家是先购买基金,然后才由基金经理去管理。互联网可以帮大家更方便地下单购买基金,就像蛋卷、蚂蚁、天天等网站,但互联网同样替代不了基金经理去判断房地产形势、贸易摩擦走向,大数据替代不了,AI 也替代不了。

金融的本质是风险管理,银行管理的是信贷违约风险,股票基金经理管理的是股价波动的风险。**对于风险管理,存在一个原则,就是风险是无法消灭的,只能转移。**企业该还不起钱就是还不起,比如数码相机代替胶卷机,带来乐凯亏损的风险,原因并不是银行对乐凯盯得不够紧,数据了解不够细,技术替代的风险企业也无法预判,更别说银行了。既然出现了新的技术,那旧产业被替代的风险,要不银行承担,要不股东承担,银行能做的,是通过抵押、担保等形式,将风险转移给股东。股市也一样,该波动还得波动,这些风险并不会因为是互联网渠道买的就少一点。基金经理需要做的是,将收益风险比低的股票卖掉,多买点收益风险比高的股票,持续提高组合的整体收益风险比。

实际上,互联网目前能帮服务业解决的问题,仍然局限在交易环节,而无法介入到生产环节。就像互联网可以帮着订外卖,但替代不了厨师。互联网可以帮着订出租车,但替代不了司机。互联网可以帮忙预约理发师,但替代不了Tony老师。互联网可以帮着订球赛门票,却替代不了场上的球员。

同理,互联网可以帮着投资者买基金,但替代不了基金经理来管理组合风险。互联网可以帮着大家买信贷类产品,但解决不了信贷产品违约的风险,这就是P2P根本上的硬伤。

那AI、大数据、云计算等新式科技呢?有可能替代基金经理或投资者吗?

2016年谷歌公司的"阿尔法狗"连续打败世界围棋冠军,给各界极大震动。那个时候讨论过"阿尔法狗"对基金经理的替代,我当时说的是基金经理不用怕,因为基金经理可以买一只股票拿三年不动,"阿尔法狗"得急死机了,一点办法都没有。它总没能力跳出程序,来预测新能源汽车的政策变动吧,或者判断沙特、俄罗斯关于油价谈判的结果吧。简单来说,这些新式科技可以在一定程度上替代一部分投机,但替代不了投资。其实,量化基金也在一定程度上替代了投机,实现了一点人工智能。

在工业领域,机器人是以替代体力劳动者的形式出现的,大量的流水线工人被各种机械手替代，其实这是人类进步的表现，根本不用惊慌。在服务业领域，其实也有很多的体力劳动者，虽然他们坐在写字楼、办公室里，其实他们的工作只是重复性的劳动，与流水线上的工人无异，这样的工作，就会慢慢被人工智能所替代，典型的就是各种呼叫中心。还有餐馆里的点菜环节，只能说，点菜还是一个信息收集传递流程，确实容易被替代。更广义地说，互联网或者 AI 等信息处理技术，能够替代的是服务业中的信息传递处理岗位，更多的是劳动力岗位，而不是人才岗位。

回到投资，有的人在投资过程中靠的是智慧，有的人则靠知识，更多的人是靠信息。依赖信息优势的投资者，在人工智能面前，无论是在信息的广度、速度、深度方面，都没有任何优势可言。基金行业一直在大力推广的大数据基金，就是人工智能在投资领域的初步应用。"阿法尔狗"如果也来炒股，这就应该算是高级应用了，但还是在信息层面，因为无论是互联网还是 AI 的基础还是信息处理，都到不了知识和智慧层面。

依赖知识的投资者，他们普遍对某个产业、公司具备足够充分、深度的了解，然后找出其中蕴含的不为大众所发现的机会，等待相对较长时间，往往会有较为可观的收益。

如果说依赖知识的是投资，那依赖信息的就是投机。

第八节　跟风需求与投机需求

在分析商品与资产的供需时，其中存在细微而又重要的区别，投资者需要注意。

经典的微观经济学中，关于商品的供求理论是这样描述的：居民对商品的需求与价格成反比，厂商对商品的供给与价格成正比。这里的逻辑关系中，价格是因，需求或供给是果，无论是居民还是厂商，首先是价格的接受者。供求理论还有另一衍生含义，即供大于求价格下降，供不应求价格上升，这里的逻辑关系中，需求或供给是因，价格是果。

这个具有普遍适用性的规律，也常常被大家顺便用于资产的价格形成中。但这里有一个细微的区别，使得这个商品的供求理论并不完全适用于资产的定价中。

这个区别就是：居民对于资产的需求，与价格并不是反比关系，反而是正比关系。 通俗点说，就是股价、房价越高，居民越愿意买入这类资产，当股价、房价在低位时，反倒没人理睬。君不见，大盘在2000点时，没几个人相信会有牛市，入市意愿低迷，反而在5000点时人人热血沸腾，所谓的越涨越乐观，就是这个样子。暂且称这种需求为跟风需求，这种钱为傻钱。

经过长期实践与观察发现，居民对股票的需求，不光与股价是正比关系这么简单，否则就无法解释泡沫的破灭了，如果果真是越涨需求越旺，那树还真就能长到天上去了。那么，居民对股票的需求与股价还有什么关系？除了前面的跟风需求外，居民对股票的需求，还与股价上涨的速度（即斜率）正相关，即股价走平的时候，需求不存在；当股价开始上涨，斜率逐渐大于0，这时需求开始出现；当股价下跌时，斜率小于0，这种需求不光消失了，还变成供给。暂且称这种需求为投机需求，这种钱为聪明钱。

先总结一下，投资者对股票的需求，与股价是正向关系，与

股价的斜率也是正向关系。即股价越高，对股票的需求越强烈，股价的上涨速度越快，对股票的需求越强烈(见图7-1)。

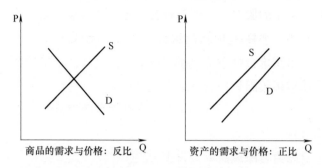

图7-1 资产需求曲线与商品需求曲线存在显著区别

为什么股票市场的需求曲线，与商品市场的需求曲线，斜率完全相反？背后的机理在于对未来的预期形成机制不同。**一种是理性预期，一种是适应性预期**(见图7-2)。

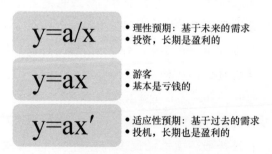

图7-2 理性预期与适应性预期

基于理性预期的投资者，会综合所能得到的各方面信息，对股价的未来进行理性评估预测，以此做出投资决策。这里的关键是评估依据与过去的股价走势无关，所依据的信息，不包含过去的股价信息，或已知的已知。

适应性预期则是根据过去的走势，来预测未来的走势，比如一直在上涨中的股票，投资者就会据此预测未来仍会上涨。经济学上经常用来解释通货膨胀的起因，消费者感受到了物价上涨之后，会做出物价会继续上涨的预期，然后调整自己的消费行为，比如提前购买、囤积物资、提高售价，结果这些行为本身就进一步推动通胀上升，坐实了之前物价上涨的预期。这就是投机需求的产生背景。

正是因为有跟风需求与投机需求的存在，尤其是投机需求或聪明钱，使得股价在上涨过程中，容易进入到自我强化的良性循环。股价一旦下跌，投机需求率先消失，并且变成供给，股价进入恶性循环，市场估值重心逐步下移，牛转熊的过程即是如此。

供给方面，一方面是上市公司融资与大股东减持，另一方面是印花税与佣金对资金的消耗。这两方面带来的供给，与股价一直是正向关系，股价高，资金消耗就大，跟股价的斜率关系不大，主要看绝对价格。所以股指在5000点的供给强度就是比4000点大，上涨途中的4000点与下跌途中的4000点，供给强度差不多。

这就可以解释，时间进入2015年6月，股指开始在5000点高位横盘，大盘斜率逐渐下降为0，聪明钱眼看上涨机会消失，也跟着消失了，这时候总的供给强度依然维持在高位，而总需求因为投机需求消失的原因而出现下降，供需矛盾恶化，股指自然开始走弱。待到此时，大盘斜率开始为负，聪明钱立刻化身为供给方，进一步恶化了供求关系，股指进一步下降，而这种下降使得跟风需求（即傻钱）也变少了，股指由此进入了恶性循环，泡沫就此破灭。

基于适应性预期产生的投机需求，不光在股市中大行其道，在其他资产市场中也往往是趋势的主导者，包括房地产市场、期货市场、比特币市场等。在房价上涨过程中，踏空者担心房价继续上涨，然后到处看房、筹钱、下单，贡献一份需求。等房价横盘停止上涨时，踏空压力不那么大，需求会自动消失一部分，这也是调控房价时，对需求端进行调控有效的原因，因为可以压缩、压抑投机需求。

第九节　研究的四个层次

研究是一个立足过去、结合当下、预测未来的过程。通过研究过去的一些现象，找出规律，结合当下的信息，包括已知的已知、已知的未知，然后用恰当的规律去加工信息，并得出结论。

依据对信息和规律的掌握程度，研究水平从低到高可以分为四个层次，分别是信息、经验、逻辑、思维。

一、信息层面

市面上不少公开的研究报告，甚至很多所谓的深度报告，仍停留在信息层面，只是百科式的报告。这样的报告，经常从100年前开始助跑，恨不得从工业革命开始讲起，用于科普还行，用来指导投资就太勉强了。按前面的框架来说，这种报告的错误在于，想用已知的已知来解释和预测股价。买卖股票主要靠看新闻决策的投资者，基本都属于这个层次。

二、经验层面

经验是一些偶然、局部的规律，是全部规律中的一部分。如果投资者利用这些经验来进行预测，在部分情形下可能会有效果，有时也无效。但预测者不知道为什么对了，即使错了，预测者也不知道为什么错了。这就会导致前面说的归因风险，也就是赚钱不知道是怎么赚的，亏钱也不知道是怎么亏的。

多数卖方的报告，尤其是策略报告，是停留在经验层面的，比如拿过去的大盘、风格，跟当时的经济、国际形势来关联，得到一些推测，这是典型的经验主义。拿日本的房地产泡沫，来推演中国的房地产；拿 2008 年的金融危机，来对比 2020 年的下跌，都属于经验主义。行业研究员，也经常拿上一轮景气周期，来论证这一轮周期如何发展，拿欧美的人均消费量、人均保有量，来对标国内的产业发展，这也是经验主义。

三、逻辑层面

逻辑是基于严谨的理论分析，试图找出所有的规律，或者规律在所有状态下的情形。找出的这些规律就不是偶然的，而是必然的，不是局部的，而是全局的。跟经验层面相比，逻辑层面的特点是全局性、整体性、必然性。

逻辑层面的报告有很多优秀的研究员写过，主要是指一些行业框架性的方法论报告，都属于这个层面。

四、思维层面

这是基于方法论的层面,有了这些方法论,就能不断找到新的规律。相比第三个层面(即逻辑)的区别是,逻辑层面的规律是静态的,而思维层面是动态的。它是一种不断找出更多规律的能力,是识别规律对错的能力,或者说是一种建模的能力,在分析问题的时候,能够快速建立一个恰当的模型的能力。

思维层面其实更多是一些抽象、思辨的内容,高善文博士写过的"光线是可以弯曲的",讲的就是这些内容。他说过中国人喜欢打比方,虽然他批评这种思维表达方式,却连他自己又不得不采取这种表达方式。这是因为,打一个恰当的比方,相当于是建立了一个好的模型,来解释一件事情或一个道理。建模型的好处是,将分析对象的主要矛盾抽取出来,放到模型里来讨论,这样就剔除掉了围绕分析对象的现实情况与细枝末节,将分析重点聚焦在主要矛盾上。但凡一个模型,都存在边界条件,这个边界同样是为主要矛盾服务的,滥用比方的情况就是重新抓住比方中的次要矛盾进行纠缠,这也是一些人的通病。

思维层面围绕着相关性与因果性、归纳与演绎、存量与增量、总量与边际等问题展开,作用是去判断第二层面、第三层面提的规律是否正确,以及提出正确的规律。

前面在投资进阶之路中也提到了四个层次,分别是个股选择、板块配置、大类资产配置、全球宏观配置。这里解释一下两者的区别,放在研究层面来看,投资进阶的四个层次,是内容的难度升级,从个股选择到板块配置,就像是从平面几何升级到立体几何,学习难度高了,考试难度大了。几何不断升级下去,还有黎曼几何、拓扑几何等,这都是内容的升级。

这里说的研究的四个层次,则是代表答题水平的。研究水平的层次越高,越能解答疑难超纲题目,掌握的是渔的技术,而投资进阶的不同层次,相当于是不同的鱼类。

比如处在经验层面的同学,就只能答做过的题目,没做过的就不会答了。处在信息层面的同学,基本上就属于没看题或看不懂题,只能选答案。处在逻辑层面的同学是考纲范围内的题基本都会,考纲外的也答不出来。而处在第四层次(即思维层面)的同学,在答题的时候,是能发现老师出错题的。

第十节 如何提高认知

既然研究是为了寻找更多的规律,那么向优秀的投资者学习,是一个比较简单高效的途径。因为,经济学家们提出的各种理论,都是经过时间和市场检验的,可以当作第三层次的框架,采用拿来主义的态度就行。这个时候需要注意的是,要在正确的时间正确的地点,采用正确的规律,否则,也是南辕北辙。

作为股票市场的参与者,在参与实践过程中,对一些经济学家们来不及进行总结的规律,仍需要自己来进行总结。即使是一些理论学者早就有了定论的规律,也广为人知,但投资者仍需要自己经历过,才能有更为深刻的理解和掌握。正如那一句"道理都懂,却仍过不好这一生",其实我们可能是只懂了道理的表面含义,如果是经过几次血泪教训换来的道理,估计更能起到人生指导意义。

有一句谚语说的是,"读万卷书不如行万里路,行万里路不如阅人无数,阅人无数不如高人指路,高人指路不如自己领悟。"这是一个提高认知与研究水平的现实路径,读万卷书、行万里路、阅人无数,都是在积攒素材,用于印证自己领悟到的规律,素材越多,自己领悟的效率越高。

随着投资者懂得的道理或规律越来越多,在投资实践中就会运用这些规律,来进行预测与决策。同时,伴随着越来越多的实践,会积攒更多的素材与案例,然后进一步提高自己的认知,掌握更多的规律。这就是理论联系实践的过程,在实践中不断总结理论,然后用新的理论去指导新的实践,不断往复循环,使得理论得到了螺旋式的上升。

认知提高的五个阶梯中,读万卷书、行万里路、阅人无数相对容易做到,第四个高人指路有点难度,最难的可能就是自己领悟了,这个可以跟独立思考挂钩。

经常见到很多人简历里的优点是独立思考,如果严格点说,我理解的独立思考,是能够完成自己领悟这一步的。现在买方研究每天面临的信息与报告数量都是爆炸式的,很多人的研究基于卖方观点,看卖方逻辑是否严密,然后看自己是否认同,还看看预期差,这些都很难算是独立思考了,虽然很多人总觉得自己找出了卖方报告的漏洞,就算独立思考了,显然这个标准偏松,因为这种独立思考悟不到什么新思路。

严格点说,只有提出新思路、新逻辑的卖方,是独立思考的,其他各方都不算独立思考。

第十一节　投资的三套系统

对于参与股市的投资者，无论是投资股票还是基金，既然属于时间套利，就需要有一套完整的基于时间维度的投资系统。如果再往下细拆，可分为三套有机的子系统，分别是**解释系统、应对系统、预测系统**，各自对应的任务是解释过去、应对当下、预测未来。这三套子系统是相辅相成的有机体，在时间维度具有延续性（见图7-3）。

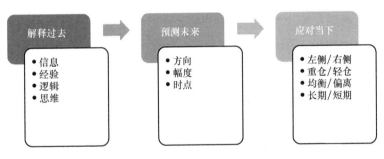

图 7-3　投资的三套系统

在面向未来进行一项投资决策的时候，需要对未来进行各种预测，包括预测方向、幅度、时点。首先需要的就是预测系统，以进行科学、合理的预测。要想预测未来，需要收集一些信息，包括已知的已知、已知的未知，然后通过经验、逻辑或思维来加工这些信息。

投资者需要掌握一定的规律，包括经济规律、金融规律、科技规律、社会规律等，而这些规律一定是在过去某些时候有效过，否则就不称为规律了。我们可以从过去的历史中寻找规律，要善于从历史中观察、归纳出规律来,这就需要我们有一套解释系统,用来科学、合理地解释过去发生的历史。正所谓,我们如何预测这个世界,取决于我们如何看待这个世界。

有了解释系统与预测系统,我们就可以开始构建自己的投资组合了,看好什么就配什么股票。我们对世界的认知是不完备的,包括信息的不完备、规律的不完备。另外随着时间的推移,有些我们以为正确的规律,其实并不正确,有更正确的规律在发生作用,股价的走势往往并不如我们预期的那样,甚至相反。这个时候,我们就要调整组合了,这就需要一套应对系统了(见图7-3)。

正所谓,兵来将挡,水来土掩,这就是应对系统。不会做的题要跳过,不会爱的人要分手,不会涨的股票要割肉,大概也是这个意思。

解释清楚了过去,预测对了未来,如果也能够从容应对当下,这就是一个完美的投资流程。**总体上,解释过去、预测未来,像是研究层面的正反面,围绕着研究而存在,应对当下就是在交易层面了。**

解释过去、预测未来都是独立于实际组合管理的,类似于理论探讨,有了明确结论后,才切换到应对当下的层面。这时就要考虑是否还有现金可以买,如果没有现金了,是要卖掉浮盈的还是割肉深度亏损的,以腾出现金来。这就是研究与投资的区别,不光是范围的扩大,更关键的是从恋爱到结婚了,有现实约束。当看到一只更好的股票,想换?研究员说一句不再看好,然后就不管了,就像恋爱时说一句分手就行,结婚之后分手还得去民政局办手续,还得向双方父母解释,直到腾出仓位才能找下一个。

准确来说，研究与投资在这三个系统方面，有如下的区别。

第一，应对系统层面的区别。一个投资人员应该要有三套系统：解释系统、预测系统、应对系统。而研究人员只有解释系统与预测系统，没有应对系统。基金经理面对的是仓位上的相对比较，必须在不同股票间进行风险收益比的衡量与取舍，而研究员其实没有仓位限制，近似于无限资金，可以这个也看好那个也看好，熊市的时候可以这个也不好那个也不好，但公募基金多数在熊市里也必须持有股票，这就是约束。

第二，解释系统层面的区别。研究员的研究对象是某个特定的产业运行机理，而基金经理的研究对象是股市运行机理、宏观经济运行机理、金融运行机理。

第三，预测系统层面的区别。研究员需要预测的是 EPS，是偏自然科学层面的，是有科学规律可循的。基金经理需要预测的是 PE，是偏社会科学层面的，是在研究预测投资者的群体行为，有迹可循的规律不多，而且也没有系统性的理论指导。

第十二节　研究的科学因子

平时大家在实践中，会悟出很多的道理或规律，那么如何检验这些规律是否正确呢？实践当然是检验的最好场所。但也有缺点，就是必须承担风险，同时耗费时间，有可能花三年时间检验出来是错的，不光亏了钱，时间也浪费了三年，这个检验的成本与代价就太大了。

社会科学的研究，不像自然科学那样，可以先在实验室重复进行验证，直到找到答案。股市与经济的规律，除了实践，只能从逻辑上进行理论推演。科学的逻辑，必定有科学的依据。尤其是那些不科学的规律，可能从理论上就能先推翻，不用耗时、耗力去验证。

一个科学的规律是什么样的？应该符合三段论的标准，即过去、现在和未来。**一个科学的规律，如果能够完美地解释过去，能够验证当下，那它就能预测未来。**打个比方，这就像生活中女生的梳子，梳过的地方都是平平顺顺的，没有梳过的地方都是乱七八糟的。随着时间的过去，一直往下面梳，能够慢慢梳平整。

大家在分析一件事情的时候，看用的规律是不是对，这里有三个更具体的经验标准。

第一个是科学技术。如果一件事物的发展变迁，能够落实到技术层面来解释，那大概率是对的。比如之前说的移动互联网背景下的手机炒股，解释了 2015 年大牛市，就是落实到技术层面，这种解释大概率没有错。再比如历史上有唐诗、宋词、元曲、明清小说的文学形式变迁，为什么会有这样的一种变迁？主要是因为印刷术、造纸术的进步，出版成本日益下降，大家都用得起了。在唐朝的时候，大概皇帝也写不起小说吧。随着技术的演进，有了 MP3、MTV，现在更是有了抖音、直播等视频形式。**总之，如果把一件事情发生的原因归到技术层面，大概率是正确的。**

第二个就是一分为二。凡是在分析一件事物的时候，能够将分析对象的范畴和概念界定清楚，能够做到不遗漏、不重叠。用数学集合的说法，就是分出来的各个子集不相交，且并集为全集，这个时候其实一分为几都可以。

比如将同学分为男生女生，这是一分为二，而不是分为体育好、数学好，这样就可能漏了，也可能重叠。分地域时分为关内和关外，而不是东北和南方，因为这样就漏了华北、西北等好多地方。本书前面部分提出的时间套利、空间套利，这样就界定清楚了，没有重叠，没有遗漏。还有销量周期、价格周期，公司型基金、契约型基金，生产资料、生活资料等。还有已知的已知、已知的未知、未知的未知，虽然一分为三，但也没有遗漏，没有重叠。

策略分析师经常会从基本面、资金面、技术面、消息面、政策面去依次展开分析，这种划分方法，就有重叠，资金面会反映到技术面上，消息面也会反映到资金面上，这样容易混淆。

第三个就是看分析问题的时候是对人不对事，还是对事不对人。二元制，是一个经常用来形容国情的词，一般指狭义的城乡二元制度。除此以外，现实中还存在一些广义的二元制现象，一元是封建，另一元是科学。比如股票市场有一批具备金融理论基础的基金经理，也有电视上的股评家，有现代医学也有各种民间草药方子，有现代舞蹈也有广场舞，有量子物理学家也有易经大师，有现代金融机构也有民间高利贷，有精确计算的飞机设计师，也有很多农民造飞机的壮举，这样的二元分类，与城乡无关，区别在于是否接受现代科学理论。

思维上仍落后于现代科学的人，在分析事物发展的时候，经常找不到真正的原因和规律，最常见的习惯是信奉主观原因，而放弃挖掘客观规律，也就容易陷入阴谋论。他们相信这个世界就是不同的人在操纵甚至在捣鬼，比如股票跌了，肯定是哪个主力在打压吸筹。

区分这种人还挺容易，就是看他们分析问题的时候，是对人不对事，还是对事不对人。如果经常对人不对事，那说明离科学还有点远。

第十三节　新股民从生活看股市，老股民从股市看生活

平时大家交流的时候，经常喜欢打比方，这样的好处是，通过快速建模来传递核心信息，抓住主要矛盾。打比方的时候，都是拿双方都熟悉的一件事物，来表达对方并不熟知的一件事物，这样确保对方能快速建立一个清晰的认知。**这背后的逻辑基础在于，我们每个人都有一个属于自己的主场和熟悉的世界观，当遇到陌生事物的时候，都会用自己熟悉的世界观去解释一个陌生的世界。**

我们碰到一件陌生的事物时，总是先在自己熟悉的世界里找到对应的参照物，这样就可以很快获得相对准确的认知。

新股民从生活看股市，老股民从股市看生活。这句话比较直白地解释了投资者看待股市的立场转变。

在新入市的股民眼里，股市是陌生世界，对股市的每一点新认识，都会到生活中去寻找参照物。比如打到新股相当于中彩票，ST相当于黄牌，还有踩雷、坐庄、洗澡、包装等名词，都是从生活中找到的对应场景。再比如把一轮牛市比作是景区的黄金周，大家接受起来就比较快。

对于入市已久的老股民，则已经是股市的原住民了，平时在生活中碰到的事物，会联想到股市中的场景。比如楼市限售，就会联想到这跟定增限售一样，二手房交易需要自己找交易对手，就跟大宗交易差不多，找对象跟找股票一样。

看一个投资者是不是老股民，一个标准就是看他看问题的视角，是否会从股市原住民的角度，用股市的世界观去解释生活中的事物。投资者的认知，就是这样在不知不觉中成熟了。

第十四节　知 行 合 一

一、不完备的认知

投资者对市场的认知，是从零开始起步的，然后随着交易次数的增加而不断提升，但面对市场永远处于不完备的状态。这种认知的不完备，体现在信息的不完备上，也体现在规律的不完备（见图 7-4）。

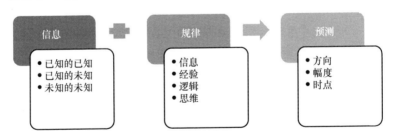

图 7-4　预测是基于正确的信息与规律

信息认知的不完备，主要表现为信息的越位与缺位。也就是投资者掌握的信息，并不是判断股价所需要的信息，这是越位了，知道了一些用处不大的信息。缺位就表现在本来应该掌握的重要信息，却没有了解到。比如要判断长城汽车是否有超额收益，应该看它的车型情况，而不是电动车的政策。

正如前面谈及信息风险时说的，信息认知上的不完备，表现出来就是用了错误的、片面的、局部的、无关的信息来做决策，从而带来风险（见图 7-5）。

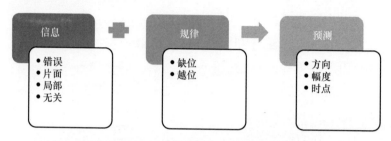

图 7-5　预测的风险来自信息不完备与规律不完备

规律认知的不完备，其表现则主要是缺位，而且太缺了，少部分时候也会表现为越位。

规律是隐藏在过去的，需要通过研究过去的现象总结出来。有些规律前人写在书上了，但也得花时间去学习，这是件艰巨的任务。还有更多的规律，没有被人发现，有待专业人士去帮投资者总结，或者投资者自己多经历一些风雨，慢慢总结经验教训。比如 2015 年的股灾，大家都没有见过，都不掌握，只有经历过的人才能发现其中的规律，但即使有人发现了，并没有公开给所有人，没有写在书上，或者即使写在书上，很多投资者也没去看，即使看了，也不一定认同。

种种原因，都指向一点，过去可能有 100 个规律在主导着市场的运行，肯定没有人都通晓这 100 个规律。有人知道 10 个，有人知道 2 个，有人知道 30 个，表现出来的就是水平不一，区别在于经验多与少。而每个投资者都是拿着自己已经掌握的逻辑规律，去结合自己能够得到的信息，进行分析决策，结果有对的时候，也有错的时候。比如新冠病毒的出现，如果把它当作非典来对待，就有可能错了。对非典有些经验的医生都有可能错，那些连非典都不了解的国家，如果把新冠病毒当作普通流感来对待，那就大错特错了。

还有越位的情况，也就是可能用错规律。比如按照前面章节介绍的方向、幅度、时点的框架，如果没分清对应关系，用那些影响幅度的信息去预测方向或预测时点，也属于逻辑不完备的体现。

总之，作为投资者整体，表现出来的就是对逻辑规律的不完备。按照研究层次的划分来看，就是投资者在规律层面的认知，有的停留在经验层面，也就是偶然的、局部的规律。有的则到了逻辑层面，即掌握了全局的、必然的规律，但是偏向静态，稍微超纲了还是不会。水平最高的是思维层面，即自己能通过现象总结出规律来，不惧超纲，但这种人极少，所以说从规律的不完备来看，大多数投资者都是不完备的（见图7-6）。

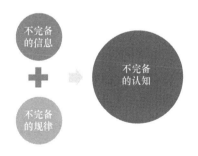

图7-6　认知不完备源自信息与规律的不完备

信息认知上的不完备，逻辑规律上的不完备，总结起来就是投资者的认知是不完备的。由于个体的不完备，从而导致整体也是不完备的。如果将投资者对同一件事物的认知完备度进行评分，比如对股灾的认知、对茅台的认知，按 100 分值来计算，也许从 0～100 分都有。而且应该是分值越低的数量越多，呈现金字塔形结构。

股市本身是一个社会的镜像，经济、政治、军事、科技、环境、教育、交通、灾难等任何事情，都会在股市得到反映。这就决定了股市本身是一个超级复杂的系统，每个投资者对于股市的认识，都是盲人摸象，通过一个或有限的多个角度。于是，很多人更愿意将炒股这个问题进行简化，比如有人认为炒股就是炒业绩，有人认为炒股就是炒消息，有人认为炒股就是炒预期差，有人认为炒股就是炒政策。

这些片面的认知，就是典型的认知不完备。但投资者在进入市场后，却真的会按照自己的认知，践行知行合一，从而炒消息的炒消息，炒政策的炒政策，炒预期差的炒预期差。

二、做到知行合一

如前面的介绍，投资是先研究后交易，过程就这两步。在交易之前的一步是研究，研究反映的是投资者自己的认知，交易只是尽可能将认知最大化变现。很多投资者会强调交易纪律，往往在一次失败的交易之后，会反省到要知行合一。

市场有效性假说的前提假设是，投资者全都特别聪明、特别勤奋，每天夜以继日地把市场信息进行快速解读，并付诸交易。但现实根本不是这样，就算有机构这么干，但上亿的个人投资者根本不会这么做。因为大多数个人投资者不具备专业分析研究的能力，当专业投资者在分析鲍威尔最新的讲话是鹰派还是鸽派的时候，很多参与A股的投资者，也许并不知道鲍威尔是谁，即使知道是美联储主席，也不知道美联储就是中央银行，就算知道是中央银行，也不知道中央银行跟普通银行的区别，这对很多人来说就是事实。

A股投资者来源广泛，个体认知千差万别，有高有低，使得整体平均认知肯定达不到市场有效性假说的前提。正因投资者的结构是五花八门的，才导致市场在大部分时间是无效的，少部分时间有效。也正因为有大量分析能力不足的人，才导致A股有各种机会。

其实，人天然是知行合一的，一个人的行，取决于他的知。低水平的认知结果就是低水平的行为，认知肤浅的行动往往也是草率的，高水平的认知对应的往往是漂亮的行动。

一个人的"行"一定是受"知"的指导，有什么样的知就有什么样的行，用不着去强调要知行合一，因为在行动层面看的话，人天然是知行合一的。 在A股，因为行这个动作没有任何障碍，打开电脑或手机按几下就行，不存在客观上的阻碍。所以A股投资的成功与失败，基本都在于知，而非行。当然，不断地行可以提高知，所以在投资实践的同时，投资者也要进行理论总结以提高认知，这就是理论联系实践。

三、 知与行的正反馈

既然人是知行合一的，而认知又是参差不齐的，那么不同认知水平的投资者，在不同资产之间进行迁移，导致投资者的整体认知也跟随各层次投资者权重而变化，就会导致资产价格的波动。

比如上证指数在 2000 点的时候，都是认知水平在 80 分以上的原住民在市场，这个时候的市场风格与风险偏好，都带有这群人的烙印，比如关注业绩、理性、立足未来等。随着股指逐步上涨，有越来越多的投资者入场，在 3000 点入场的投资者，显然认知水平是系统性低于 2000 点入场的投资者，从而带动市场整体认知水平下降，风险偏好上升，对业绩的关注下降等现象逐步增加。最后在 5000 点入场的投资者，是认知能力最低的群体，这批人大量涌入股市，进一步拉低整体认知水平，也拉高了整体风险偏好。

这里还要考虑到知行合一的动态含义，即知从行中来，也就是从实践中总结理论。对于很多新开户的投资者，认知尚处于一片空白状态，但他们都很勤奋，会迅速从市场的实践中总结出很多认知来，不管这些认知对与错，他们都会拿着这些新获取到的认知，来指导行动，也可以算是现学现卖。那些有一定经验的投资者，也一直处于持续学习的状态，在实践中不断迭代自己的认知，并指导实践。

在这样的一个动态过程中，投资者不断提升认知，不断参与实践，结果就是市场呈现给投资者的那一面，会让投资者强化与坚定自己的认知。而投资者的后续行动，在这种更为坚定的新认知下，会让市场的那一面得到强化，进入到正反馈阶段。

比如产业投资者入场之后，市场到处是复牌连续涨停的神话，这种现象会强化投资者关于"炒股就是炒消息"这个认知，这种认知一旦扩散，就会进一步推升那些可能停牌或潜在停牌的股票，于是炒消息就成为了事实。

当游客因赚钱效应入场时，市场上炒政策的苗头开始出现，那些本就信奉"炒股就是炒政策"的投资者，就会带领资金涌入政策类板块，比如"一带一路"，这类股票进入上涨趋势，那些还未入场但同样信奉"炒股就是炒政策"的投资者，就会备受鼓舞，加紧入市，显然他们入市买的肯定是"一带一路"相关的股票。

这种认知与行动的循环过程，就是股价不断上涨的过程，这就是典型的正反馈，也是泡沫的形成过程。在股价下跌过程中，认知与行动的正反馈过程也是类似的，只是这时认知多半不是信奉政策或停牌，而是看见股价的下跌，相信大概是有大资金出货，所以自己也跟着卖，从而发生踩踏，这也是正反馈的一种。

前面谈市场有效性的时候，提到了趋势图能起到一个比较重要的指引作用，上涨趋势会指引大家去找利好，其实这也是一个正反馈的机理。上涨的股价，会让投资者去寻找更多的利好来给自己打气，强化做多的信心。

简化来说，就是在泡沫的左侧，投资者整体都是越涨越乐观，涨的过程本身，就是催生多头的过程，进入正反馈，表现在股价上就是一气呵成，涨不停。一旦股价停止上涨，进入到横盘状态，这就释放了一个新的信号，正反馈要结束了，多数情况下，行情也就真的结束了。

后　记

　　只有真正写完了一本十几万字的书，才能体会到写作的不易。辛勤的付出，自然是希望可以惠及更多读者，而且以不增加大家的成本为佳。因此，随着本书的上市，我同步向读者朋友，以及销售本书的书店朋友，介绍一个新式图书寄卖平台：乙寄。

　　读者看完本书后，只需要打开乙寄小程序，扫一扫本书的ISBN码，即可将书放在您附近的合作书店寄卖。只需跑一趟，送书到店，后面就是等着收钱到微信钱包。充当客服、陪人砍价、见面交易、快递发货这些事情都是不存在的。因为乙寄实行的是荷兰式拍卖，每天自动降价1%，所以大概率会卖出一个不错的价格。

　　同时，也欢迎各位实体书店的管理者，能够多多与乙寄平台合作，赚钱的同时还能明显增加客流量，下载专用的乙寄卖店App即可。乙寄也是在校大学生互相交换好书的一个小帮手。

　　自2010年以来，我自己一直在承担着一家小书店的亏损。这十年，恰好是从读书切换到读屏最剧烈的十年，也是网络购物发展最强劲的十年，实体书店处于受冲击最惨烈的阶段。2020年的疫情，让实体书店的经营更是雪上加霜。因此，结合自己过去十年对书店的理解，以及本书中所述的商业模式，我相信找到的是多赢的解决方案，既能帮助书店增加客流，又能帮助读者省钱。

肖志刚